事実認定の適正化

続・刑事裁判の心

木谷 明＝著
KITANI Akira

法律文化社

はしがき

昨春、法政大学法科大学院教授に転身したのを機に毎日の生活状況が一変したが、その中で嬉しい誤算が二つあった。

第一は、健康が本格的に回復してきたことである。平成一〇年に決定的に悪化させた腰痛は、その後再発を繰り返して容易に快方に向かわず、昨春の転身も、正直なところ「本当に大丈夫かな。」という不安を抱えての船出であった。しかし、若い学生に元気をもらうせいもあるのか、春から夏にかけて急激に状態が改善し、現在では「ほぼ旧に復した」と感じている。これは、腰痛が原因で判事退官にまで追い込まれた私にとって、天から与えられた最大の贈り物といってよい。多くの方々にご心配をおかけしたが、この状態であれば、まだしばらくは元気に仕事をさせてもらえそうだと意を強くしている。

第二は、前著『刑事裁判の心——事実認定適正化の方策』が予想外の好評を得たことである。つたない論稿ばかりを寄せ集めたものであったため、果たして市場価値があるものか確信が持てずにいたが、最初の一ヶ月で初版品切れになるという予想外の結果に、私自身が驚いてしまった。皆様のご支援に心から感謝したい。

そして、この第二の誤算が原因で、今回もう一度著作を世に問う機会に恵まれた。

今回の著作が、前著同様「事実認定の適正化」を志す方々に対する何がしかの応援になれば、これ以上の喜びはない。

以下、収録した作品に対する若干のコメントを記載する。

第一部の第一章「刑事事実認定について」は、昨年（平成一六年）六月に司法研修所で司法修習生を対象にして行った講演を基にしたものである。話の中でも出てくるが、この講演は、畏友石井一正教授（関西大学法科大学院）のピンチヒッターとして急遽依頼されたものであった。準備時間がなかったこともあって、話の前半は、当時たまたま執筆中であった石井教授の書評に対する反論の内容を中心とするものとなった。これはまことに皮肉なめぐり合わせであり、石井教授に礼を失する結果となったことをお詫びしたい。

第二章「裁判官から見た弁護人活動」は、平成一五年夏に近畿弁護士会連合会で行った日弁連夏季研修での講義録である。これは、前著に収録した東北弁護士会連合会での講義に引き続くものであるが、今回は「捜査の適法性及び自白の任意性の争い方」に焦点を絞っている。

第三章から第五章までには、私が最高裁調査官時代に調査報告を担当した事件の判例解説三件を収録した。これらはいずれも、私のその後の裁判官人生に大きな影響を与えた重大案件であり、調査報告には全力を尽くした。しかし、判例解説自体は、執筆後既にかなりの年数が経過しているので、そのまま収録するのでは新味がない。そこで、それぞれの解説の冒頭に、「調査報告の経緯等」と題して、調査報告の経緯その他を記載することとした。したがって、この部分だけは、今回書き下ろしである。この「調査報告の経緯等」では、当時私が置かれていた客観的状況のほか、調査報告に当たって感じたこと、さらにはその後の判例の動きや法改正の問題に関する率直な感想にも及んでいる。最高裁判例の形成過程に関与した元調査官として、果たしてその判例についてどこまで言及することが許されるのかを考えつつ、逡巡しながらの執筆となったが、それでも「書き過ぎである」というお叱りを受ける可能性がないではないかも知れない。また、このうち「よど号事件」の「調査報告の経緯等」では、その後の最高裁判例についてかなり大胆な異論を唱えてもいる。しかし、紙幅の関係もあり十分意を尽くしていないので、これらの点については、他日もう少し整理したものを発表したいと考えている。

第二部では、はからずも若い法曹ないし法曹志望者に対する期待・激励のメッセージを収録することになった。第六章「法律学は面白いか」は、昨春（平成一六年四月）、法政大学法科大学院に迎えた新入生を対象にして行った講演の記録である。奇妙な題名であるが、法律学が嫌いで逃げ回っていた私が、刑事裁判に魅入られるようになったいきさつを率直に話すことによって、これから法曹を目指す若い学徒の意欲を喚起しようとしたものである。

第七章「二一世紀の司法を支える皆さんへのメッセージ――いかにして『理想の裁判』を実現するか――」は、平成一五年秋、静岡地裁において、新任判事補研鑽の一環としてした講話の内容である。私は、かねて裁判の機能として最も大切なものは「説得力・感銘力」であり、その究極的な姿は「判決による訴訟当事者の納得」であると考えてきた。この講話では、そのことを前提として、そういう「理想の裁判」に近づくために日常どのような態度で仕事をしていくべきかという点に焦点を合わせている。

最後の第八章「法律文化の形成と裁判官の役割」は、今回収録した著作の中では最も古い。私は、当時浦和地裁の部総括をしていたが、転勤して行く若い判事補諸君に何か話してほしいと頼まれて、判事補会で話をした。そのときにはまったく公表を意識していなかったが、当時左陪席であった水野智幸判事補（現司法研修所教官判事）がテープ録音から起こしてパソコン入力したものが、ごく親しい者の間でだけ読まれていた。しかし、この講演録の存在を知った人の間からは、かねてより、できれば多くの者が読めるような形にしてほしいという要望が出されていた。そこで、今回の出版に当たり、これに多少の修正を施した上で収録することにしたものである。何分にも、公表を予定しない話であったため措辞適切を欠く部分が目につくが、できるだけ当時の姿のままで収録することにした。

こういう題名の講演録を今回「法律文化社」出版の本書に収録することになったのも、何かの因縁を感じさせる。

当時まだほんの「ひよこ」かせいぜい「若手」に過ぎなかった判事補諸君が、現在では司法研修所教官、地裁部総括、高裁判事など、裁判所の中心的地位を占めている現状を目の辺りにして、改めてこの間の時の流れを実感させられた。なお、今回の収録に当たっては、発言者全員が実名での公表に同意してくれた。おかげで話に臨場感を持たせることができたと思う。諸兄のご協力に心から感謝する。

以前に話した題材はできるだけ避けるべきであるとは考えるものの、その都度異なる聴衆を相手に話をするため、日ごろ特に重要と考えている問題については、繰り返し取り上げる結果となっている。そのため、改めて全体を読み返してみると、各所に内容的な繰り返しが目立ち、心苦しい次第である。しかし、私が繰り返す話は、後輩に対し託す思いの特に強いものである。私の心情に免じてお許しいただきたい。

最後に、今回も、福井厚教授からさまざまなご教示をいただいた。それと同時に、同教授は、躊躇する私の背中を強く押し計画を着々と推進してくださった。教授のご教示と応援なしに本書が世に出ることはあり得なかったといってよい。また、引き続き厳しい出版事情の中で本書の刊行を快諾してくださった法律文化社の岡村社長のご好意に心から御礼を申し上げる。

今回の出版に当たっては、そのほかにも、引用文献の再調査に関して助力してくれた大学院生小松舞氏、校正面でお手を煩わせた法律文化社相生和嘉子氏など、多くの方々のご協力を得た。記して感謝の意を表する次第である。

二〇〇五年六月五日

木谷　明

目次

目　次

『収録文献初出一覧』

第一部　事実認定適正化の方策

第一章　刑事事実認定について
　司法研修所論集二〇〇四—Ⅱ第一一三号（平成一七年三月）

第二章　裁判官から見た弁護人活動——捜査の適法性及び自白の任意性の争い方を中心として——
　日本弁護士連合会編『現代法律事務の諸問題〔平成一五年版〕』（第一法規、平成一六年）（平成一五年七月、近畿弁護士会連合会での講義）

第三章　鹿児島の夫婦殺し事件——冤罪の疑いによる破棄差戻し——
　最高裁判例解説刑事編（昭和五七年度）（法曹会、昭和六一年）「被告人の自白及びこれを裏付けるべき重要な客観的証拠等の証拠価値に疑問があるとして原判決が破棄された事例」改題

第四章　よど号ハイジャック事件——謀議の認定と不意打ち——
　最高裁判例解説刑事編（昭和五八年度）（法曹会、昭和六二年）「控訴審における謀議の認定手続に不意打ちの違法があるとされた事例」改題

第五章　柏の少女殺し事件——少年事件の「再審」——
　最高裁判例解説刑事編（昭和五八年度）（法曹会、昭和六二年）「一　少年法二七の二第一項にいう『本人に対し審判権がなかったこと…を認め得る明らかな資料を新たに発見したとき』ほか」改題

第二部　二一世紀の法曹像

第六章　法律学は面白いか——法律学の特質と期待される法律実務家像——
法政法科大学院紀要創刊号第一巻第一号（平成一七年三月）

第七章　二一世紀の司法を支える皆さんへのメッセージ——いかにして「理想の裁判」を実現するか——
季刊刑事弁護四〇号（現代人文社、平成一六年）（平成一五年一〇月、静岡地裁での講演）

第八章　法律文化の形成と裁判官の役割
（平成元年一月、浦和地裁判事補会での講演）

事実認定の適正化

——続・刑事裁判の心——

第一部　事実認定適正化の方策

第一章　刑事事実認定について

一　はじめに

ただいまご紹介いただきました法政大学法科大学院の木谷です。このたびは、裁判官時代から仲のいい友だちであった関西大学法科大学院の石井一正教授が怪我をされて上京できなくなったということから、急遽そのピンチヒッターを仰せつかったわけです。これは、あとで申し上げるように、大変皮肉な巡り合わせということになるのですが、それはともかく、なにしろ急なことなので準備の時間がありません。三好教官から電話をいただいたのが確か五月二〇日だったと思いますが、二一日夕刻から二三日にかけては刑法学会で広島へ行っておりましたし、それ以外にも慣れない授業とその準備で時間を取られます。実質的に準備に当てられる時間は一週間もない状態でした。ない知恵を振り絞りながら昼夜兼行で努力しましたが、私の力量ではとうてい皆様にご満足いただけるような準備をすることはできませんでした。

もともとそうなることが分かっていましたから、最初にこのお話があったときにお断りすべきではないかと随分迷ったのですが、お聞きすれば、この日は、裁判官経験者だけでなく、検察官や弁護士の方も話をされる予定になっているということでした。そうすると、裁判官の話だけがないというのも、いかにも座りが悪いように思われます。また、ひるがえって考えてみますと、私のような者が二一世紀の司法を担う多くの法曹の卵を前にして話をさせてもらうチャンスはそうめったにあるものでもありません。ピンチヒッターとはいえ私に打順が回ってきたということは、私にとっては大きなチャンスだと考え直しまして、無理とは思いながらお引き受けした次第です。まあ、私とすれば、「どうせけがをするのだったら、なぜもう少し早くしてくれなかったのかなあ。」と、ちょっぴりぼやきたくもなりますが、しかし、そんな不謹慎なことを言っては石井教授に申し訳ありません。いつまでも恨み言を言っていても始まりませんので、以上のような前提でこれから私の話を聞いていただくことにします。

二　刑事事実認定に関する私の基本的立場

私は、刑事の事実認定については、裁判官時代に自分なりの基本的立場、スタンスのようなものを持っていました。そのスタンスは、私が本年（二〇〇四年）四月に出版した『刑事裁判の心——事実認定適正化の方策』という本の「はしがき」にはっきりと書いてあります。もっとも、私が自分のやりかたをこのようにはっきりと言葉にしたのは、この「はしがき」が初めてですが、しかし、具体的事件を処理する際には、終始一貫してこのような姿勢でやってきたつもりです。そして、私は、多くの刑事裁判官も私と同じような感覚で事実認定をしているものとばかり考えておりまして、特に最初のうちはそのように信じてまったく疑っていませんでした。ところが、刑事裁判官としての経験を重ねるに従って、どうやらそうではないらしい、つまり私のような考え方は裁判所の中ではどちらかといえば少数派らしいと気付きました。

そのようにはじめて気付かされたのは、昭和五四年から五年間、最高裁調査官を務めたころではなかったかと思います。どうしてかというと、私が、与えられた記録を調査して疑問を感じ、「この事件の事実認定はおかしい。」

という報告をして他の調査官の意見を聞きますと、私の意見に賛成してくれる人は余り多くないのです。私にとっては当然だと思われることが他の裁判官にとって必ずしも当然ではないという事実を認識したときは、さすがの私もちょっとショックでした。しかし、私は自分の考えが間違っているとは思いませんので、その後もこのスタンスで押し通し、平成一二年に退官するまで妥協することはありませんでした。しかし、事実認定に関する自分のスタンスが他の裁判官のそれと必ずしも同じでないということを意識しながら無罪判決を書くのは大変なことです。なぜなら、少しでも隙をみせれば必ず上級審で破られると覚悟しなければならないからです。そのため、私の無罪判決は、どうしてもはなはだ詳しく長大なものになりました。当然、それを書くのに大変なエネルギーを必要とします。それは大変な作業でしたが、そういう作業の結果でしょうか、私が関与した無罪判決は、ついに一件も上級審で破られることがありませんでした（というより、検察官に控訴された事件自体が、若い頃にした一件だけだったのです。）。

こういうわけですから、今日これから私がお話することが裁判所の中でのごく普通の考え方だと皆さんが考えて実務修習に入られると、現地で多少まごつくかも知れません。しかし、裁判所の中にもこういう考え方をする裁判官がいる、少なくとも少し前まではいたんだということを理解していただくことも多少は意味があるかと思いまして、これからそういう前提でお話をさせていただきます。

最初に、『刑事裁判の心』の「はしがき」に記載した事実認定に関する私の基本的スタンスを確認しておきますと、だいたい以下のようになります。

すなわち、刑事裁判の理想は、真犯人を一人も取り逃がすことなく、犯人でない者には必ず無罪判決をすることです。しかし、人間のする裁判でそういう完璧な結果を期待するのは、もともと無理なことであり、裁判所がいくら努力しても、常に必ず真実に到達することができるという保証はありません。そうだとすれば、「真犯人を一部取り逃がすことになっても、無辜を罰しない。」ということで満足するか、「真犯人は絶対に見逃さない。そのためには、無辜がときに犠牲になってもやむを得ない。」と割り切るかのどちらかとなります。ところで、最高裁判所の判例は、『疑わしきは被告人の利益に』という原則が『刑事裁判における鉄則』であると明言していますから、わが国の刑事裁判は、このうちの前者の立場で行われているはずです。しかし、それにもかかわらず冤罪者が絶対に発生していないとはいえないと思います。その理由は、「疑わしきは被告人の利益に」という原則に基づいて裁判が行われているとはいうものの、どの程度の疑いがあれば「合理的な疑い」があるということになるのかその基準がはっきりしないからです。そのため、社会秩序維持に軸足を置く裁判官は、真犯人を取り逃がさないようにするため、「合理的な疑い」の範囲をできるだけ狭く解釈しようとします。しかし、これは間違いです。刑事裁判における最大の不幸はなんといっても冤罪の発生なのです。ですから、事件を審理するに当たっては、被告人側の提起する疑問には正面から取り組んで極力疑問の解消に努めるべきであり、審理の結果証拠上の重要な疑問が解消されず有罪であることについて説得力ある説明ができないときは、たとえ形式的な有罪証拠があったとしても、これに引きずられずに躊躇なく無罪判決に踏み切るべきなのです。間違っても、証拠の不足を推測や想像で補ってはいけません。また、刑事裁判においては、犯人を処罰する手続は、あくまでフェアーなものでなければなりません。そうでなければ、たとえ有罪判決を受けた者が真犯人であったとしても、その判決は感銘力に乏しく、被告人を本心から更生させる力に欠けると思います。私の事実認定に関する基本的スタンスは、だいたい以上のとおりです。

私は、『刑事裁判の心』の中で、こういう大前提に基づき、いくつもの具体的な問題を指摘しているのです。ところが、私は、自分では正論を述べているつもりなのですが、どういうわけか、現時点においても、私の立場が裁判所内で全面的な支持を得るには至っていません。どうやらこの問題は、刑事裁判に関する永遠の論争テーマということになりそうです。

三　石井一正教授の書評による批判について

ところで、この本の書評を石井教授がしてくれたのであります。石井教授は、私と司法研修所同期（第一五期）ですが、同期の裁判官仲間では私と同様刑事裁判の担当が長かった方で、大変な理論家であります。私とは違って弁が立ちますし、著作もたくさんあります(1)。

ちなみに、私と石井教授とは、長年仲のいい友人として付き合って参りまして、今でも当然のように「木谷君」「石井君」と呼び合う仲です。ですから、今日の講義でも、これからは、「石井教授」という他人行儀の呼び名ではなく、いつものように「石井君」と呼ばせていただくことにします。その石井君から、私は、三月中ごろ一通の手紙をもらいました。石井君は、この書評を頼まれた頃は、法科大学院の開校準備で繁忙を極めていたはずだったのですが、早やばやと書評の原稿を判例タイムズ社に送付されたらしいのです。そして、その手紙には、「先日、原稿を判タに送った。」ということのほかに、こんなことも書いてありました。すなわち、「多少批判めいたことも加えておりますが、真意は、今後の論争がこの本を巡って起こることを期待してのものですので、貴兄も適当な機会に反論をどうぞ。」というのです。そこで、どんなことを書かれたのかと書評の掲載を楽しみにしていたのですが、一一四四号にそれが掲載されました。中を読むと、これがなかなか手厳しいのですね。どうしてどうしてご本人が言うような「多少批判めいたこと」どころではありません。たとえば、書評の結論的な部分には、こんなことが書いてあります。すなわち、著者（私のことですね。）の考え方は「その明快な割り切りのよさのゆえに」「事実認定に日夜取り組んでいる実務家の中には違和感ないし距離感というべきものを持つ向きも少なくないのではないか。」

「筆者も実はそのような感想を持っている。」というのです。

書評者にここまで書かれてしまっては、私も黙っているわけにいかなくなりました。石井君も、先ほどご紹介したように、わざわざ「反論をどうぞ。」と言ってくれて、むしろ反論を期待しているようでもありますので、私もさっそく筆をとり（というか「キーを叩いて」ですが）先日反論を書き上げました。書評に対する反論ということが、果たしてよくあることなのかどうか私は知りませんが、このまま黙っていては、石井君の期待にも反してしまう結果になると思うので、私も連休をつぶして必死に書きました。そして、判例タイムズ社からは、先日、この反論文を判例タイムズ一一五一号（八月九日発売号）に掲載する予定だという連絡をもらったところです。[2] その折には皆さんにもぜひご一読いただきたいと思いますが、この問題は、今日の講演のテーマとちょうど重なっていますので、今日は、まずこの書評に対する私の反論の内容を先取りすることにより、現在の刑事裁判が抱える事実認定に関する問題点を少しだけ明らかにしたいと思います。

(一)　批判の内容

書評の批判は、具体的には次の三点に向けられています。すなわち、それは、（1）「無辜の不処罰」と「真犯人処罰」との分水嶺となる「疑いの合理性」に関する私の考え、（2）自白の任意性の判断に関し私が提唱した手法、（3）自白の信用性判断の手法に関する私の立場の三点であります。そこで、まず、その批判の要点をできるだけ正確に紹介することにしましょう。

（1）「疑いの合理性」の範囲に関する批判

書評は、私が「はしがき」で記載した、先ほど述べたような事実認定に関する基本的なスタンスに対し、まず異論を述べます。すなわち、書評によると、①事実認定における最終的局面において、証拠上有罪であることに「合理的な疑いが残れば躊躇なく無罪の判決をすべきこと」に異論はないけれども、実体的真実主義が刑訴法の目的である以上、事実認定者は、「無辜の不処罰」と「真犯人処罰」との間の「狭い道」を苦悩しながら歩んでいるのが実情であり、その分け目にあるのが「疑いの合理性」の有無にほかならないとします。そして、その上で、「『合理』と『不合理』の峻別はたやすくないから、事実認定者の素質・能力、歩んできた歴史・経験等によって結論が異なりうるが、本来広狭はないはずである。『疑わしきは被告人の利益に』という鉄則を重視するあまり、『不合理な疑い』を『合理的な疑い』に取り込むことは、逆の場合と同様正義に反する。」というのです。

（2）自白の任意性の判断手法に関する批判

次の批判は、私がこの本の中で提唱した「自白の任意性に関する判断手法」に関するものです。すなわち、私は、現在の実務におけるような、「まず被告人に取調べ状況などについて供述を求め、その後で取調官に証言を求める」という立証の仕方では、被告人と取調官の言い分が多くの場合食い違って水掛け論になり、裁判所が適切な心証を形成できない場合が多いという点を指摘しました。その上で、私は、取調べの可視化の問題が一向に解決されず、いつまでもこのような立証方法に頼るのは情けないという気持から、「水掛け論に終われば、取調官側の負けと割り切る」ということもあっていいのではないかと示唆したのです。しかし、書評は、このような考え方に対しては、「任意性を巡る実務の複雑な実相に照らして、その割り切りのよさに躊躇を覚える向きも少なくないであろう。」と指摘しています。

（3）自白の信用性の判断方法についての批判

私は、この本の中で、自白の信用性の判断方法に関する従来の判例の流れを分析して、①「自白内容自体の具体性、詳細性、迫真性等からする直感的な印象を重視し、その変転の状況、細部における食い違いなどは、重要性がないものとして切り捨てようとする立場」と、②「自白の変遷の有無・程度や物的・客観的証拠による裏づけの有無などを検討し、より分析的・客観的に判断しようとする立場」があるとした上で、②を正しいとするほぼ基本的コンセンサスができたと主張したのですが（『刑事裁判の心』、以下前著とも表記。二二〇頁）、この点についても次のように指摘しています。すなわち、「前者の判例の流れが、後者の立場（自白内容の分析的・客観的検討）を『切り捨てている』と見るのは、断定的に過ぎるであろうし、もともと二つの判断方法はいずれの一方が正しいというほど絶対的なものではないことに思いをいたすと、ここでも、割り切りのよさに疑問が生まれてくるのである。」と。

(二)　反論の前提

この書評で明らかにされた考え方は、石井君の年来の主張に基づくものだと思います。石井君は、「わが国刑事司法の特色とその功罪」という論文[3]の中で、次のように書いています。すなわち、「刑事裁判は、公益に関するものであり、真に有罪の者が処罰を免れたり、真に無実の者が処罰されるのは正義に反するから、実体的真実主義を排斥ないしタブー視すべきではない。石は水中に沈み、木の葉は水面に浮くのが望ましいのであって、沈んだものを石、浮いたものを木の葉と観念するのは、刑事訴訟の生命を損なう考え方である。」というのです。また、比較的最近の「刑事裁判における事実認定について」判タ一〇八九号三〇頁以下（特に三六頁）にも似たような指摘があります。しかし、私は、沈む石と浮かぶ木の葉の二つに明確に区別することは刑事裁判の理想であっても、現実の訴訟でそのようなことが達成できると考えること自体が幻想であると思うのです。現実の刑事裁判では、その中間に「浮かんでいるようでもあり沈んでいるようにも見えるもの」が、かなりの数存在するという事実を否定できないはずですし、また、書評が、現在わが国の刑事裁判が当面している一番重要な問題点（これは後で触れます）を素通りしている点も不満です。

ところで、私が三〇数年の刑事裁判官の経験から得た感想は、次のとおりです。すなわち、「もともと刑事裁判において被告人を真犯人と無辜とに峻別することは人間の能力を超えるものであるが、わが国の刑事裁判システムの下では、その判断はいっそう困難であって、それは、個々の裁判官の努力や経験・能力のいかんによって容易に克服できるものではない。」ということでありました。その理由にはいろいろありますが、その最大のものの一つとして、以下の二点を挙げることができると思います。すなわち、それは、①わが国では、密室内で行われる被疑者や参考人の取調べの状況を客観的に明らかにする資料が皆無に等しいこと、[4] ②取調べの結果作成される供述調書は、あたかも被疑者が自分で述べたような形をとる一人称の要領調書ですが、その実質は取調官が被疑者から聞き取った内容を自分でまとめて作文したものに過ぎません。そのため、調書に記載された内容のどこまでが被疑者自身が述べた言葉でどこからが取調官の認識に過ぎないのかを調書自体から客観的に判断することが不可能であることの二点です。

まず、①の点（取調べの状況を明らかにする客観的資料がない点）についてもう少し具体的にお話しましょう。公判廷において被告人が自白調書の任意性を争った場合、取調べが何日間、どの時間帯にどの程度の時間行われたかということ自体、検察官は当然には明らかにしません。やむなく、裁判所は留置人出入れ簿などを提出させて取調べ時間などを認定しようとするのですが、そのような原資料の提出にすら取調官は時に抵抗します。取調べの状況になると客観的資料は皆無に等しいのです。やむなく、先ほど述べたように、被告人に取調べを受けた際の状況はどうであったかを供述させ、その後で今度は取調べをした取調官の証言を求めるのですが、両者の取調べ室でのやり取りについて、被告人と取調官との間で「こうであった。」「そうではなかった。」という不毛の論争を延々と続けさせなければならなくなります。被告人が、真実を理解してもらおうと必死に訴えても、もともとその記憶は万全でありませんし、どうしても多少オーバーな言い方になりやすいですから、公判廷で検察官から些細な矛盾を厳しく追及されたりすると、たちまちしどろもどろになってしまうこともあり得るのです。これに対し、取調官の側は、多くは複数の者が証人となることのできる態勢にあります。その上、彼らは何といってもその道のプロです。十分な準備の下に一見すると理路整然と思われる証言をします。そのため、よほど注意深く慎重に検討しないと、被告人が必死の思いで訴えている真実の供述が、取調官の理路整然たる供述に比し信用性に乏しいように思われてしまうのです。しかし、被告人は、長期間身柄を拘束され孤立無援の状態で厳しく追及されてきたのです。そのような被告人に対し、密室内での長期間・長時間にわたる取調べの状況を正確に再現せよと求めることは、もともと無理なことではないでしょうか。

自白調書の任意性の判断方法を論ずる場合には、まず、このような現状をしっかりと頭に置く必要があると思います。

②の点（すなわち、供述調書が一人称の要領調書の形で作成されている点）についても似たような指摘が可能です。公判廷で裁判官が証拠として取り調べる自白調書は先に申し上げたようなものですから、仮に被疑者が取調官から暴行・脅迫を受けた場合でなくても、その記載の内容を全面的に被疑者の供述であると考えることはできないはずです。そのような供述調書の性質を度外視して、記載内容が詳細であるとか迫真力に満ちているということなどに注目して有罪の心証を形成するときは、えてして誤判を冒す心配があると思うのです。

(三)　具体的な反論

以上のことを前提として、以下、書評の批判に対する具体的な反論をしたいと思います。批判のうち最も根本的で重要なものは（1）（「疑いの合理性の範囲」に関するもの）であると思いますので、まずどちらかといえば技術的な問題である（2）（自白の任意性の判断手法に関するもの）及び（3）（自白の信用性の判断方法に関するもの）に対して反論した後、最後に（1）に及ぶこととします。

（1）「批判（2）」自白の任意性の判断手法に関する批判について

この点に関する私の提言は、先に述べたように、任意性立証に関する現在の実務のやり方に対し私が大きな不満を抱いていることに起因します。先に述べたような方法で、「こうであった。」「そうではなかった。」という論争を、被告人のほか、裁判官・検察官・弁護人（更には書記官、速記官その他多くの関係者）が顔をそろえる法廷で延々と繰り広げることは、私に言わせれば、「時間とエネルギーの壮大な無駄」以外の何ものでもありません。私は、在官中この種の証拠調べをする都度、いつもそのような感想を抱き索漠たる気分に陥ったものです。それでも、証拠調べの結果取調べ状況に関する真相が明らかになるのであればまだ我慢もしましょう。しかし、先に述べたような事情から、裁判官が取調べ状況に関する真相を法廷の証拠調べを通じて把握できると考えることは、明らかに現実的でありません。私自身は、それでも考えられる限りの証拠方法を探索して、何とかして真相に近づこうと必死の努力をしてきたつもりです。その意味で、けっして書評のいうように、割り切りのよい判断ばかりしてきたわけではありません。しかしながら、そのような努力には明らかに限界があります。このような限られた資料のみから取調べ状況に関する真相を常に発見せよと裁判所に求めるのは、現実の問題として「無理難題」であるというほかないと思います[5]。

このような現実を乗り越えるには、取調べの状況を後刻客観的に検証可能なものにする以外に方法がありません。これが、取調べの可視化の問題です。しかし、わが国において可視化の問題が学説によって主張されるようになってから、既にかなりの年月が経過するのですが、事態は一向に進展していません。その大きな原因は、取調べ状況に関する立証が先のような経緯で水掛け論になった場合に、裁判所が取調官側に軍配を上げてしまうからだと思います。取調官としては、水掛け論にさえ持ち込んでしまえばいつでも任意性を肯定してもらえるのですから、可視化の手段を講じなくても一向に痛痒を感じないはずです。他方、そのような手段を講じると、今まで使っていた捜査手法が使えなくなるという心配もあるかも知れません。そのような状態では、取調官側が可視化の問題に消極的になるのは当然だと思います。

こういう状況ですから、私は、思い切って発想を転換し、この種の水掛け論に陥ってしまった場合には、「取調官側が容易にできる立証すら尽くしていない」という理由で取調官側の負けにすると割り切る必要があるのではないかと主張しているのです。もしそういうことになれば、さすがの法務・検察当局も重い腰を上げて取調べ過程の録音・録画の問題に本気で取り組まざるを得なくなるだろうと思います。私が「やや誇張したいい方」で表現すればという留保の下で、「水掛け論になった場合は取調官側の負けと割り切る」ことを提唱した趣旨は、まさにこの点にあります。

このような考え方は、従前私ひとりが主張していたに止まりますが、最近は、私の考え方に結果的に同旨となる有力な見解も見られるようになりました(6)。可視化の問題については後でもう一度触れますが、現在のような任意性立証の方法が、世界第二の経済大国を誇るわが国の、それも二一世紀という時代の刑事法廷にふさわしいものであるとは、私にはとうてい考えられないのです。

書評は、私の提言に反対する理由として、「任意性を巡る複雑な実相に照らし」としか言っていないので、石井君がどういうことを具体的に考えているのか、詳しいことは分かりません。「任意性を巡る複雑な実相」とは何を指すのでしょうか。もしこれが任意性立証に関する、以上のような実務のやり方を指しているのであれば、私の提唱する手法に反対する根拠にはなり得ないと私には思われるのですが、皆さんはどう考えますか。

（2）「批判（3）」自白の信用性の判断方法に関する批判について

私は、前著の中で、自白の信用性判断に関する最高裁判例の流れには、自白の「内容自体の具体性、詳細性、迫真性等からする直感的な印象を重視し、その変転の状況、細部におけるくいちがいなどは、重要性のないものとして、これを切り捨てようとする」立場（以下、書評にならいこれを「前者の立場」といいます。）と、「供述内容の具体性、詳細性等による直感的な印象に捉われることなく、①自白の変遷の有無・程度、②物的・客観的証拠による裏づけの有無等の検討を通じ、より分析的・客観的に判断しようとする」立場（以下、これを「後者の立場」といいます。）の二つがあると分析し、その上で、後者の立場を是とすべきことについては、「ほぼ基本的なコンセンサスが得られた」と指摘しています（前著二三〇頁）。これに対し、書評は、第一に、前記のとおり、前者の判例の流れが後者の立場を「『切り捨てている』とみるのは、断定的に過ぎるであろう。」と指摘するのです。

しかし、まず、言葉の問題から言いますと、私は、前者の判例の流れは後者の立場を「切り捨てようとしている」と指摘したのであり、「切り捨てている」とまでは言っておりません。また、そのことを別にしましても、最高裁判例の中に、このような相容れない二つの流れがあること自体は否定し難い客観的事実であります。前著の一八五頁以下に引用した松川事件第一次判決の田中意見、八海事件第二次判決の多数意見、松川事件第二次判決の下飯坂意見などが、自白内容の変遷・食違いなどを証明力評価の上で極力過小評価しようとしていることは、判文自体から明らかであると思います。私の指摘が「断定に過ぎる」という結論は、どういう理由によるのでしょうか、これも後刻ご教示を得たい点の一つであります。

書評は、次に「二つの判断方法はいずれかの一方が正しいというほど絶対的なものではない。」とも指摘します。確かに、後者の立場に立つ場合でも、供述内容の詳細性・迫真性などをまったく無視してよいとは私も思いません。しかし、わが国の捜査実務で作成される供述調書は、先に述べたように、一人称で語られる要領調書でありますから、供述内容が詳細で迫真力に満ちたものであったとしても、果たして被疑者の供述自体がそうであったからそういう調書になったのか、取調官が他の証拠により窺われる状況から想像を逞しくして被疑者に供述を押し付け、その結果そういう調書になったに過ぎないのかを、調書の記載自体からは判断することができないのです(7)。このような状況のままで、供述調書の詳細性・迫真性などに目を奪われ過ぎると、とんでもない間違いを冒すことになると思います。これは、過去の貴重な経験の教えるところです。判例上の二つの流れは、私がこの本の中で一部引用している点だけからみても、本質的に相容れない手法であることが明らかです。「いずれかの一方が正しいというほど絶対的なものではない。」という書評の言い方は、ことがらの本質をあいまいにするおそれがあり適切を欠くものだと私には思われて仕方がありません(8)。

（3）「批判（1）」「疑いの合理性」の範囲に関する批判について

そこで、いよいよ批判（1）の問題に入ります。書評は、あたかも、（「釈迦に説法」という表現の下にではありますが、）私のように、無辜の不処罰の観点を重視して合理的疑いの範囲を「やや広めにとろうとする」見解は、「不合理な疑い」を「合理的な疑い」に取り込もうとするものであるという「誤解を生じさせるものではないか。」と指摘しているのです。私の表現がもしそういう誤解を生じさせるものであるとすれば、率直に反省するしかありません。しかし、私は、私の真意がそのようなものでないことは文脈上十分読み取っていただけるのではないかと考えています。日ごろから敬愛する石井君にそのような読み方をされてしまったのはまことに残念ですが、この機会に、私の考え方をもう少し敷衍して述べさせていただくことにします。

被告人が公訴事実を争った場合、裁判所は種々の証拠を取り調べた上で最終的な判断を迫られるのですが、どこから見ても犯人であることが証拠上明白な者（いわゆる「真っ黒な者」）や明らかに無実と認められる者（いわゆる「真っ白な者」）は必ずしも数が多いとはいえないのでありまして、大部分の被告人は、その中間に位置しています。彼らを色にたとえると、黒には違いないがどこかにほんのわずか灰色が混じるものに始まり、全体に限りなく黒に近い灰色から次第に白さを増して中間色の灰色、更には限りなく白に近い灰色まで千差万別であり、しかもそれらの間にはっきりした断絶があるわけではないのです。しかし、裁判所としては、そのどこかに線を引いて、「この内側（たとえば左側）は有罪である（すなわち、『黒と認められる』）」とか、「そこから先（右側）は無罪である（すなわち、『黒とは認められない』）」という宣言をしなければなりません。この両者を峻別するときの尺度が「合理的な疑い」という概念だとされているのです。しかし、その「合理的な疑い」という概念がもう一つはっきりしません。最高裁判所の判例は、[9]「犯罪の証明がある」ということは、「高度の蓋然性が認められる場合」「反対事実の存在の可能性を許さないほどの確実性を志向したうえでの『犯罪の証明は十分』であるという確信的な判断」であると定義していますので、これを裏返せば、「合理的な疑い」とは「そのような高度の蓋然性の立証がないこと」と一応定義することができるでしょう。しかし、こう定義したからといってその内容が一義的に明確になるわけではありません。まして、この定義を現実の事件にあてはめて有罪と無罪とに峻別することは、書評も認めるとおりきわめて困難な作業なのです。過去の事例において「合理的な疑い」の有無を巡り、上級審と下級審の間を行ったり戻ったりした事件が驚くほど多いという事実が端的にこのことを示していると思います[10]。

書評も、この辺までは私とほぼ同意見でありまして、「『合理』と『不合理』の峻別はたやすくないから、事実認定者の素質・能力、歩んできた歴史・経験等によって異なりうる」ことを認めています（前掲判タ一〇八九号三二頁も同旨）。しかし、書評は、その直後に一転して、（「合理的な疑い」の範囲には）「本来広狭はないはずである」とし、そのことから「合理的な疑い」の範囲をやや広めにとろうとする著者の考え方は、「不合理な疑い」を「合理的な疑い」に取り込むことになるという誤解を生じさせるというのです。

この批判は、私にとって意外でしたが、一見すると頭に入りやすい議論のようにも思われます。そこで、この点をもう少し詳しく検討してみることにします。

書評の言わんとする趣旨は、おそらく次のようなことではないでしょうか。すなわち、「合理的な疑い」と「不合理な疑い」との間は、一本の線（書評の表現によると「狭い道」）により画然と区別されるはずである[11]。だから、「合理的な疑いの範囲をやや広めにとる」こととすれば、たちまち「不合理な疑い」を合理的な疑いの中に取り込んだことになってしまう、と。

しかし、「合理的な疑い」という概念は、先に述べたように、それ自体余り明確なものではないのです。そのような明確でない尺度を用いながら、「合理」と「不合理」の間を、きれいな一本の線で区別することができるという考えは、明らかに現実的でないと思います[12]。一歩譲って、その間に、神のような全知全能者だけが知り得る限界線（書評のいう「狭い道」）があると仮定してみても、裁判所はどういう方法でそれを知り得るのでしょうか。刑事裁判における事実認定は、きわめて実践的な作業です。このような実践的な作業の仕方を論ずる場合に、こういう観念的な論理を用いるのはやはり適当でないと私には思われてなりません。こういう問題については、もう少し現実の裁判に即した考え方をすべきではないでしょうか。

私は、この問題について以下のように考えるのです。「合理的な疑い」と「不合理な疑い」との間は、もともと書評のいうようにきれいに二つに区別できるものではない。確かに、その両極には、「はっきりした合理」と「はっきりした不合理」が存在しており、両者の区別は比較的容易でしょう（それでも、その区別についてすら時に争いになることは後で述べるとおりです。）。しかし、その間には、見方によっては「不合理」ともいえるが少し視点を代えれば「合理的」であるとも考えられる帯状の中間地帯がどうしても残ると思うのです。そして、その中間地帯に属する疑いに限ってみれば、それを「合理的な疑い」とみるかそうでないとみるかは、最終的に、判断者である裁判所に委ねざるを得ないものだと思います。私が、「無辜の不処罰を重視する裁判官」は「合理的な疑い」の範囲を「やや広めにとろうとする」と書いたのは、この地帯に属する疑いに関してのことですから、「合理的な疑い」の範囲を「やや広めにと」ったからといって、「不合理な疑い」を「合理的な疑い」の中に取り込むことになるはずがないのです。

もっとも、この中間地帯とその左右にある「はっきりした合理・不合理」の間の限界も、けっしてそれほど明確なものではありません。そのため、裁判所の判断にある程度のばらつきが出ることはどうしても避けがたいのですが、それは、最終的には上訴によって是正するほかに方法がありません。裁判とは、もともとそういう性質のものだと思うのです。裁判所に求められているのは、どこかに存在する客観的な正解（書評のいう「狭い道」）を探し出すことではなく、各裁判官が最高裁の前記判例や過去の前例を頭に置きながら自分の良心に忠実に、そして、蓄積してきた知見と常識を駆使して、「どこまでが不合理な疑いでどこからが合理的な疑いなのか」を必死に模索しながら、自分が正しいと信ずる解答を出すことではないかと思います。そして、そのようにして各裁判官が出した結論の是非は、当然のことながら上級審の審査に服します。このように、下級審の裁判官が出した具体的な結論を上級審の裁判官が批判的に検討することによって、「合理的な疑い」の範囲に関するブレをできるだけ狭めることができるし、また狭めるように努力すべきだというのが、これまでの実務のコンセンサスではなかったかと思うのです。私は、以上のようなことをこれまで意識的に考えたことはなかったのですが、今回、書評に批判されたのを契機に再考した結果、無意識のうちにしてきた従前の判断過程をある程度明らかにすることができたように思います。[13]

書評に対する反論は以上で終わりますが、もう少し感想めいたことを述べさせてください。私は、おびただしい数の最高裁判例を読み解くにつれ、「合理的な疑い」という判断基準を具体的事件に適用することがいかに困難な作業であるかを思い知らされました。そして、次のような感想をもつに至ったのです。最終的に無罪で決着した事件について、その途中で有罪判断をした裁判官も、記録に現れた証拠上の疑問と対面していたはずです。しかし、その裁判官は、被告人・弁護人により提起された疑問について自分なりの解答を用意して、その疑問はまだ「合理的な疑い」の域に達しないと判断したのだと思います。彼らは、結果的にではありますが、社会秩序維持の観点（換言すれば、真犯人を一人でも取り逃がすまいという配慮）を重視するあまり、実際には存在する合理的な疑いを過小評価した結果、無実ではないかという合理的疑い（場合によっては「はっきりした合理的疑い」）のある者を、一時的にもせよ、処罰の渕に追い込んでしまったのではないでしょうか。私がこの本の中でした前記のような論述は、このように、裁判官の中に社会秩序維持に軸足を置く余り「合理的な疑い」の範囲を不当に狭く解する人がいるということを前提として、そのような人には、無辜の不処罰の点を重視して、「合理的な疑い」の範囲をもう少し広めにとってほしいという気持ちを込めたものでもあります。[14]

ちなみに、蛇足としてやや揚げ足取り的なことを言わせていただきます。書評の中に次のようなくだりがあります。すなわち、「『疑わしきは被告人の利益に』という鉄則を重視する余り、『不合理な疑い』を『合理的な疑い』に取り込むことは、逆の場合と同様正義に反する。」というのです。これは、一見もっともな指摘のように思われるのですが、私は、書評が二つの誤りを「同様に」正義に反するとしている点にひっかかりました。確かに、不合理な疑いを合理的な疑いに取り込むことは正義に反するでしょう。しかし、それは、「合理的な疑い」を「不合理な疑い」として排斥した場合と比べればまだ罪が軽いはずです。当然のことではありますが、「真犯人を取り逃がす不正義」と「無辜を処罰することの不正義」とは、同じ不正義でもけっして同列に論ずることができないはずのものだと思います。

（4）　余論

最後に、捜査と刑事裁判の現状に対する私の不満を前提として、裁判員制度の発足をにらみ今後わが国の刑事裁判が進むべき方向について、私の意見を述べさせていただくこととします。

既に「㈡　**反論の前提**」の項で指摘したことですが、わが国の捜査、刑事裁判が抱える最大の問題の一つに、①取調べ過程が不透明であること、及び②供述調書が一人称の要領調書の形で作成されていることがあります。早い話が、裁判所としては、取調べの段階で生じた被疑者と取調官との間のやりとりを公判で明らかにしようといくら努力しても、事実上それができないのです。それだけではありません。被疑者・被告人が取調官に対して現実にどういう言葉で話をしたのかについてすら、これを正確に把握する手段を持ち合わせていないのです。この問題を解決するには、捜査段階でのやり取りを後刻客観的に検証できるようにすること以外に方法がありません。取調べの可視化が提唱される所以であります。取調べの可視化には、①弁護人に取調べへの立会い権を与えるという方向と、②被疑者とのやりとりを逐一録音ないし録画するという方向とがありますが、法務・検察当局は、「取調べに支障をきたす」の一点張りで、いずれについても容易に腰を上げようとしません。今回の司法改革においても、結局この問題は事実上先送りされてしまいました。

しかし、取調べの可視化の問題は、今や世界の潮流となりつつあるのです。私は、判事退官後この問題から遠ざかっていたのですが、過日（二〇〇四年四月二三日）日弁連主催の「取調べの可視化（録音・録画）国際シンポジウム」に参加してみて、時代が大きく変わりつつあることを実感しました。すなわち、シンポジウムでの報告によると、取調べの可視化の方向に向かっているのは、何も西欧先進諸国やオーストラリアばかりではないというのです。具体的には、台湾や韓国など、かつて日本の植民地支配を受け日本の警察・裁判制度に倣った法制をもつ近隣諸国においてすら、取調べにおける弁護士の立会い（韓国）や取調全過程の録音・録画（台湾）という問題が、すでにかなりの程度実行に移されているということでした。これは、私にとってかなりの衝撃でした。報告者（韓国警察大学校教授、大韓弁護士協会人権委員会副委員長、台湾東海大学法律系教授の三氏）によると、両国の実情には違いがあるようですが、いずれの国においても、警察や検察は、わが国におけるほど硬直的な態度をとっていないようです。特に台湾においては、取調べ状況全過程の録音・録画について、既に立法的な解決がされているということでした。また、取調べへの弁護士の立会いや取調べ過程の録音・録画を認めるようになった結果任意性の争いは減少し、他方それによって取調べに支障をきたしたという苦情はあまりないということでした。

そして、私が更に感銘を受けたのは、韓国の実務をそのように転換させるについては裁判所の積極的な姿勢が大きく寄与しているという事実です。今この点について詳しいお話をすることはできませんが、韓国においては、二〇〇三年一一月一一日に出されたソン・ドュユル事件大法院決定（大法院二〇〇三モ四〇二）が、取調べへの弁護人参与権について、「刑訴法の接見交通権の規定を類推適用」するという手法により、現行法の解釈としてこれを肯定したということでした。[15][16]同じ法曹として、その熱意と工夫に感服すると同時に、わが国の議論がなかなか進展しないことについて、改めて隔靴掻痒の感を深めた次第です。

ただ、わが国においても、近く裁判員制度が発足することに伴い、取調べの可視化の問題が、ようやく本格的な議論の対象になってきたようです。従来この問題に発言して来なかった裁判官経験者の中にも、「裁判員制度が発足する以上可視化の問題は避けて通れない。」という趣旨の強い発言が出てきていますし、[17]学界からもマスコミを通じ強力な発言をする者が現れてきています。[18]これらの発言が、今後抗しがたい大きな世論の流れを形成していくことを祈りたいと思います。

韓国では、「日本が一〇〇年かけて実現した近代化を、民主化が始まった最近二〇年で達成し（そのため「圧縮近代」という呼称が生まれたそうです。）、すでに追い越した」という自負を抱いているということです。わが国も本当にうかうかしてはいられません。自白の任意性の立証を巡り、一〇年一日（いや「五〇年一日」）のように現在のまわりくどい実務を続けていると、近隣諸国から軽蔑されるだけでなく、忙しい裁判員からも見放されてしまうのではないでしょうか。取調べの可視化と供述調書の問答形式への変更[19]は、裁判員制度の発足までの間に、どうしても解決しておかなければならない喫緊の急務であると考えている次第です。

四　事実認定の手法

これまで述べてきたことを前提として、これから、事実認定に関する手法について、若干ご説明することにします。

(一) 基本的な態度

刑事裁判の事実認定で何が一番大切かと問われれば、私は、躊躇なく次のように答えます。すなわち、「被告人の言葉に真剣に耳を傾けた上、証拠に忠実に虚心に判断すること」だということです。法廷の中で事実を一番よく知っているのは、なんといっても被告人本人だと考えるべきです。その被告人が訴えることをおろそかに扱っては、正しい刑事裁判ができるはずがないのです。確かに、被告人は、実際罪を犯していても、何とかして罪を免れたいという気持ちから嘘をつくことがないとはいえません。しかし、恐ろしいのは、嘘をつく被告人を見慣れてしまった裁判官が、またこの被告人もそうではないかという意識を持ってしまうことなのです。また、そうでなくても、刑事裁判で、被告人が詳しい供述を求められるのは、通常最終の被告人質問の段階ですから、そのころには、検察官側の立証によって、被告人が供述するのとは大きく異なる事実関係が法廷に現れていることがよくあります。そういう場合には、裁判官の方がよほど注意していませんと、「この被告人は嘘をついている。犯人に間違いない。」という意識に捉われてしまうことになります。そして、裁判官がいったんそういう意識を持ってしまうと、本当は真犯人ではない被告人が必死になって冤罪を訴えても、裁判官の耳には、その言葉が他の嘘をつく被告人の言葉と同じようにしか響かなくなってしまいます。これが思い込みの恐ろしさです。ですから、私は、後輩裁判官や修習生に対しては、事件を審理するに当たっては、いつも、「『真相は被告人の言うとおりであったのではないか。』という気持ちを常に持ちながら、被告人の言葉に真剣に耳を傾けることが必要だ。」と言って指導してきました。間違っても、審理の途中の段階で、「この被告人は犯人に間違いない。」というような予断にとらわれて言い分を軽んじることがあってはいけないのです。

ただ、これは「言うは易く行うは難い」ことの典型だと思います。裁判官も生身の人間です。被告人の中には憎たらしいことを平気で言う人もたまにはいます。そういう被告人の言葉に裁判官がむっとなり感情的になってしまったりすると、平常心を失い、判断自体が感情的になってしまうことがあります。これはいけないことです。また、表現能力に劣る被告人の場合は、適切な表現ができず、長々と稚拙な言葉で訴えようとすることがあります。そのような場合、ともすると、「何だこいつは。なんて馬鹿なことを言っているんだ。」という感情に駆られて、よくよく聞けばなるほどと合点できることでも、理解できずに終わってしまうことがあると思います。しかし、そういう場面こそ、本当はプロの裁判官が本来の役割を期待されている場面なのです。もちろん、弁護人の立場でも同じことでありまして、そういう被告人の言い分をいかにして裁判官に理解させるかは、弁護人としての一番大切な仕事のひとつであると思います。

検察官となりますと、立場はやや異なるのですが、ただ、私は、検察官も、「公益の代表者」として、あるいは「同じ法曹の一員」として、冤罪の発生を阻止することに協力する義務があるはずだと思うのです。しかし、私が在官中に接してきた検察官は、おおむね、そういう場面になると、「自分は関係ない。」という無責任な態度を決め込むか、そうでなければ、「何という馬鹿なことを言うのか。」という態度で被告人を叱り飛ばすという人が多かったように思います。私は、検察官のこういう態度には大変不満でした。

ところで、人間の思考・判断過程において、どんなに注意していても、ある種の「思い込み」は避けられないものだと思います。そして、この思い込みほど、その人の判断を間違わせるものはないのです。極端に言えば、いったん思い込んでしまうと、あらゆる判断がその思い込みによって支配される傾向があるとすらいえます。裁判官や検察官・弁護人の思い込みによって誤った裁判が行われたとしたら、これ以上不幸なことはありません。この点は、後で申し上げる私の最近の経験に照らしても、いくら注意しても注意しすぎることはない重要な問題点であると考えています。

私は、昔私の部についた司法修習生から、次のような話を聞いたことがあります。すなわち、その修習生は、「司法研修所の前期修習で、白表紙の起案を命ぜられた時には、『最初に結論を決めてしまって、その結論に合うような証拠を記録の中から探し出す』という方法で起案していた。皆もそうしていたようだ。記録の結論はたいてい有罪なので、有罪の証拠を探し出して起案した方が、時間の節約になるし結果的にもいい点数がもらえる。」というのです。私は、それでは司法研修所が白表紙起案をさせていることの意味の（全部とは言いませんが）半分以上が失われると思います。それだけではありません。もしそのような態度で修習を続けた結果、その人が裁判官になった場合を考えると恐ろしくなります。そのような記録の読み方をしていると、次第に事件のそういう見方、扱い方が身についてしまうでしょう。それは、考えただけでも恐ろしいことです。私は、それはとんでもないことだと言って、さっそくそういう記録の読み方をやめさせました。その後、その修習生は裁判官に採用されまして、現在では中堅でイキのいい、そして大変良心的な刑事裁判官として大活躍しておりますが、私は、あの時彼が率直に話してくれて本当によかったと、今でもときどき思い出します。

㈡　具体的な留意点

先ほど私は、事実認定において一番大切にすべきことは、被告人の言葉によく耳を傾け、証拠に忠実に虚心に判断することだと申し上げたのですが、これではまだ抽象的ですから、当然、いったいどういう方法で証拠を見ていけばいいのかという質問が出るだろうと思います。確かに、相対立する証拠の証拠価値をどのようにして判断していくのかは、刑事裁判官が一番悩むところです。このような問いに対し、ただ、「事実認定の要諦は、何と言っても、被告人の供述や証人の証言を注意深く聞き、記録をよく調べた上で、予断に捉われることなく、証拠に忠実に、率直に判断することに尽きる。」と答えただけでは、事実認定の心構えとしてはよく分かるにしても、具体的な方法論としては、余り効果的ではないということになろうかと思います。そこで、以下、もう少し具体的に申し上げることとします。もっとも、具体的にといいましても、事実認定が問題となる場面は千差万別で、無数のバリエーションがあります。そういう問題すべてに触れるわけには参りませんから、ここでは、多くの事件に共通して問題となる点についてお話しします。ですから、話はどうしてもある程度抽象的にならざるを得ません。そういう前提でお聞きいただきたいと思います。

（1）　供述証拠の危険性を認識すること

供述証拠のうち供述調書の危険性については、すでに詳しくお話ししましたので、ここでは繰り返さないことにします。

それなら、公判廷における証言なら問題ないのかということになりますが、そうではありません。証人は、自分や関係者の利害に関係することについては、平気で嘘をつくことがあります。もっとも、そういう証人の場合は、裁判所も当然そういう目で証言を評価しますから、その誤りをチェックするのは案外難しくないといえるかもしれません。

一番気をつけなければならないのは、証人が事実であると確信しつつ真実と異なる証言をする場合です。善意の第三者であっても、時に記憶違いや思い込みによって、事実と異なる証言をすることは、案外よくあることで、そのために伝聞証拠の証拠能力が制限されているということは、皆さんも勉強されたはずです。そういう場合でも、証人は、自分の証言が真実に合致すると確信していることがありますから、そういう場合には証言態度は「終始堂々」とし証言内容も「理路整然」としているということになります。弁護人が反対尋問で追及すればするほど、証人はますます証言の正しさを強調する傾向がありますから、反対尋問によって信用性を崩すのも容易ではありません。ですから、裁判所の立場としては、証言の信用性については、あらゆる角度から慎重な検討が必要になってくるわけです。証人の思い込みの恐ろしさについては、あとから、私の個人的な経験を若干お話しようと思っています。

（2）　物的・客観的証拠並びに証拠によって明らかな事実を中心に据えること

そういうわけですから、事実認定において重視すべきなのは、「動かぬ事実は何か」という視点だと思います。そして、証拠の中で動かないものが何かといえば、それは、まず「物的・客観的証拠」であります。物的・客観的証拠は、それ自体が嘘をつくことはありませんし、見間違いや思い込みによる事実に反する供述ということも考えなくていいわけです。また、物的・客観的証拠でなくても、多くの証拠が一致していて明らかに事実と認めてよい間接事実というものがあります。そういう間接事実は、物的証拠に準ずるものと考えてよいと思われますから、このような事実を拾い上げていくことも重要です。そして、対立する供述証拠の信用性を判断する場合には、このような物的・客観的証拠や証拠上明らかな間接事実を中心に据えて、どちらの方がこれらの事実とより整合するか、という観点から検討することが重要となります。ですから、刑事裁判の事実認定では、まず第一に、「この事件で動かぬ事実は何か」という視点から証拠関係を整理してみることだと思います。

ただ、ここで注意していただきたいのは、物的・客観的証拠といえども、その収集・保管過程に問題がある場合には、その証拠価値は一挙に低下するということです。証拠に対する捜査官側の作為ということは本来絶対にあってはならないことですが、これまでの裁判例を見るかぎり、それはけっしてきわめて稀な現象ではありません。このことも、私が『刑事裁判の心』の中で繰り返し述べているとおりです[20]。私は、物的証拠の収集・保管過程に疑いが提起されているのにこの点を素通りしてしまった判決をいくつも読んだことがありますが、そのような判決の事実認定には、まったく説得力がありませんでした。ただ、これらの点については、今日は深入りしません。各自勉強してください。

（3）　補充立証の機会を与えること

比較的簡単な事件でありますと、このような判断の仕方でたいてい裁判所の心証が決まってくるだろうと思います。しかし、やや複雑な事件になると、これだけでは不十分ということもありまして、更に証拠を調べたくなる場合も出て来ます。

ところで、日本の刑事訴訟法は、基本的に当事者主義をとっていますから、証拠申請は、原則として当事者に任せておけばいいのですが、当事者が提出した証拠だけでは裁判所の心証がもうひとつ固まらないということになりますと、裁判所の出番となります。もっとも、判例[21]によると、裁判所は、原則として職権証拠調べをしたり検察官に対し立証を促したりする義務はないとされていますから、裁判所は、主として弁護人側に対する後見的機能を果たせば足りることになります。「この点をもう少し調べれば事実関係が明らかになるかもしれないのに、両当事者（特に被告人側）がその問題に気づいていないというような場合」には、裁判所はいたずらに拱手傍観することなく、当事者に率直に疑問を提示して、補充立証の機会を与えた方がいい場合があると思います。

（4）　検証・鑑定の重要性

裁判所が職権ででも考えなければならない証拠調べの方法として代表的なのは、検証です。事実認定上検証がいかに重要であるかについては、私が『刑事裁判の心』の中で実例を挙げて詳しく論じていますので[22]、詳細はこれに譲ります。私の経験でも、ともかく現場を一目見ただけで、それまでの記録だけからの心証とはガラッと違った印象を受け、証人や被告人の供述の信用性判断に大きな変化を生じたということがあります。

また、検証と並んで重要なものに鑑定があります。捜査段階の鑑定書は、証拠能力の上では公判段階の鑑定書と同様に扱われていますが、その証拠価値が争われる場合が多いと思います。裁判所としては、弁護人から提起された疑問を率直に受け止め、もし疑問があればためらわずに鑑定決定に踏み切るべきだと思います。鑑定書は、多くの場合、先ほど述べた物的・客観的証拠に属すると思いますので、万一にでもこれに誤りがあった場合に、裁判所の判断を大きく誤らせる心配があります。慎重に判断すべきです。

（5）　自白の信用性判断の留意点

ようやく自白の問題にたどり着きました。

まず、自白については、取調官の強制・誘導や利益誘導によってされる危険があるということを十分理解しておく必要があります[23]。そのような自白を事実認定の資料とすることは、それ自体危険なことですから、自白については、まずもって任意性の審査を厳格に行うことが必要不可欠です。しかし、先に述べたような理由により、自白の任意性の審査は、現在までのところ効果的に行われているとはいえません。私は、この現状を一日も早く脱却してほしいと考えていますし、そのために先に述べたようなやや過激とみられる提案もしたのですが、もしそれが現状では困難であるというのであれば、せめて信用性判断の段階において、十分慎重な審査をして欲しいと願っています。現在の実務における任意性の審理で一番いけないのは、裁判所が、取調官の供述を過大に信用する傾向があることです。被告人の言い分に対しては、些細な間違いがあるとたちまちこれを取り上げて、前後矛盾しているなどとしてその信用性を否定するのに、証人となった取調官に対しては、比較的寛大な傾向があります。裁判所が、もし「被告人には嘘をつく動機があるが、取調官にはそれがない。」と単純に考えているのだとすれば、それはとんでもない間違いだと思うのです。取調官にも、違法捜査が表ざたになっては困るという意味で、嘘をつく動機が常にあるのです。そういう点を除外して考えるのでは、私が最初に申し上げた、「被告人の供述に謙虚に耳を傾ける」という態度とはまるで違ってしまいます。

次に、自白の信用性判断の方法については、すでに、「注意則」といわれる一種のマニュアルが確立していますので、任意性の審査と比べれば、その判断が比較的容易だろうと思います。もっとも、「注意則」といわれているものも、別に突然難しいことが言い出されたのではなく、これまで実務家が事件を処理するに当たって工夫してきた多くの手法を集大成したものに過ぎません。私たちの若いころには、このようなマニュアルはありませんでしたので、いつも自分の頭で一から信用性判断の方法を考えつつ事件を処理してきたのですが、結果的にこの注意則と同様のことを考慮して判断していました。

もちろん、これから事件を処理することになる皆さんは、とりあえず注意則を活用されるのが効率的です。ただ、気をつけなければならないのは、こういうマニュアルがありますと、えてしてマニュアルに頼り過ぎる傾向を生ずることです。「マニュアル万能」の思考に慣れてしまいますと、マニュアルに書かれてない重要なことが出てきた場合に、どう判断したらいいかよく分からなくなります。その結果予想されるのは、裁判官や検察官・弁護人が重要な問題点をあえて無視したり、それに対し見当違いの判断をしたりしてしまうことでしょう。

また、注意則はあくまで注意則でありますから、これを形式的にクリアしたからといって、簡単に安心してはいけないと思います。「事実は小説より奇なり」という言葉がありますが、実社会では一見考えられないようなことも現実に生ずることがあり得るのです。マニュアルはあくまでマニュアルに過ぎません。注意則として言われていること以外に重要なことはないかという気持ちを忘れることなく、「最後に頼れるのは自分の頭以外にはない。」という意気込みで、事実や証拠と死に物狂いで格闘してほしいと思います。

㈢　長期間経過後の記憶の変容、思い込みの恐ろしさの具体的実例

ここまで述べてきた（1）ないし（5）のようなことは、私が『刑事裁判の心』の中で、いろいろな例を挙げて繰り返し説明していますから、詳しくはこれを読んでいただくことにします。そこで、今日は、私の体験を交え、若干の実例をお話してみようと思います。それは、（1）で指摘した点と関係しますが、長期間経過した後の人の記憶というものがいかに頼りないものであるか、また、人はいったん思いこみに囚われると、容易にそれから抜け出せないということを実証すると思われるからです。

（1）　長期間経過後の記憶の変容について

まず、長期間経過後、人の記憶がいかに変容するものであるかについては、この本の中で私の体験としてあるエピソードが書いてあります。お読みになっていない方のために、簡単にお話しますと、それは、私が新任判事補として任官した時の民刑振り分けのいきさつに関することです。私の記憶は、次のようなものでした。すなわち、東京地裁に配属された私を含む一〇人の仲間が、所長代行のところに行くと、代行に、「民事六人、刑事四人と決まっているが、誰がどちらに行くかは自分たちで話し合って決めなさい。」と言われた。そこで、民刑どちらがいいかについて各自希望を述べたのですが、当然のことながら民事希望が多かったので、最後は、じゃんけんをして配属を決めた。そして、私は、じゃんけんに勝って、いったん民事への切符を手にしたものの、ある友人から（ここでは、特に名前を秘します。）「自分はどうしても刑事は嫌だ。君代わってくれないか。」と泣きつかれてこれを承諾し

てしまい、結果として刑事配属になった、というものでした。これは、私にとってはその後の裁判官人生を変えるかなり強烈な体験でしたので、まさか自分のこの記憶に問題があるとは夢にも思ってもいなかったのです。そのため、私は、ことあるごとに、後輩にもこういう話をしてきたように思います。

ところが、この話を私が刑法学会東京部会でしまして、その結果が判例タイムズに掲載された段階で異論が出てきました。当時大阪高裁長官であった上田豊三現最高裁判事（この上田君も、修習生以来の大変仲のいい友人の一人です。）が、「自分はじゃんけんをしたなどという記憶はまったくない。民刑振り分けの経過については、自分の記憶は君の記憶とまったく違っているから、他の仲間に対して質問をして記憶を確かめてみようじゃないか。」と言い出したのです。物好きといえば物好きですが、当時、彼は高裁長官として時間に多少ゆとりがあったのではないでしょうか。彼は、間もなくアンケート調査を実施しました。その結果は、見事なくらいにてんでんばらばらでありまして、いわゆる多数説を形成できるような見解はありませんでした。また、私を特に驚かせたことは、私が「泣きつかれた」と確信している某君が、そういう記憶を全く持っていなかったことです。上田君は、当時この結果を短い文章に纏めて「法と正義」あたりに発表したいと言っておりまして、現に彼が作成した文章を私も読ませてもらったのですが、仲間の一人が公刊物に登載することに対し猛烈に反対したため、未だに実現できないでいるのは残念なことだと思います。それはそれとして、このエピソードは、人の記憶、特に長期間経過後の人の記憶がいかに危なっかしいものであるかということを図らずも実証する結果となってしまいました。

（2）　思い込みの恐ろしさについて

もっとも、これは一種の笑い話で済んだからどうでもいいともいえるのですが、これからお話するエピソードは、もう少し、というか大変深刻なものでありまして、私の思い込みによってある弁護士さんに、現に大変なご迷惑をおかけしてしまったのです。

私は、二〇〇二年七月に、東北弁護士会連合会に招かれて「裁判官から見た弁護人活動」という講演をしました。その結果が平成一四年版日弁連研修叢書に収録され、更に今回それを『刑事裁判の心』に転載・収録したのですが[24]、その講演の中で私は、弁護人が被告人の言い分を正確に理解していなかったと思われる事例として、有名な都立富士高校放火事件の第一回公判における弁護人の意見陳述を挙げていました[25]。その事件では、富士高校の定時制四年に在学中であった被告人が、別件の窃盗罪で逮捕された後、本件の放火罪についても取調べを受けて自白し、両事件で起訴されていたのですが、被告人は、第一回公判で放火について全面無罪の主張をしました。これに対し、弁護人は、被告人と同様無罪の主張はしたのですが、予備的に「仮に被告人が有罪であったとしても放火の対象は非現住建造物であって現住建造物ではない。」という主張もしていました。

ただ、事件の方はその後本格的な刑事事件（冤罪事件）の様相を呈してきまして、私たちも懸命に真相解明に務めました。その結果、まず、被告人の自白調書については、最後の一通を除いてすべて証拠能力なしという却下決定をしました。そして、その後の本案判決で私たちは、採用した一通の自白調書の信用性を否定し、目撃証言の信用性も否定して、「放火の点について被告人は無罪」という判決をしたのです。

しかし、被告人が全面無罪の主張をしているのに、弁護人が「仮に被告人が有罪であったとしても」という前提で予備的な主張をするのは、きわめて異例の事態です。

ですから、私には、第一回公判における弁護人のこのような異例な意見陳述が強く記憶に残ってしまいました。そして、私なりにその原因について、次のように想像していたのです。すなわち、被告人が完全無罪の主張をしているのに弁護人が予備的・仮定的な主張をしているのは、弁護人の事前の接見が十分でなかったため、警察で自白していた被告人が弁護人に本当のことを十分言っていなかったか、あるいは、弁護人自身が被告人の言い分をよく理解できていなかったからではないか、という推測です。そして、東北弁護士会連合会での講演でも同様の推測の下に、そのいずれの場合でも弁護人活動には問題があったと指摘したのです。ところが、今回この単行本に収録された講演録が元弁護人（以下「A弁護士」といいます。）の目に止まって、その逆鱗に触れてしまいました。今年（二〇〇四年）の四月下旬でしたが、ある日突然A弁護士から、厳重な抗議文が届きました。それには、次のようなことが書いてありました。すなわち、自分は、被告人と事前に何回も接見して被告人の言い分を完全に理解していた。それだけではない。当時、被告人は警察に痛めつけられて気力を失っており、もう争うのはやめたいと言っていたのを、自分が励まし励まし何とか二人三脚で最後には無罪判決を勝ち取ることができたものだ。弁護人が被告人の言い分を理解していなかったなどとはとんでもない。弁護人が、第一回公判で予備的な主張をしたのは、裁判所を信用していなかったからに過ぎない。被告人と弁護人の歩調が最初からぴったり合っていたことは、その後の被告人の上申書や弁護人の最終弁論の内容から明らかなはずである。このような客観的事実と明らかに食い違う事実を著書で指摘するのは、弁護人に対する悪質な名誉毀損であるから、ただちに全文削除と販売停止を求める、というものでした。

さて、この手紙を見て、さすがの私も途方に暮れてしまいました。弁護人が手紙の中で「かぎかっこ」付きで最終弁論や上申書を引用しているところをみると、おそらくこれは弁護人が手元に保管している当時の記録（写し）に基づくものに違いない。そうであるとすると、事実関係は、おそらく弁護人が言われるとおりなのだと考えるほかありません。私は、第一回公判における弁護人の意外な陳述が余りにも強く印象に残ってしまったため、後から出された上申書や弁論要旨の内容のことを記憶からすっかり欠落させてしまったに違いないのです。もともと、この件に関する私の記憶は、それほど確固としたものではありませんでした。そして、私は、先にご紹介した初任当時の民刑振り分けのいきさつに関するエピソードのこともありましたので、念のためにと思って、事件当時相陪席であった雛形要松東京高裁部総括判事にも電話で確認したのですが、彼も確たる記憶を保持しておりませんでした。それで、私は、「いずれにせよ三〇年前の記憶であり、万一これが事実と異なる場合は弁護人に大変ご迷惑をお掛けすることになるが、何とかお許し願うほかない。」という趣旨の注を付した上で、先のような指摘をしたのですが、A弁護士からは、「そういう注をつければ何を書いてもいいということにはならないはずだ。そんなにあやふやな記憶なら、書かないでおいて欲しかった。」と言われてしまいました。そう言われれば、確かにそのとおりでまさに一言もありません。結局、この件は、私の方で終始事実を認めて陳謝した上、当時たまたま初版初刷りの在庫が空になっていて、出版社と増刷の打合せをしていたところであったため、単なる増刷ではなく版を改めて「新版」とし、はしがきと本文の中で、今ご説明したような事情をしっかり説明してお詫びするという申し出をしましたところ、A弁護士も次第に態度を軟化させてくださり、最後の電話では笑い声も入るくらい和やかな雰囲気になりました。その結果、なんとか辛うじて重大事件には発展せずに済んだのです。こんな話は、本来皆さんには何の関係もないことですが、私がわざわざ自分の恥をさらしてまでこういう話をしているのは、人間の記憶というものがいかに頼りないものであるかという点について、私自身の体験をご紹介した方がよくお分かりいただけるだろうと考えたからです。人間がいったん思い込んでしまうと、その考えは簡単には脳裏から消えません。そればかりではなく、さまざまな要因から、次第に確固とした記憶になってしまうことすらあるわけです。今後皆さんが裁判に関係する仕事をしていく上では、こういうことにも十分ご注意いただきたいと存じます。

(四)　ビデオ教材による模擬裁判の経験

当然のことではありますが、私は、最近具体的事件を扱っておりません。もろろん、過去に扱った事件を材料とすれば、具体的な事件に関するお話ができないわけではありませんが、今日は、最近私が法科大学院の授業に関連して経験した大変興味深い事例をお話してみようと思います。

経験というのは、以下のようなことです。私が担当するロースクールの授業は秋学期以降に始まることになっています。したがって、現在は、法学部三年生や大学院生を相手に刑事法のゼミと称するものを受け持っているだけでありまして、ロースクールでの自分の授業はまだ経験しておりません。ただ、ロースクールで刑事訴訟法や裁判法を担当しておられる福井厚教授から、四月下旬に次のような申し出を受けました。すなわち、福井教授は、「授業の一環として模擬裁判のビデオを学生に見せた上で学生に事実認定の経験をさせたい。しかし、自分は事実認定というものをしたことがないので、ぜひ一緒にビデオを見て学生との討論に参加してほしい。」と言われるのです。私も、ロースクールの授業に少しでも慣れておいた方がいいと思っていた折でしたので、渡りに船とばかりこの申し出をお受けしました。

ところで、当日福井教授が学生に見せたビデオは、司法研修所監修の例のビデオではありません。毛利甚八さん（漫画『家裁の人』の作者として有名な方ですね。）などを交えて、裁判ウォッチングの会が製作したものでした。後で聞いたところでは、他の大学から入学したロースクール学生の中に「学部でも同じビデオを見た。」という人がいましたから、案外有名なビデオなのかも知れません。ですから、皆さんの中にもご覧になった方がおられるのではないかとも思います。

私も、学生と一緒に一回見ただけの記憶ですから、かならずしも正確に覚えているわけではありませんが、ドラマの筋立ては、だいたい以下のとおりだったと思います。被告人は、ある夜一人で部屋にいるところを、警察官に踏み込まれたのですが、とっさに目の前にあったビニール袋入りの白色結晶をちゃぶ台の下に隠れるように置きました（これが「隠した」のか、単に「片付けた」に過ぎないのかについては、争いがあります。）。警察官は、とっさにこれを見咎め、「それは何だ。覚せい剤だろう。」と言って直ちに彼を現行犯逮捕してしまいます。警察官が、覚せい剤の予試験すらしないでいきなり被疑者を逮捕してしまったのには驚きましたが、警察官が「被告人が覚せい剤を持っている。」という確度の高い情報を得ていたのなら、直ちに現行犯逮捕ができるという見解もあり得ます。この辺は、法律論として若干問題のあるところですが、本筋から外れますし、違法逮捕の問題を入れてくるとややこしくなりますので、手続き問題は一応除外することにします。

逮捕・勾留された後、被告人は、接見に来た弁護人に対し、次のように述べました。すなわち、「自分は、この結晶が覚せい剤だということを知らなかった。あれは、一週間前に暴力団員である友人と酒を飲んだとき、『風邪を引いていてなかなか治らない。医者に行っても駄目だし、薬局の薬もきかない。』とこぼしたところ、この友人が『いい薬がある。』と言って渡してくれたものです。自分は、そんないい薬なら高いだろうと思って代金を払おうとしたが、『いいよ。』と言って受け取らないので、そのままになった。すぐに薬を飲もうかとも思ったが、できれば使わないで済ませたいと考えていたので、まだ飲んではいない。」と弁解しました。被告人は、弁護人から、「もしそうなら、取調官に対しても正直に話すように。」というアドバイスを受けた結果、取調官に対しても同様の否認供述をしました。そして、捜査の結果、白色結晶が覚せい剤であることは確認されましたが、被告人の尿からは覚せい剤が検出されず、居室からも注射器などは発見されませんでした。そこで、検察官は、被告人を覚せい剤の不法所持罪だけで起訴したのです。なお、被告人には覚せい剤取締法違反の前科はありません。

ところで、被告人は、自室で白色結晶を所持していたことは認めていますので、公判における争点は、被告人が覚せい剤であることを認識していたかどうか、すなわち、覚せい剤所持罪の犯意があったかどうかという一点に絞られました。そして、弁護人は書証の一部を不同意としましたので、検察官は、証人二人、すなわち、被告人を逮捕した警察官と、被告人に覚せい剤を譲り渡した友人を証人として申請しました。警察官は、最初にお話したような状況を証言しまして、被告人が白色結晶をちゃぶ台の下に置いたのは、それを覚せい剤であると知っていたので隠そうとしたものと思うと証言しました。他方、譲渡人である友人は、被告人とは以前から付き合いがあること、当夜、被告人が「風邪を引いてなかなか治らない。」と言うので、「いい薬がある。」と言って覚せい剤を渡したことなど、おおむね被告人の供述に符合する証言をしましたが、弁護人から、「被告人はこれが覚せい剤だと分かっていなかったのではないか。」という反対尋問を受けると、「分からないなんて、とんでもない話だ。」「そんなこと、当日のやりとりから当然わかったはずだ。」という趣旨の答えをしました。弁護人は、この点を衝いてさらに食い下がりましたが、結局この証言は覆りませんでした。これに対し弁護人側は、被告人の内妻を証人として立てましたが、同女の証言は、「被告人は、平素からまじめで慎重な性格で覚せい剤などに手を出すような人ではない。現に入手後一週間も使っていないことからみても、覚せい剤とは知らなかったに違いない。」というものでした。そして、その後、被告人質問、論告・求刑、弁論・最終陳述などを経て裁判所の判決となるのですが、この最後の段階で裁判官が「被告人……」と言い始めた瞬間、すなわち、「を」とも「は」とも言わない段階でビデオが終わるという仕かけになっていました。

さて、福井教授は、教室で学生にビデオを見せた後、直ちに「有罪、無罪の結論とその論拠を簡単に説明した書面」を起案するように指示され、翌週は、その起案を基に授業を行うことにされたのです。私も、学生諸君の起案を読ませてもらいました。

皆さんは、私の話を今、耳から聞いただけですから、確実な心証を形成できたかどうか分かりませんが、問題になる主要な情況証拠はおおむね今お話したとおりだと思います。あとは、この情況証拠をどう評価するかという点だけが残っているわけです。皆さんがどういう結論を出されるかは、私にとって、たいへん興味のあるところです。

まず、学生の出した結論から申し上げます。答案を提出した学生は全部で三六人ですが、そのうち有罪説が一三人、無罪説が二三人でした。

男女別では、女性三人はすべて無罪説、男性三三人は、無罪説が二〇人、有罪説が一三人で、男性だけをとると、有罪率がやや上がります。

法学既修者と未修者とでどういう結論の違いが出るかも興味のあるところでしたが、未修者といっても実際は法学部で勉強してきている者もかなりの割合で混じっているようですし、回答者の中に未修者か既修者か判明しない者が二人いるため、余り意味のある数字は出せませんでした。それでも、判明している限度でお話しますと、既修者六人は、有罪・無罪が三対三に分かれておりまして、未修者より有罪率が高くなっています。

この数字をどうみるかですが、私はまず、全体で、無罪説が有罪説のほぼ二倍に達しているのに驚かされました。もっとも、未修者の中には、刑法も履修していないため、未必の故意という概念を知らない人もいます。ただ、「疑わしきは被告人の利益に」という法原則は知っていて、「覚せい剤だと知っていたことはほぼ確実だが、一〇〇パーセントの確証がない以上、無罪にすべきだと思う。」というような答案もありました。こういう人は、少し勉強すれば有罪説に傾くのだろうと思います。無罪説の中で一番多い理由は、「被告人は、覚せい剤だとはっきり言われておらず、むしろ風邪薬と聞かされている。」「警察官が来た時とっさに片付けたのは、気の弱い性格のため、慌てたに過ぎない。」「有罪と確信するに足りる証拠が足りない。『疑わしきは被告人の利益に』の原則が妥当する場面ではないか。」などが主な理由でした。

他方、有罪説の方の論拠にはいろいろありますが、その中で比較的多かったのは、①この結晶は、暴力団員からもらい受けたものであるという事実、②もらう際に、服用方法についての細かな説明がなかったという事実、③風邪を引いていたという被告人が、逮捕されるまで何日も服用していなかった事実、④友人からもらった際、被告人が値段を聞いたという事実、⑤警察官に踏み込まれた際、被告人が結晶を隠そうとした事実などを指摘するものでした。

これらは、基本的に有罪方向を向いている間接事実だと思います。しかし、これらについて一つ一つ反論をしていくと、反論がまったく不可能ではなさそうです。現に、③の被告人が逮捕されるまでこれを服用していなかった事実に対しては、無罪説から、「被告人は慎重な性格であったから、できればそういう薬を使わずに治そうとしていたのではないか。」という反論が出されていましたし、④の被告人が友人からもらった際値段を聞いたという事実に対しては、無罪説から、「風邪薬であっても、よく効くものは高価である場合があるから、値段を聞いたからといって覚せい剤の認識に結びつくものではない。」という反論がされていました。

確かに、こういう個々の事実のレベルで見るかぎり、有罪説に対する反論がまったく不可能であるとはいえないと思います。しかし、司法研修所である程度事実認定の勉強をされた皆さんは、この事件で無罪という結論には、おそらく躊躇されるのではないでしょうか。私も、そのような感じを受けます。しかし、感じだけで有罪判決をすることはできません。私は、福井教授に求められて、学生に対し、おおむね以下のような説明をしました。これは、犯人と被告人の同一性に関して今日お話した「事実認定の手法」を、犯意の認定の場面に応用したものです。

まず、本件で物的証拠などにより確実に認定できる重要な事実は何かを考えてみると、

① 被告人は警察官に逮捕された時点で、自室において覚せい剤を所持していたこと

② その覚せい剤は、ビニール袋に入った白色結晶状のものであったこと

の二点です。以上の二点は、客観的証拠に裏付けられた絶対に動かない事実です。また、証拠上明らかな事実としては、

③ その覚せい剤入りビニール袋は、被告人が何日か前に、友人である暴力団員から無料でもらい受けたものであったこと

④ 警察官が部屋に入ってきたとき、被告人は、とっさにそのビニール袋を机の下に隠そうとしたこと

の二点があります。もっとも、④の点については被告人の行動について解釈が分かれていますが、「隠した」と認めるのが相当であることは、後で述べるとおりです。これらは、いずれも有罪方向を向いておりまして、以上の四点によって、被告人がこの結晶を覚せい剤であると認識（少なくともそうではないかと認識）していたものであろうという強力な推認が働くと考えられます。

もう少し、具体的に説明しましょう。私が一番重視したのは、被告人がもらい受けたものの形状の問題でした。一般に、覚せい剤が白色結晶状のもので、ビニール袋に入れられた状態で取引されることが多いということは、テレビなどでもよく報道されており、一般の市民であっても、常識としてある程度知っていると思います。被告人は、これを風邪薬だと信じたというのですが、医者でもらった薬や薬局で買った薬が効かない風邪に本当によく効く風邪薬があるなどと考えること自体が常識的ではありません。そもそも、被告人がもらい受けたものは、単にビニール袋に入れてあるだけの白色結晶で、ぜんぜん薬らしい形状をしていないのです。これを風邪薬であると信じるに

ついては、何か特段の事情があってしかるべきだと思いますが、被告人はそのような事情を何も説明していません。ちなみに、この形状の点に言及した人は、有罪説の中で一人だけでした。

この点に、③④の事実が加わります。まず、その結晶を被告人にくれたのが暴力団員である友人だというのです。今日、暴力団員と覚せい剤が密接に結びついていることは、普通の市民であれば誰でも常識として知っていることではないでしょうか。

きわめつけは、警察官に踏み込まれた際に、被告人がとっさにこれをちゃぶ台の下に隠したという事実です。被告人は、「それは隠したのではなく、人が来たので物を片付けたに過ぎない。」と弁解するのですが、入って来たのが警察官であることは、「警察だ。」という言葉で被告人にはすぐに分かったはずです。そして、そうであるならば、通常の来客があった場合とは事情が異なることが明らかです。来客があったのであれば、被告人が身の回りを少しでも片付けたいという気持ちになることはもちろん理解できますが、警察官が突然入って来た場合に、被告人が部屋の中の物を片付けたいという気持ちになるというのは理解し難いことだと思います。ですから、これは、被告人が覚せい剤と知っていたため、結晶をとっさに目につかないところに隠そうとしたものと認めるほかないだろうと思います。

このように、私は、このビデオを見た限りでは有罪の心証に大きく傾いたのですが、これに対し、学生諸君の三分の二近くが無罪の結論を出しているという事実に衝撃を受けました。そればかりではありません。福井教授のお話では、「自分は何年もこのビデオを使って学生に答案を書かせているが、このような傾向は、例年変わらない。そして、無罪説は、どちらかというと法律を学んでいない者に多く、勉強をしていくと有罪説が多くなるという傾向がある。」というのです。

そのため、私は、もしかすると自分は、長年刑事裁判を担当した結果覚せい剤を見慣れてしまい、その認識について、ひとつの思い込みを持ってしまっているのではないか、被告人の弁解に真剣に取り組めとか、社会の常識を重視せよと言いながら、むしろ常識に反する思い込みに捉われた結果、被告人の弁解を軽視しているのではないか、と考えて若干不安になりました。しかし、そうは言うものの、このような証拠関係で無罪判決をした場合には、たちまち検察官に控訴されて上級審で破棄されることは目に見えているだろうと思っています。

もちろん、本件ではまだ審理すべき点が残っていないとはいえません。本件では、被告人の身辺から注射器などが発見されていませんし、被告人の尿からも覚せい剤が検出されていないのです。また、被告人には覚せい剤取締法違反罪の前科がありませんから、事実を素直に認めれば執行猶予がつくことがかなりの確率で予想されます。そうすると、それにもかかわらず被告人が一貫して犯意を否認しているのは本当に犯意がなかったからではないか、という疑問もあり得るのです。ですから、弁護人が本気で犯意の存在を争うなら、そのような点を十分意識した上で、たとえば、風邪を引いていたという被告人の病院での診療の経過を客観的証拠によって立証して、被告人がいかに悪質な風邪に苦しんでいたかを明らかにすべきでしょうし、被告人が友人から結晶をもらった際、それがぜんぜん薬のような形状をしていない点についてどうして不審を抱かなかったのか、友人に、「どういう薬でどのように服用すればいいのか」などについての質問をしなかったのはなぜかなどの諸点について、被告人から説得力ある答えを引き出す必要があったといわなければなりません。また、もし裁判所が無罪説に傾いているのに弁護人がこのような立証をしないのであれば、裁判所は、当然弁護人に対して、これらの諸点について補充立証を促すべきだと思います。

五　おわりに

いろいろお話しようと、気持ちばかり焦ってまとまりのない話になってしまいました。

最後に一言させていただきますと、私が今日一番申し上げたかったことは、以下のとおりです。すなわち、「刑事裁判においては、なんといっても被告人が主役です。そのため、弁護人だけでなく検察官も、被告人に言いたいことを十分言わせてほしいし、当然のことながら、裁判官は、これに真摯かつ謙虚に耳を傾けてほしい。法廷に関与するすべての訴訟関係人が、『被告人の言っていることが実は真実ではないのか。』という意識を持ち続けた上で、証拠上確実な事実を中心に据えて、各自の知見と常識に照らして証拠の信用性を率直に判断していく必要がある。」ということでした。

これは余りにも当然のことですから、これほど長時間をかけてお話するようなことではなかったと思います。皆さんは、現在の時点では恐らく一〇人が一〇人、「そんなこと当たり前だ。」と思っておられることとでしょう。しかし、実際に実務につかれると、かならずしもそうはいかなくなることがあるのです。仕事は忙しいし、被告人は皆同じような弁解をするということから、次第に思考がパターン化するということがあり得ます。しかしながら、それではいけないのです。たとえ、一〇人のうち九人の被告人が虚偽の弁解をしたとしても、最後の一人の弁解も虚偽であるという証拠にはならないのです。事件には一件一件個性がありまして、いくら似ていても同じ事件というものはありません。どうか皆さん、すべての事件において、常に新鮮な気持ちで被告人と相対し、証拠と格闘してください。検察官・弁護人・裁判官がそろってそういう気持ちを失わなければ、冤罪というような忌まわしい事態を生ずることはないはずです。

それでは、皆さんの今後のご活躍を心からお祈りしながら、本日の私のつたない講演を終わらせていただきます。

ご清聴ありがとうございました。

1　代表的なものとして、『刑事実務証拠法』（判例タイムズ社、初版一九九八年）、「犯人識別供述の証明力」（判タ七六三号三三頁）、「共謀共同正犯の研究」小林充・香城敏麿編『刑事事実認定（上）』（判例タイムズ社、一九九二年）（片岡博氏と共同執筆）、「刑事裁判における事実認定について」（判タ一〇八九号三〇頁）、「刑事裁判における事実認定について」（続）（判タ一〇九七号三頁）、「わが国刑事司法の特色とその功罪」（司法研修所論集創立四十周年記念特集号三〇四頁）など。

2　その後、一一五一号一八頁に掲載された。

3　注1記載のもの。

4　取調べ時間を明らかにする客観的証拠としては、わずかに留置人出入れ簿があるが、それも捜査機関内部で作成されるものであり、絶対に信用してよいものかどうかについては議論もある。また、被疑者が取調べの際に暴行を受けて負傷したという主張をした場合には、医師の診療録などを利用できることがあるが、その場合でも、傷害の発生原因を巡って深刻な争いとなることが稀ではない。大阪高判昭和六三年三月一一日（判タ六七五号二四一頁、本書六〇頁以下）参照。もっとも、裁判員制度発足に伴う司法改革の一環として、犯罪捜査規範が改正され、取調官は、取調べの時間、場所、取調べ担当者氏名その他の所要事項を記載した「取調べ状況報告書」を取調べの都度作成することが義務付けられた（一八二条の二）。また、改正刑訴法三一六条の一五には、この書面が一定の要件の下に証拠開示の対象になることが明記された。（なお、棚瀬誠「取調べの書面による記録制度の導入について」捜査研究六二六号四頁参照）。したがって、従前と比べるとこの問題も僅かに前進したとはいえる。しかし、それはあくまで「僅かに」であって、可視化という観点からはいかにも隔靴掻痒の感を免れない。

5　吉丸真「刑事裁判を考える」司法研修所論集一九九八—Ⅰ（一〇〇号）一頁以下、特に二九頁以下は、現状において考えられる任意性調査の方法を網羅したものであるが、これらの方策を実施しても、取調べの状況が明確になるというものではないと思われる。

6　座談会「裁判員制度の導入をめぐって」ジュリ一二六八号六頁以下のうち三八頁の井上正仁教授の発言参照。

7　なお、石井・前掲判タ一〇八九号三六頁は、この判断が「かなり困難」であることを認めながら、「それでも、供述内容を仔細に検討することによって、ある程度は、供述の真摯性・迫真性とか臨場感などを感得しうる」としているが、賛成できない。

8　もちろん、私も、自然科学の世界におけるような意味で、一方を「絶対的な正解」、他方を「絶対的な誤り」であると決め付けるのが適当でないことは理解している。しかし、この場面において必要なのは、自白の信用性を判断する上でどちらの立場がより適切であるかという観点であり、そのような観点からみれば、前者の判例の立場と比べ後者の判例の立場が基本的に正しいこと自体は認めざるを得ないはずである。

9　最一判昭和四八年一二月一三日判時七二五号一九四頁。

10　松川事件、八海事件、仁保事件その他。なお、比較的最近では、第一審で無罪、高裁で破棄差し戻し、最高裁で上告棄却になりながら、最終的には無罪判決が確定した甲山事件（神戸地判平成一〇年三月二四日判時一六四三号三頁、大阪高判平成一一年九月二九日判時一七一二号三頁）が記憶に新しい。

11　書評の「（合理的な疑いの範囲には）本来広狭はないはずである。」という表現は、そのことを指しているものではないかと理解される。

12　確かに、真犯人と無辜との間には明確な一線があるはずである。しかし、刑事裁判で求められている判断は、「真犯人」と「無辜」との区別ではなく、「真犯人であると認めることに合理的な疑いがあるかどうか」の判断であることを忘れてはならない。なお、最近「合理的な疑い」という概念については、学界からも関心が寄せられている。たとえば、中川孝博『合理的疑いを超えた証明』（現代人文社、二〇〇三年）参照。

13　以上のような考え方は、上級審における審査の実態をよく説明できると思われる。たとえば、最高裁判所が原判決を破棄するのは「重大な事実誤認」があって「破棄しなければ著しく正義に反する」場合に限られるが、この要件は、「無実である疑いが強いのに有罪と認められた」場合（あるいはその逆の場合）であると考えられていると思う。これは、言葉を換えていえば、原判決の判断が前記のような中間地帯を越えて、「はっきりした合理的疑い」があるのにこれを「不合理な疑い」に止まると判断したような場合（あるいはその逆の場合）を指しているのだと思う。控訴審については、法文上は「判決に影響を及ぼすべき事実誤認」とあるだけであるが、実際は、控訴審が事後審査審であることの制約上、事実認定について原審にある程度の裁量権があることを前提として実務が運用されている。なお、本文に提示した考えは、まだ試論の域を出ない不完全なものであり、今後更に考えを詰めなければならないが、あるいは、「中間地帯」とその左右にある「はっきりした合理・不合理」地帯の間に、「合理的または不合理と認めるべき地帯」が挟まれていると想定した方がよいのかも知れない。

14　なお、私自身は、具体的事件の判断において、果たしてこの疑いが「合理的な疑い」に達しているのかそうではないのかという問題と日夜必死に格闘してきた。そして、考えられる証拠をあらいざらいすべて取り調べた上で、果たして証拠上の重要な疑問が解消したか、有罪であることについて説得力ある説明ができるかどうかについて、徹底的に考え抜いた結果、その説明ができない場合に無罪判決に踏み切ったものである。私は、刑事裁判官として当然のことをしたに過ぎない。書評は、私の判断の「明快な割り切りのよさ」に違和感を抱くというが、そのように言われると、私の方でもそれこそ違和感を禁じ得なくなる。

15　以上の点については、当日の報告者の口頭報告に加え、「日本弁護士連合会取調べの可視化実現ワーキンググループ」編のパンフレット（「取調べの録画・録音の実情」シリーズ）「台湾・オーストラリア」「韓国」、及びシンポジウムの当日会場で配付された小冊子（「取調べの可視化は世界の潮流だ　アジアで取調べの可視化を実現しよう」）などを参照した。なお、その後、この問題については、季刊刑事弁護三九号八〇頁以下に大々的な特集［特別企画］「『取調べの可視化』実現へのプロローグ」が掲載され、その中で韓国・台湾の実情についても詳しく紹介されている。

16　なお、この事件の地裁決定（ソウル地方法院二〇〇三年一〇月三一日）は、同じ結論を、憲法の保障する「弁護人の助力を得る権利」から直接導き出していたということであった。

17　吉丸眞「裁判員制度の下における公判手続の在り方に関する若干の問題」判時一八〇七号三頁以下、特に七頁以下。佐藤文哉「裁判員裁判にふさわしい証拠調べと合議の方法について」判タ一一一〇号四頁以下、特に九頁中・下段、同・注6記載の座談会六頁以下、特に三八頁。なお、現役の裁判官からも、同様の声が上がっている。松本芳希「裁判員制度下における審理・判決の在り方」ジュリ一二六八号八一頁以下、特に九一頁参照。

18　後藤昭「取り調べの録音・録画を」二〇〇四年五月一七日付毎日新聞全国版朝刊二六面。

19　前記シンポジウムにおける報告によると、「韓国では、取調べの結果作成される調書は『被疑者訊問調書』と呼ばれており、その呼称自体からは糾問的な印象を受けるが、『訊問調書』であるため被疑者と取調官とのやりとりは一問一答式で記載されるので、日本の『供述調書』よりもかえって両者のやりとりを正確に把握できる。」ということであった。

20　二五頁以下、五〇頁以下、一一五頁以下。

21　最一判昭和三三年二月一三日刑集一二巻二号二一八頁。

22　七八頁以下、一二七頁以下。

23　任意性が争われるのは身柄拘束中の被疑者の自白調書に多いが、身柄不拘束の被疑者に対しても、違法・不当な取調べが行われ得ることに注意する必要がある。

24　一〇一頁以下。

25　一〇六頁、一〇七頁。

第二章　裁判官から見た弁護人活動
——捜査の適法性及び自白の任意性の争い方を中心として——

一　はじめに

ただ今ご紹介いただきました木谷です。早速ですが、最初に、講義のテーマとして、「捜査の適法性及び自白の任意性の争い方」を選んだ理由から申し上げます。わが国では、その刑事手続の特徴が「十分な捜査と慎重な起訴」にあるなどと表現されておりますように(1)、捜査、特に被疑者の取調べは徹底して行われます。このやり方には、もちろんいい点もあるのですが、強大な権限を持つ捜査機関による密行的な捜査では、「十分な捜査」「徹底した取調べ」は、とかく行き過ぎに陥り勝ちです。ところで、捜査機関の行き過ぎをチェックするのは、弁護人と裁判所の役割のはずですが、捜査段階では弁護人の活動も通常活発ではありませんし、裁判所も被疑者の救済に積極的であるとはいえません。したがって、へたをすると、捜査が捜査機関のやりたい放題になる恐れがあります。このような事態は、刑事司法の在り方として健全であるとはいえません。どうすればよいか。私は、捜査の違法は、公判段階において必ず明らかにするという法廷慣行を作る以外に解決の手段はないと考えています。

ところで、裁判官がこのような作業をするには、弁護人の適切な活動が不可欠です。ところが、私の経験によれば、弁護人自身がこのような活動に熱心でない場合が案外多いのです。その原因を私なりに考えてみますと、それは、一つには、一般の刑事事件はおおむね事実関係に争いがなく、情状立証だけで簡単に処理されている点にあるのではないかと思います。争いのない事件ばかり弁護している弁護人は、刑事事件とはそういうものだと思っているために、たまに被告人が事実を争ってもなかなか本気にできないのではないでしょうか。また、被告人の言うことが本当らしく思われた場合でも、事実の争い方に習熟していないため、どういう立証をしてよいか分からないまま、できれば「認めて執行猶予を狙う。」といういつものパターンに持ち込もうとされるのではないかとも想像しています。

しかし、被告人が本気で事実を争いたいという態度を示している事件において、弁護人が適切に対処してくれませんと、裁判所が「事案の真相を明らかにする」という使命を果たすことが事実上不可能になります。もちろん、一部には、刑事弁護にきわめて熱心で優れた弁護技術を持つ弁護士さんがおられることは事実です。こういう弁護人は、この近畿地方には特に多いように思います。しかし、私は、裁判所を適正な事実認定に到達させ、わが国の刑事司法全体のレベルを向上させるためには、この問題を一部の熱心な弁護人だけに任せておいてはいけないのであり、是非とも、一般の弁護人にも戦線に加わっていただかなければならないと思うのです。ところで、私は、昨年（平成一四年）、やはり日弁連の夏季研修の一環として、東北弁護士会連合に招かれ、「裁判官から見た弁護人活動――とくに否認事件の争い方を中心として――」という講義をさせていただきました。この講題は、今回と全く同じ気持から選択したものでした。そして、否認事件の弁護に関する一般的な問題点について私が申し上げたかったことは、この講義でほぼお話しし尽くしたと考えています。[(2)] そこで、今回は、否認事件の弁護に関する一般的な問題点はできるだけこれに譲りまして、論点を問題の核心部分である「捜査の適法性と自白の任意性の争い方」に絞りました。そして、最高裁の最新の動きを眺めつつ、かつて私が扱った具体的事件などの問題点をご紹介して、この種の事件での弁護活動の在り方を探って参ろうと考えた次第です。

二　違法捜査の立証に関する弁護人の責務について

　私の経験によると、警察が違法捜査をした事例、少なくとも違法捜査をしたのではないか疑われる事例は、決して珍しくはありません。そのような疑いが提起された場合には、私は躊躇なく徹底的に証拠調べを行って、事実を明らかにしようと努力しました。私は、捜査機関の違法行為を明らかにするのは裁判所に課せられた最も重要な責務の一つであって、裁判所がそれをしなければ捜査機関の違法を明らかにする者は誰もいなくなると考えていましたから、いくら苦しくてもこの問題から逃げようとはしませんでした。そして、証拠調べの結果、違法捜査の疑いが晴れた事例もないではありませんが、多くの事例でその疑いが残され、それを前提に判決せざるを得ませんでした。いくつかの例を挙げますと、例えば、①鑑定資料としての自動車の塗膜片は、轢き逃げ事件の現場から発見押収されたものであるはずであるのに、実際は、被告人車の車体から採取されたものと捜査の過程ですり替わったのではないかという疑いを否定できなくなった事例[3]、②鑑定資料である被疑者の尿に、警察官が第三者の尿を混入した疑いを否定できなくなった事例[4]、③鑑定資料である被疑者の尿を警察官が他人の尿とすり替えてしまったのではないかという疑いを否定できなくなった事例[5]、④警察官が覚せい剤の被疑者から何度も尿の採取をしているのに、尿から覚せい剤が検出されなかったため、その結果について正規の書面を作成せず、後刻作成した採尿報告書にも虚偽の記載をしていた事例[6]、⑤取調べの際の警察官の暴行で被疑者に負傷させてしまったのに、これを被疑者の自傷行為であるとした虚偽の捜査報告書を作成して、暴行の事実を隠匿しようとしたと疑われる事例[7]などです。この最後の事例については、本日の講義で、後に詳しく触れることにします。

　これは、まことに残念なことといわなければなりません。私も、日本の警察が日常的に違法捜査を行っているとまでは申しませんが、警察が違法捜査をすることが極めて希であるかと問われれば、躊躇なく「ノー」と答えます。

弁護人として被疑者・被告人の弁護に当たられる皆様は、まずこのことを十分意識していただきたいと思います。なぜなら、被告人がいくら警察の違法を訴えても、肝心の弁護人が「まさかそんなことはあるまい。」と高をくくって取り上げてくれないということになると、警察の違法が法廷で明らかにされることは、あり得なくなるからです。

しかし、このように申し上げますと、皆様は、次のように言われるでしょう。すなわち、「自分たちは、警察の違法を懸命に立証しようとしているが、裁判所は、さっぱりこれを認めてくれない。そもそも、そのような立証をしようとすること自体を許してくれないことが多いじゃないか。」と。

たしかに、一般的傾向として、裁判所にそのような処理をしようとする雰囲気がないとはいえないかも知れません。しかし、私は、裁判所がそのような態度をとろうとしたにしても、弁護人側の熱意と説得のいかんによっては、裁判所に重い腰を上げさせ得る場合がかなりあると考えます。そこでは、弁護人の熱意と力量そして説得力が大いにものをいうのではないでしょうか。どうか、皆様におかれては、裁判所が警察の違法捜査について証拠調べに入らざるを得なくなるようにするのも弁護人の力量のうちであるとお考えいただき、精一杯頑張っていただきたいと思います。

三　捜査の違法や自白の任意性を本格的に争おうとする場合の最大の障害
――保釈や接見に関する実務の厳格過ぎる運用と改善の動き――

しかし、それにしても、弁護人が被告人の主張に副って事実を争い、また捜査の違法や自白の任意性を本格的に争おうとする場合に一番躊躇するのは、そのような弁護方針をとれば、被告人がいつまでも保釈されないばかりか家族や弁護人との接見すら制限されて、社会生活上きわめて困った事態になるではないか、という点だろうと思います。この問題は、本日のテーマと直接関係するものではありませんが、その前提となるものですので、最初にこの点についてお話いたします。

1　パキスタン人の公務執行妨害事件（東京高決平成一五年六月一八日判時一八四〇号一五〇頁、判タ一一三八号三一四頁）

ここに紹介する事件は、私が担当したものではありません。実は、この講義の準備をしていた段階では、私が浦和地裁時代に担当した覚せい剤譲受け事件の保釈決定が高裁で二回も取り消されたお話をする積もりでした。しかし、その後ある後輩から、それとは比較にならないようなひどい高裁の決定とそれに対する弁護人のけなげな抵抗、そして、それによって得られた成果の報告を受けましたので、予定を変更してその事件についてお話しようと思います。

この後輩は、私が浦和地裁当時に司法修習生として指導した弁護士で、修習終了後も親しく付き合っています。これまでも、自分が担当した事件で戦果の挙がったものについては、何かと報告してきてくれていましたが、今回この後輩が報告してきた事件は、次のようなものでした。被告人は外国人（パキスタン人）ですが、わが国に定住していて在留資格があります。また、家庭も定職もあります。日本人の妻との間には一歳の娘がおり、妻は現在第二子を妊娠中で四ヶ月の身重です。前科もありません。ところで、起訴事実の概要は、「警察官から挙動不審者として職務質問を受けた際、二回突き飛ばして公務の執行を妨害した。」というものですが、被告人も弁護人も、公判では「事実は全く逆だ。警察官に突き飛ばされて転倒したのは被告人の方で、被告人はその警察官の行為に抗議したただけだ。」という主張をしています。検察官請求の書証はその多くが不同意になっていますが、弁護人は、本件事案の性質や被告人の立場などから保釈相当と判断し、第一回公判終了後保釈を申請しました。

弁護人の主張によると、本件はでっち上げの事件だということになるのですが、その点をしばらくおいて検察官の主張によったとしても「被害者である警察官が一歩下がる程度の暴行を受けた」というに過ぎない軽微な事案のようです。その上、被害者は警察官で周囲には他に警察官が何人もおり、被告人が被害者らに働きかけることは事実上不可能と思われます。問題は、今後尋問が予定されている目撃者的な立場にある友人[8]に対し被告人が働きかけるかどうかという点だけですが、既に逮捕後二ヶ月も経過しその間接見禁止決定を受けていたわけでもないのに、被告人は同人と一度も面会したことがありません。手紙のやりとりすらしていません。弁護人は、保釈申請に当たりこういう点を指摘して被告人に罪証隠滅のおそれはないと主張したのですが、裁判所は、罪証隠滅のおそれがあるとして保釈申請を却下し、高裁も抗告を棄却してしまいました。

弁護人は、この決定に本気で怒りました。それというのも、弁護人が第二回公判終了後の打ち合わせで、裁判所に対し、先にも述べたように、「接見禁止決定もされていないのに、被告人がこの友人とは一度も接見していない。」という点を罪証隠滅のおそれがないことの理由として指摘したのですが、これを聞いた検察官は、その直後に接見禁止の請求をしてきまして、あろうことか裁判所は、その請求どおりに接見禁止決定をしてしまっていたからです。しかも、この決定には、「書類その他の物（糧食、寝具及び衣類を除く）の授受」の禁止決定まで付されていたので、被告人に対しては、妻が面会できなくなったのはもちろん、読書するための書物も、シャンプー、歯ブラシなどの日用品の差入れすらできなくなって、被告人は精神的にも大変落ち込んでしまいました。弁護人自身も、保釈に関する抗告が棄却されて大分気落ちしていたのですが、このような被告人を見て気を取り直し、改めて、この接見等禁止決定の取消しを求める二回目の抗告をしました。この抗告申立書は、Ａ４版二〇頁にも及ぶ大作で資料も三点添付されていまして、接見等禁止決定がいかに理屈に合わないか、そして、それが外国人である被告人にとっていかに過酷なものであるかを徹底的に論証してあります。この熱のこもった力作が結局は裁判所の厚い壁を破ったのだと思いますが、抗告は認容されて、接見禁止決定だけは取り消されました。

それにしても、弁護人が、保釈請求の理由として被告人に接見禁止決定がされていないという事実に触れるや、身柄拘束後二ヶ月も経過しているのに、臆面もなく改めて接見禁止の請求をしてきた検察官も検察官だと思いますし、さらに、これをそのまま認めてしまった裁判所のやり方については、あきれ果てて口がきけません。このような処理の仕方を見ていると、とうとう、保釈や接見禁止については、行き着くところまで行き着いてしまったのかという感慨を抱かざるを得ません。しかし、この事件の経過は、弁護人の熱意と説得のいかんによっては、裁判所の厚い壁を破ることが不可能ではないことを示しているのではないかと思います(追1)。

２　最高裁第二小法廷の決定（最二決平成一四年八月一九日裁判所時報一三二二号一頁）

今ご紹介した例からも分かるとおり、このような保釈や接見禁止の厳格すぎる運用に対しては、弁護人からの不服申立が時に有効なことがあります。そして、比較的最近、現実にも、このような保釈の厳格すぎる実務の傾向に警鐘を鳴らす最高裁の決定が出されていますので、この決定をご紹介することにします。具体的に言いますと、この決定は、第一回公判前に裁判官がした保釈決定を準抗告審が取り消したのに対し、特別抗告を受けた最高裁が、準抗告審決定を取り消して保釈を許可したというものです。最高裁が準抗告審決定を取り消して保釈を許可するというようなことは前代未聞ではないかと思います。

事案の内容は、次のとおりです。すなわち、被告人は、海水浴場でサーフィンをしていた際、共犯者が被害者のサーフボードに接触されて怪我をしたことから、被害者の顔面を殴打し足蹴りを加えるなどして金品の交付を要求し、金五、〇〇〇円などを喝取したというのです。この事件で、弁護人が第一回公判前に保釈請求したところ、裁判官は、保証金五〇〇万円で保釈を許可しました。ところが、検察官の準抗告を受けた準抗告審は、この決定を取り消した上保釈請求を却下してしまったのです。そこで、弁護人が特別抗告したところ、最高裁第二小法廷は、この準抗告審決定を取り消して原原決定と同様金五〇〇万円で被告人を保釈する決定をしました。

ところが、この決定は、どういうわけか「判例時報」や「判例タイムズ」には紹介されておりませんで、僅かに「裁判所時報」に登載されているだけです。最高裁がどういう理由で一般法律誌にこの決定を紹介しないのかは分かりませんが、「裁判所時報」にしか紹介されなくても、最高裁の判例には違いありません。ですから、弁護人としては、抗告、特別抗告をするに当たってどしどしこの決定を援用されてはいかがかと思います。

事案の内容は、最高裁決定の判文以上には分からないのですが、決定には、①本件は、サーフボードの接触に端を発した偶発的な事案であること、②関係者の供述に多少の食い違いがあるが、大筋においては供述が一致していると見得ること、③被告人には前科がなく、社会人として安定した職業、住居、家庭があること、④共犯者と被害者との間では、既に、「本件の損害賠償金として一四万円を支払い、被害者に対するサーフボードの修理代金債権を放棄し、被害者は、共犯者に対し宥恕の意思を表明すること」などを内容とする示談が成立したことなどが指摘されています。

私などは、このような事情があれば、被告人は第一回公判前に保釈されて当然だと考えますが、この決定が出た直後には、刑事裁判官の間で、最高裁がどうしてこのような事案について特別抗告を立てたんだろうと異論を述べる人が多かったと聞いています。しかし、私は、刑事裁判官がそのような感覚であるからこそ、最高裁が頂門の一針として実務を指導しようとしたと理解すべきだと思います。[追2] もっとも、この決定が一件出されたからといって、現在の保釈に関する実務の流れが直ちに大きく変わるということはないでしょう。そのため、保釈問題については、今後も弁護人のご苦労が続くだろうと思いますが、このような最高裁決定も出ているということを頭に置いて、これはと思う事案、余りにひどい事案では、裁判官ないし裁判所の判断に対し敢然と争って行かれた方がよいのではないでしょうか。そのような申立てをした場合に、当該被告人が不利益を受ける恐れがないかという点がご心配だとは思いますが、闘争を回避してばかりいては、形骸化されてしまった保釈特に権利保釈の制度が再生することはあり得ないと考えます。この問題を解決できるのは、弁護人の皆様の熱意と努力と工夫だけだと思います。つらくても頑張ってください。

四　事実を争おうとしない被告人や少年の弁護について

(一)　事実に争いがあるのに、被告人や少年が公判ないし審判で事実を認めてしまう事件についての二類型

事実に争いがあれば、被告人や少年（以下「被告人」という言葉で「少年」を含めて表現することがあります。）は、当然公判や審判（以下「公判等」といいます。）で事実を否認して争うはずだと考えられます。しかしながら、実際の事件においては、事実関係に争いを抱えながら、公判等で事実を認めてしまう被告人が時にいるのです。これには、いろいろな理由があると思いますが、私は、大きく分けて二つの類型があるように思います。すなわち、その第一は、①被告人は事実を否認したいと思っているのに、弁護人や付添人（以下、「弁護人」という言葉で「付添人」を含めて表現することがあります。）が被告人の主張を押さえて強引に認めさせてしまうタイプであり、第二には、②被告人

自身、捜査段階の取調べでいくら言い分を主張しても取り上げてもらえないことに失望し、弁護人にすら真実を述べずに事実を認めてしまうタイプです。以下、それぞれのタイプについて、一つずつ具体的事例をご紹介して、それらの事件の弁護方針の当否について考えてみたいと思います。

(二) 第一類型について

この類型に当たる事件は、更に、㋐被告人の弁解を弁護人自身が信用せず、そのようなことを言ってもとうてい裁判所で通るはずがないからといって、被告人をあきらめさせてしまう場合と、㋑弁護人自身は被告人の弁解を必ずしも信用しないわけではないが、裁判所を説得する自信がなく、また、弁解をすると量刑上不利になるという配慮から、「認めれば執行猶予になるから。」という論法で被告人を納得させる場合の二つがあるように思います。

このような類型には、両方とも問題があります。もっとも、㋐のタイプに属する事件で、被告人自身も弁護人の説明を聞いて心底から弁解が無理であると納得した場合は別論としてよいと思います。しかし、その弁解が通らない理由を弁護人が十分説明しても被告人の納得を得られないような場合は、弁解をすることの利害得失についてよく説明した上で、最後は被告人自身に事実を争うかどうかを決めさせるべきだと思います。私は、このような場合の弁護人の立場は、医療における医師の立場によく似ているところから、いわゆるインフォームドコンセントが求められると考えています。間違っても、裁判所の判断を先取りした弁護人が、これを強引に押しつけるようなことがあってはならないと思います。そして、この場合に一番大切なことは、被告人の訴えを弁護人がいかに虚心に受け止めてやれるかではないかと思います。私は、ある弁護士さんから、「記録を読んでしまうと弁護人自身が予断にとらわれてしまうので、国選事件を受けたら、早い段階でともかく一回記録を読まずに接見に行くことにしている。」という話を聞いたことがあります。この方法をとると、接見の回数が多くなりますので手間がかかって大変ですが、弁護人が被告人の弁解を虚心に聞くためには優れた方法のように思います。

㋑のタイプは、訴訟戦術と絡みますので、判断は更に微妙になるかもしれません。私の経験では、そのような戦術をとる弁護人は、決して少なくはなかったように思います。しかし、私は、「事実を認めて執行猶予を狙う。」という戦術は、狙いが外れた場合のリスクが大きすぎて、適当でない場合が多いように思います。被告人が事実を争いたいという意向を持っている場合に、「認めたら執行猶予になる。」と言って被告人に認めさせ結果が実刑であった場合に、弁護人はどのようにして責任を取る積もりなのでしょうか。一部には、「裁判所が馬鹿だからこんなことになった。」と言って、責任を挙げて裁判所にかぶせようとする弁護人がいるようにも聞いていますが、いくらそのように言ってみても、刑務所に行くのは弁護人ではなく被告人自身ですから、被告人はたまりません。「認めて執行猶予を狙う。」という戦術は、結果が明白で被告人も本心から納得している場合でなければ、取るべきではないように思います。

1　大阪の恐喝事件（大阪高判昭和六三年三月一一日判タ六七五号二四一頁）

ここで、私が大阪高裁時代に担当した事件で第一類型に属すると思われるものを一つご紹介します。

この事件で被告人らが起訴された事実は、以下のようなものでした。すなわち、被告人両名は、全日本同和会大阪府連合会支部長と副支部長の地位にあるものでしたが、両名は、建築基準法に違反した建築をしている建築会社の経営者を脅かしてお金を脅し取ろうと考え、そのような建築をしている会社の経営者五名に対し、要求に応じなければ会社の業務等に危害を加えるような気勢を示して、四人から金四二〇万円を脅し取ったなどの恐喝・同未遂の事実で起訴されました。

被告人両名は、そのうちの一個の事実により六月二三日に逮捕され、引き続いて勾留された後、一連の恐喝事件について、接見禁止の状態の下で順次厳しい取調べを受けました。そして、追起訴の完了した後である九月一二日に代用監獄から大阪拘置所に移監され、保釈により釈放されるまで約半年身柄を拘束されました。

当初、被告人らは取調べに対し恐喝の犯意を否認していたのですが、逮捕後数日以内に犯意を含めて全面自白に転じます。そして、被告人らは、一審公判においても、公訴事実を全面的に認め、検察官請求証拠に対しすべて同意の意見を述べて保釈されたのですが、その後、被害金の大半（合計四二〇万円のうち三八〇万円）を弁償し、ひたすら恭順の意を表することによって、第一審で執行猶予の判決が出されることを期待したのです。[9]ところが、一審判決は、期待に反して実刑（各懲役二年四月）でした。そのため、被告人らが控訴を申し立て、この事件が私の属する部に係属しました。弁護人は、第一審とは別の弁護人で、その控訴趣意は、一転して訴訟手続の法令違反と事実誤認を主張するものでした。すなわち、控訴趣意によれば、「被告人らの捜査官に対する供述調書は、警察官による暴行・脅迫によるもので任意性がない。また、被告人らの原審における公判供述にもその影響があるから、公判供述も任意性がない。ところが、原判決は、これら任意性のない自白を証拠として掲げており、その余の証拠だけでは原判示事実を認定することができないから、原判決には、判決に影響を及ぼすことの明らかな訴訟手続の法令違反及び事実誤認がある。」というものでした。

しかし、この主張が簡単に通るものでないことは、どなたにもすぐにご理解いただけると思います。先にも述べましたように、被告人らは、原審公判廷において自白の任意性を争わずに、検察官請求証拠に全面的に同意していますす。そして、被告人らは、原審公判廷において、全面的に認めて公訴事実に副う自白もしているのです。

もっとも、この事件は、私の属する部で審理した結果、最終的には劇的な結末を迎えることになったのですが、この結末は異例というべきでしょう。その意味で、この事件の第一審弁護人の弁護方針には、大きな問題があったといわざるを得ないのです。この事件のその後の展開については、後ほど詳しくご紹介いたします。

㈢　第二類型について

この類型は、被告人が弁護人に対してすら真実を語らないために生ずる悲劇ですから、弁護人としては細心の注意をしなければならないものだと思います。もっとも、いくら捜査官に痛めつけられた被告人でも、公判段階になって弁護人の助言を受けるようになれば、自分の言い分を率直に述べる場合が多いとは思います。しかし、そうでない被告人が現に存在することも否定しがたい事実なのです。私は、捜査段階で否認しながら、捜査官の厳しい追及によって結局自白させられてしまった被疑者が、「もう何を言っても信用してもらえない。」と諦めてしまって、公判段階で付いた弁護人に対してすら事実を認めてしまい、弁護人もそれを信用して、第一審では事実に争いのない事件として処理されてしまったものをいくつも見ています。これは、本当に困った現象でありまして、こういう類型の事件は、弁護人の努力によって、何としてもなくしていただきたいと思います。

2　柏の少女殺し事件（最三決昭和五八年九月五日刑集三七巻七号九〇一頁、拙稿・最高裁判例解説刑事編昭和五八年度二一八頁、本書一五六頁参照）

このように申し上げても、多くのみなさんには、なかなか信用していただけないかと思いますので、具体的な例を申し上げます。私が最高裁調査官として調査を担当したいわゆる「柏の少女殺し事件」（別名「みどりちゃん事件」）

は、刑事事件ではなく少年事件ですが、少年法に関する大変重要な判例となった事件です。ところで、私がこの事件を取り上げるのは、この有名な事件に関する当初の家庭裁判所での審判が、実はここでいう第二類型に属するものであったということを知っていただきたいからです。まず、事案の内容をご紹介します。

昭和五六年六月、千葉県柏市の小学校の校庭で、一一歳の少女が白昼何者かによって胸部をナイフで刺されて死亡しました。柏警察署は、聞き込み捜査によって、自転車に乗った中学生が事件発生時ころ校庭にいたという事実を掴み、その身許を特定した上、約二週間後に、やや知恵遅れの本件少年（当時一四歳）に出頭を求め事情聴取をしました。少年は、当初事実を否認したのですが、その日の夕刻になって殺人の事実を自白しましたので、警察は、翌日母親立合の下に自白調書を作成しました。その後、警察は、現場に遺留されていたナイフと同型のナイフを、事件の約一週間前に少年が付近のスーパーで購入したという事実を確認しました。ただし、現場に遺留されていなかったナイフの鞘は、結局少年の自宅から発見されませんでした。また、遺体の状況からみて、犯人はかなりの返り血を浴びていると思われるのに、血痕の付着した着衣も自宅からは発見されていません。

このように、本件では、少年を犯人と認定する上での客観的証拠に問題があったのですが、少年は、警察に逮捕された後も自白を維持しまして、家庭裁判所の審判でも、付添人の立合の下に事実を認めました。そこで、家庭裁判所は、殺人の非行事実を認定した上で、少年を初等少年院に送致しました。ところが、その約九ヶ月後になって、少年は、面会に来た付添人に対し、突然「自分は犯人でない。」と言い出したのです。ではスーパーで買ったナイフはどこにあるのかと付添人が尋ねると、少年は、「それは、自宅の押入の布団袋の中に入れてある。」というのです。驚いた付添人は、さっそく少年の言い分に基づいて自宅の中を探しました。すると、何と、少年の供述するとおり、押入の布団袋の中から凶器ナイフと同型のナイフが一本出てきたのです。そこで、付添人は、このナイフを新証拠として、少年法二七条の二に基づく保護処分取消の申立をしたのです。

しかし、保護処分取消の申立を受けた家庭裁判所は、「保護処分を取り消さない。」という決定（いわゆる不取消決定）をしまして、これに対する抗告も、高裁によって棄却されました。抗告棄却の理由は、「不取消決定に対しては抗告を申し立てることができない。」というものです。しかしながら、これに対する再抗告を受けた最高裁第三小法廷は、少年法に関し新しい法解釈を示して、結局、再抗告を容れ、事件を高裁に差し戻したのです。

ところで、最高裁がこの事件を高裁に差し戻すためには、法律問題として、大きなハードルが三つありました。すなわち、まず、①少年法には、刑訴法のような再審に関する規定がありません。ただ、少年法二七条の二が、「本人に対し審判権がなかったことを認め得る明らかな資料を新たに発見したとき」は保護処分を取り消すことができると規定しているのですが、これはもともと、少年の年齢超過などが事後的に明らかになった場合に、保護処分を取り消して刑事手続に乗せるためのものでありまして、この規定を再審的に運用して保護処分を取り消すことは、本来、法が予定していないことだったのです。ですから、本件について再抗告を容れるには、まず、この規定を少年法における再審の規定のように利用することを認めるという新たな解釈を示さなければなりません。次に、②少年法三二条は、抗告のできる決定として「保護処分の決定」を挙げていますが、「保護処分を取り消さない。」とした家庭裁判所の「不取消決定」は、保護処分ではありません。また、保護処分取消についてはそもそも少年側の申立権も規定されていません。もともと申立権のない事項に関する裁判所の判断に対しては不服申立ができないというのが一般的な考え方ですから、仮に不取消決定を保護処分決定に準ずるものとみた場合でも、これに抗告ができるというような見解は簡単には出てきません。現に、そのような見解を唱える人は当時一人もいない状況でした。ですから、最高裁が原決定を取り消すには、「不取消決定には抗告ができない。」という実務に定着した見解を、何らかの理由を付けて一八〇度転換する必要があります。更に、以上二つのハードルを乗り越えたにしても、最後に、③少年法三五条所定の再抗告理由の壁が立ちはだかります。すなわち、少年法三五条は、抗告棄却決定に対しては、憲法違反と判例違反を理由とする場合「に限り」再抗告ができると規定していまして、刑訴法四一一条に相当する職権取消の規定は少年法にはないのです。仮に①②のハードルを乗り越えて不取消決定に抗告することができるという解釈をとるにしても、従前最高裁においては、本件のような「単なる法令違反や事実誤認」を主張する再抗告は、すべて不適法として棄却していたのです。ですから、最高裁がそれにもかかわらず、「再抗告事由がなくても抗告事由があって原決定を取り消さなければ著しく正義に反する場合には職権取消ができる。」という解釈を示すのは、実際問題としてきわめて困難なことでした。

しかし、最高裁は、結局これらのハードルをすべてクリアーして事件を高裁に差し戻したのです。この決定は、半世紀を越える長い最高裁の歴史の中でも異例中の異例というべきものだと思います。そして、最高裁がこのような決定をした背景には、当然のことながら、家庭裁判所の事実認定に関する疑問があったと思われるのです。どういう点かといいますと、先にも述べましたように、少年は、殺人の事実を自白しておりまして、この自白を裏付ける客観的事実として、①犯行のあった時間帯に少年が校庭にいたという事実、②凶器ナイフと同型のナイフを少年がスーパーで購入していた事実などがありました。これらは、たしかに、少年の非行を推認する有力な間接事実ですが、他方、先にも述べましたように、少年の身辺からは、血痕の付着した着衣が全く発見されておりません。これは、犯人がかなりの返り血を浴びていると思われたことからすると不思議なことでした。とりわけ疑問なのは、当時少年は、捻挫している手を接骨医で治療している最中で、右手首に包帯を巻いていたことが明らかだったのですが、その包帯からも血液反応が得られなかったことです。もし少年が真犯人だったとしたら、その包帯から血液反応が出ないということはきわめて考えにくいことです。また、凶器ナイフからも少年の指紋はまったく検出されませんでした。そのように、本件では、旧証拠自体の中にも問題があったのですが、少年と付添人が審判廷で事実を認めてしまったため、家庭裁判所では事実問題を素通りしてしまっていたのです。

このような証拠構造の事件で、付添人から新証拠として「少年の言い分に従い自宅を探した結果発見した凶器ナイフと同型のナイフ」が提出されたのです。そして、付添人は、ナイフ発見の経緯につき疑問を差し挟まれることがないように慎重な手続を踏んでおりまして、その点に疑問を容れる余地はなさそうでした。そうなると、この新たなナイフの発見は、本件では重大な意味を持つことになります。なぜなら、先にも述べたとおり、本件では「少年がスーパーで凶器ナイフと同型のナイフを購入していた。」という事実が少年と犯行を結びつける重要な間接事実の一つとされておりまして、このナイフを用いて少年が被害者を刺しこれが現場に遺留されたと考えられていたのですが、スーパーで購入したナイフを少年が自宅に保管していたということになると、現場に遺留された凶器ナイフと少年との結びつきが切れてしまうからです。もちろん、少年がナイフを二本持っていたということになれば、話は別です。しかし、そのような証拠は、それまで全く提出されておりませんでしたから、そういう可能性がまったくゼロではないにしても、これを重視することはできないでしょう。そうなると、少年が非行事実を犯したという家庭裁判所の認定には重大な疑問が出てくるといわざるを得ないのでして、最高裁としては、何とかして事件を差し戻したいという考えが背後にあって、先に述べたような思い切った法律論を展開したと考えられるわけです。

この事件は、以上のような極めて変則的な経緯を辿って差戻しになったのですが、差戻し後の高裁の審理では、新証拠によっても非行事実の認定に疑いは生じないとして、残念ながら抗告は再び棄却され、これに対する再抗告も棄却されてしまいました。(10) そのため、折角の最高裁の新判例も、この少年を保護処分から解放するためには役に立たなかったのです。この点は、本件の調査を担当し判例の理論構成に必死になって知恵を絞った担当調査官としては、返す返すも残念なことでした。ただ、それにしても、この判例が出されたことによって、以後は少年法の解釈や事実認定に関しても、最高裁が見解を示すことができるようになりまして、現に多くの重要判例が出されています。(11)このような事態は、柏の少女殺し事件において、「再抗告事由がなくても抗告事由があって原決定を取り消さなければ著しく正義に反すると認められるときは、最高裁判所は職権により原決定を取り消すことができる。」という判断が示されなければ、あり得なかったことです。私としては、少年法の判例の新たな展開について、なにがしかの寄与ができたことで満足するほかありません。

ところで、ここまでのお話は、本日のテーマとは直接関係のないことでした。関係のあることを、これから申し上げます。本件の審理経過をもう一度振り返ってみますと、やはり最初の審判で、少年と付添人が共に事実を認めてしまった点に一番の問題があったと思うのです。少年が、なぜ警察で簡単に事実を認めてしまったのか（といっても、少年は警察で半日以上は否認していたのですから、「事実を簡単に認めてしまった。」という言い方は、一四歳の少年にとってやや酷にすぎるかもしれません。）、その上、母親や付添人に対してすらなぜ真相を話そうとしなかったのかについては、たしかに疑問がないではありません。少年は、保護処分取消事件の審判廷で、「警察で長時間しつこく同じことを聞かれたため、面倒くさくなって『やった。』と言ってしまった。言ってしまった以上、『やってない。』と言っても無理だと思って、母にも本当のことを言わなかった。どうせ少年院に一年くらい行ってくればいいんだという気持もあった。」などと述べています。そして、この供述は、一見するとあまり説得力がないようにも思われます。しかし、少年は、当時一四歳で知能の発達がやや遅れた少年です。犯行当時、校庭にいるのを目撃されており、また、凶器と同型のナイフをスーパーで購入していたという圧倒的に不利な情況証拠もありました。このような情況証拠を突きつけられて厳しく追及された場合、それにもかかわらず少年が無実の主張を貫徹するのは、かなり困難なことであったという点を考えなければならないのではないでしょうか。このようなことからすると、当初の家庭裁判所の審判で少年が事実を認めた点を重視すること自体に問題があったのだと思います。付添人も、少年が事実を認めているということに安心して、少年に心を開かせ真実を語らせるという観点からの努力が足りなかったのではないでしょうか。もし、当初の審判の段階で、少年の自宅からナイフが発見されていたとすれば、おそらく家庭裁判所が非行事実を認定することはなかったでしょう。そのような意味で、この事件は、事実を認めている被告人や少年に対し、弁護人や付添人がどのような働きかけをすべきかを考える上で、きわめて大きな示唆を与えるものというべきでしょう。

ちなみに、本件の付添人は、少年事件のエキスパートとして有名な方でした。そして、そのような有能な付添人が当初から付いていながら、ナイフの存在について少年から供述を引き出せなかったということは、少年事件の難しさを示して余りあるものだと思います。刑事事件でも多かれ少なかれ同様の難しさはあるはずです。皆様も、この点については、十分慎重にお考えいただきたいと思います。

五　捜査の適法性を争う実益

捜査の適法性を争っても、その立証に成功しなければ何にもなりませんが、成功した場合には、いろいろな訴訟法上の効果が得られます。①最も端的な例は、違法収集証拠として物的証拠が排除されることですし、②証拠のすり替えなど作為の疑いが立証できれば、物的証拠の証拠価値を少なくともゼロ、多くの場合マイナスにすることができます[12]。また、③自白の任意性に疑いありという心証を裁判所に抱かせることができれば、自白調書を排除することもできるわけです。しかし、それにしても、捜査の適法性に疑問を提起するのは、容易なことではないでしょう。そして、せっかくこの点の立証に成功しても、裁判所はなかなか違法収集証拠の排除にまでは踏み込みませんし、自白調書の排除にも躊躇する場合が多いでしょう。そのようなことから、弁護人の皆さんの中には、捜査の違法などを問題にするのは労多くして実りの少ない作業であるとして、最初から諦めてしまう方も少なくないようです。しかし、それでは、わが国の捜査実務はいつまでたっても向上しません。公判で弁護人による厳しい指摘を受けなくなれば、捜査は、捜査機関のやりたい放題になってしまいます。私は、そのような意味で、公判において弁護人が捜査の適法性を争うことは、弁護人の最も重要な職務の一つだと考えています。

六　捜査の違法や自白の任意性の疑いを立証できた事例、弁護人の訴訟戦術に疑問を感じた事例

1　大阪の覚せい剤事件（最二判平成一五年二月一四日刑集五七巻二号一二一頁、判時一八一九号一九頁、判タ一一一八号九四頁）

最初に今年（平成一五年）になってから最高裁の第二小法廷が出した注目すべき判例をご紹介します。それは、違法収集証拠について、最高裁として初めて証拠能力を否定した判例であります。もっとも、この判決は、つい最近になって「判例時報」や「判例タイムズ」に特報として掲載されましたので、詳細は省略してごく簡単に粗筋だけをご紹介します。

この事件では、被告人に対し窃盗の逮捕状が出ていたのですが、警察官は、逮捕状を持たずに被告人方へ身柄確保に赴いたようです。ところが、被告人が任意同行に応じないで逃げ出したので、追いかけて片手錠逮捕してしまいました。もちろん、この段階では逮捕状を示していませんし、緊急執行の手続もしていません。そして、大津警

察署に連行し、身柄拘束から一時間半経過した後に逮捕状を初めて示し、併せて尿の提出を求めました。そして、その尿から覚せい剤が検出されたのですが、問題は、警察官が、被告人方で片手錠逮捕をしたその際に逮捕状を示したように逮捕状に虚偽の記載をし、その旨の捜査報告書も作成していたことでした。また、公判で逮捕手続の適法性や尿と尿鑑定書の証拠能力が争われますと、証言台に立った警察官は、三人とも、「被告人方で逮捕状を示した。」と虚偽の証言をしたのです。このような事案において、最高裁は、本件の逮捕は違法であるとした上で、警察官が逮捕状に虚偽の記載をし内容虚偽の捜査報告書を作成したり、公判で虚偽の証言をしたりしていることからすると、その違法の程度は重大で違法捜査抑制の見地からも、尿とその鑑定書の証拠能力は否定されるべきであるという趣旨の判断を示したのです。

違法収集証拠排除の理論は、リーディングケースである昭和五三年の第一小法廷の判例[13]で初めて採用されたのですが、その後の最高裁判例は、すべて「捜査手続に違法はあるが、証拠物を排除しなければならない程重要なものではない。」という理屈で、証拠物の証拠能力を肯定するものばかりでした[14]。しかし、今回の判例は、最高裁の判例史上初めて、違法収集証拠を排除した原判決の結論を一部肯定したのです。これは、画期的なことです。

ところで、今回の判例は、もちろん、最高裁判事の英断によるものではありますが、そのような判断を可能にしたのは、一・二審でしっかりと事実関係を証拠で固め、「現場で被告人に逮捕状を示した。」という警察官の証言が事実に反する（すなわち、警察官が嘘をついている）ということを否定し難くしておいたからであると思います[15]。このようなことからみて、この判例を導き出したのは、下級審におけるしっかりとした事実認定とスケールの大きな法律論であったことが明らかですが、下級審裁判官にそのような判断をさせたのは、弁護人の説得力ある主張と立証であったはずです。私は、この事件の弁護人のご努力に対し深甚の敬意を表するものですが、他方、このような画期的な判例を作り出す上で、弁護人の力量がいかに大きな原動力になるかということを考えて、改めて弁護人の役割の重要性を思い知らされた気がいたします。

2 浦和の強姦致傷事件（浦和地決平成三年一一月一一日判タ七九六号二七二頁）

次に、浦和の強姦致傷事件では、捜査段階から付いた弁護人が、大変適切な弁護活動を行って大きな成果を挙げました。まず本件は、二一歳の被告人甲と一八歳の被告人乙の両名が居酒屋で飲酒中、やはり居酒屋で飲酒していた若い女性と知り合いこれをラブホテルに連れ込んで強姦しようとしたが抵抗されて未遂に終わり、その際の暴行により同女に負傷させたという強姦致傷罪などで起訴された事案です。

被害者は、父親と喧嘩して家出中の当時一九歳の女子大生です。従前ラブホテルで男友だちと性的行為をした経験はあるものの、まだ性行為の経験のなかった女性ですが、次のように証言しています。すなわち、「居酒屋で飲酒中知り合った被告人らと話すうち、『ロイヤルホストに行こう。』と言われて、甲の運転する車に強引に乗せられた。途中『下ろして。』と言っても拒絶され、首を絞められたり脅迫されたりして、ラブホテルに連れ込まれた。そして、ホテル内で甲に押し倒され強姦されそうになったが、挿入できなかったので、平手で二、三回殴られ、自分も一回殴り返したところ、甲から更に殴打され脅迫もされた。その後、甲と代わった乙からも強姦されそうになったが、やはり未遂に終わった。」というのです。これは、一応つじつまのあった合理的な証言のように思われます。

これに対し、被告人両名も、事件後半の客観的経過、すなわち、被害者とラブホテルに行って性交しようとしたが未遂に終わったこととか、当初被害者と性交しようとした甲が暴行を加えたことなどについては、おおむね被害者の証言と符合する供述をしているのですが、事件の前半部分、すなわち、居酒屋から強引に車に乗せたとする点や、車内で被害者に暴行・脅迫を加えたという事実は否認しています。また、ラブホテル内での暴行も強姦の犯意に基づくものではないという弁解をしていました。つまり、甲に言わせますと、「被害者とは合意の上でラブホテルに行ったのであり、被害者が言うように、車に乗せて無理矢理連れ込んだのではない。自分は、当初合意の上で被害者と性交しようとし被害者も応じていたが、いざ挿入という段階になって被害者が身を固くして『もうやめよう。』と言い出し、自分の陰茎が萎縮したのをからかったので、腹が立って殴打したりした。被害者を無理矢理姦淫しようとしたことはない。」ということになり、乙の弁解も大同小異でした。

このように弁解を要約してご紹介しますと、恐らく皆様は、「いかにも無理な弁解だ。」と思われるのではないかと思います。取調官も当然そう考えたようです。そのため、取調官は、被告人らの弁解を一笑に付した上、連日、厳しい取調べをして追及しました。もっとも、留置人出入れ簿等によって明らかになった被告人両名に対する取調べ時間は、通常の否認事件のそれと比べて格段に長時間であったというわけではありません。一番長かった日は甲について約九時間、乙について約八時間ですが、それ以外の日は、概ね二、三時間から四、五時間程度で収まっています。そのため、本件では、取調べ時間の長さ自体から直ちに自白の任意性の疑いを導き出すのは困難でした。そこで、取調べの際の取調官の言動を細かく検討することになりました。

私たちは、被告人両名に取調べ状況に関する供述を求めた上、取調官を証人として調べました。双方の供述は、このような場合たいていそうなのですが、肝心な部分で抵触しました。しかし、被告人らの供述は、大変詳細かつ具体的で迫力があります。内容的にも極めて特異なもので、二〇歳やそこらの若者が簡単に創作して話せるような内容ではありません。例を挙げますと、例えば、乙は、「警察官から『絶対に少年院に入れてやる。否認すると逆送で刑務所に行って、五、六年は入ることになる。だから嘘隠しなく話すことが一番だ。甲も認めているんだから、お前も認めろ。』などと執ように迫られた。」と供述しています。乙は、当時一八歳の少年で、これまでに家庭裁判所で一回不処分の審判を受けた以外は、非行歴もありません。このような少年が、取調べの際の今述べたような取調官の言動を創作して供述することができるとは、にわかに考えられませんでした。

また、甲は、次のように供述しました。すなわち、「いくら弁解しても、警察官は、自分の話を全く信用してくれなかった。『首絞めただろう。』とか、『無理に入浴させたんだろう。被害者は、こう言っている。』『もう少し考えて見ろ。』などと強く供述の変更を求められた。」「検察官も、全く弁解を信じてくれず、五時間半にもわたって、理詰めの追及をした上、『自分の言い分を通すということは、検察庁と戦うことだ。』『お前の話は全然信用できない。』『お前を絶対に刑務所に入れてやる。』などと言って自白を求められた。」と。この供述に現れた捜査官の言動も、かなり具体的です。

もっとも、甲は、乙と違って少年時代に中等少年院送致の保護処分を受けた経験がありました。ですから、この供述が公判になって初めてされたものであったとしたら、「後から知恵を絞ってうまい弁解を考えたのではないか。」と推測されてしまう恐れがあります。しかし、本件では、そのような推測を容れる余地はありませんでした。なぜなら、弁護人は、先に述べたように、勾留中の被疑者と何回も接見して、その内容を詳細なメモに残しこれに確定日付を得ていたのです。そして、甲の公判廷での供述は、この接見メモと基本的部分で一致しています。ということは、甲は、被疑者として取調べを受けていた当時から、後に公判廷でした供述と基本的に同趣旨の供述を弁護人にしていたということが立証されたことになります。これは、裁判所の心証形成上大きな意味を持ちました。いくら少年院帰りの被疑者であっても、取調べを受けているまさにその時点での接見において、弁護人に対し、ありもしない捜査官の言動を創作して供述すること、そしてまた、そのストーリーを後日公判廷で正確に再現することは、容易なことではないと考えられるからです。

他方、取調官は、被告人らの供述と肝心の点で食い違う証言をしましたが、その証言には、細かくみると重要な点で不合理がありました。不合理はいくつもありますが、例えば、検察官の証言について触れてみます。検察官は、次のような証言をしていました。すなわち、「本件は、被疑者の自白がなければ起訴できない事件ではないと考えていたので、自白にはこだわっていなかった。」「弁解にも耳を傾けており、弁解を一切受け付けないような態度はとっていない。」などです。たしかに、本件は、犯人と被告人の同一性が争われている事案ではありません。また、複数の男性が、当夜知り合った性交経験のない一九歳の女子大生をラブホテルに連れ込み、性交を求めた上、同女に暴行を加えて怪我をさせたという、事件の大筋は明らかな案件です。争点は、被告人らが当初から強姦の犯意を持っていたか、両名の間に共謀があったかというような点ですが、先に述べたような大筋からして、一見すると、被告人らの弁解はとうてい成り立ちそうにないと思われます。ですから、この点に関する検察官の証言は、常識的できわめてもっともなように思われるでしょう。しかし、よく考えてみると、必ずしもそうはいえないのです。本件については、強姦の被害に遭ったという女性が、居酒屋で知り合った若い男性二人と意気投合して飲酒したという事実が明らかで、車で一緒に入ったところもラブホテルであったという特殊性があります。しかも、被害者は、ラブホテルに入ってから、浴室で全裸になって入浴した上洗髪までしていたという特異な事情も存するのです。この点について、被害者は、入浴したのは時間稼ぎのためであったという弁解をしましたが、なぜ全裸になって入浴し洗髪までしたのかについては、合理的な理由を説明することができませんでした。また、被害者は、甲について、「醤油顔という印象を持った。」という証言をしていますが、「醤油顔」というのは、「きりっと引き締まったいい顔の青年」を意味する若者言葉のようで、結局同女は、飲酒の段階で甲に良い印象を抱いたことを暗に認めていたのでした。このような特殊な事情のある本件を強姦致傷罪で起訴した場合には、ホテルへの同行の経緯及びホテル内での同女の行動（特に入浴の経緯）が事実認定上きわめて重要な意味を持ちます。そして、その認定のいかんによっては、強姦罪の成否、少なくともその犯情にかなりの影響があるはずです。

たしかに、被害者の供述は、車に無理矢理乗せられ、脅迫されてホテルに連れ込まれたという筋書きで首尾一貫しておりまして、検察官もこの供述の信用性は高いと判断したようです。しかし、何と言っても、その当時の状況を知る者は、被害者と被疑者両名の三人しかおりません。そして、そのうちの二人が、捜査の当初の段階で口をそろえて被害者の供述と抵触する弁解をしていたのですから、検察官が被疑者らの自白なしに起訴することに何らの不安を抱かなかったとは考えにくいわけです。そうすると、被疑者らの弁解を虚偽であると信じれば信じるほど、検察官が、何とかして弁解の不合理を暴いて自白に追い込もうという心理になることは、いかにもありそうなことではありませんか。ですから、検察官の「本件は、自白をとらなければ起訴できない事案ではないと考えていたので、自白にこだわっていなかった。」という証言は、やはり不合理であるというべきです。

このほか色々な事情を考慮して、私たちは、被告人と取調官の供述の食い違う点については、基本的に被告人らの供述に基づいて取調べ状況を認定しました。その上で、最終的に任意性についてどう判断したかということを、次に申し上げます。

先にも申し上げましたように、被告人らは、六月一五日に逮捕された後、七月五日までの二一日間、代用監獄に身柄を拘束されてほぼ連日厳しい取調べを受けたのですが、一般の事件と比べ取調べ時間が極端に長いということはありません。しかし、乙については、不処分の経験が一回あるだけの一八歳の少年を代用監獄に勾留した上、その弁解を一笑に付すかのように全く取り合わず、挙げ句の果ては、先に述べたような不当な言動によって自白を求めたことになりますから、その自白調書の任意性に疑いがあるという結論は、比較的早い段階で出ました。

甲については、私たちもかなり悩みました。甲は、乙と違ってともかく成人です。取調官の言動も、乙の場合と比べると、脅迫的な要素がやや低いように思われます。しかも、甲は、少年院送致の前歴がある上に、捜査段階から敏腕の弁護人により適切な助言を受けていました。これらの事情を重視しますと、本件について自白の任意性を否定するのは難しいとも考えられます。しかし、取調べの経過をもう少し詳しく見てみますと、甲に対する取調べ時間は、逮捕後約二週間は、二、三時間、せいぜい五時間程度でした。そして、甲は、弁護人の適切な助言もあって、その間自分の言い分を捜査官に必死に訴え、圧力に屈することなく、自白調書の作成に応じなかったのです。ところが、逮捕後二週間を経過した六月三〇日の取調べにおいては、取調べ時間は何と九時間に及んでおります。しかも、取調官は、甲の言い分を一笑に付し全く相手にしないという態度を一貫させただけでなく、一段と厳しく追及してきました。そのため、甲もさすがに力尽きて自白に及んだと見られるのです。そこで、私たちは、六月三〇日以降の自白調書の任意性を否定したのです(16)。任意性に関する判断部分は、それだけでもきわめて詳細なものですから、後刻全文をご参照願えれば有り難いと存じます。

このように、本件においては、取調官の個々の言動を個別的にみる限り、これを明白な脅迫と認定することは難しいのですが、それにもかかわらず、自白調書の任意性を否定したのが特徴的です。若年の被疑者を警察の留置場に長期間拘束した上で、連日かなりの時間取調べを行い、しかも被疑者の弁解を一切認めないような態度で一貫して厳しく追及したため、被疑者に対する圧力が次第に累積されて、遂に供述の自由を失わせてしまったと考えるのが相当だろうと思います。このような任意性に関する判断は、一般的には余り見かけないものですが、その基本的考え方は、十分批判に耐え得るものと考えています。

ここで、この事件について私たちが最終的にどういう判断をしたかについても、お話しておきましょう。自白の任意性を否定しましたが、本件では、甲自身が最終的に被害者に対し暴行・脅迫をした事実、また、その後も被害者に対し性交を求めた事実を認めております。甲の言い分は、「もともと合意で性交する積もりで被害者もその気でいたが、いざとなった段階で性交経験のない被害者が身を固くしてしまって性交ができなかったため、自分の性器が萎縮してしまった。そしたら、そのことを被害者に『小っちゃくなっちゃったんだからやめようよ。』と言われてからかわれているような気がし、頭に来たので殴打した。」というものでした。つまり、甲が言いたいことは、自分たちは合意で性交するつもりでホテルに入ったのであり、最後の段階で行った暴行・脅迫も、姦淫を目的としたものではなかったというのです。そして、私たちは、犯行に至る経緯については、ほとんど被告人らの供述のとおりの事実を認定しました。しかし、その後の行動については、「いよいよという段階で被害者から抵抗され殴打されたため、予期に反した同女の行動に戸惑い、同女に馬鹿にされたように感じて憤激の念も手伝い、同女の顔面を平手で二回殴打したところ、同女から平手で一回殴り返されたため、更に憤激するとともにその抵抗を排除して姦淫を遂行すべく、同女の左顔面を手拳で一回強打する暴行を加え」たと認定しました。つまり、当初は強姦の犯意はなかったが、最終段階で強姦の犯意を生じて暴行・脅迫を加えたということです[17]。

以上の前提で、私たちは、量刑判断をしました。いかに合意の上でラブホテルに同行したとはいっても、最終的に拒絶の意志を明確に表示している女性に対し、強烈な暴行・脅迫を加えて姦淫の目的を達しようとした行為は、「強い社会的非難に値する。」と認めました。特に、被害者は、これまで、付き合っていた男性とホテルで性的行為の体験はしていたが性交経験自体はない当時一九歳の女子大生であること、同女の受けた肉体的・精神的苦痛は甚大であること、両親の衝撃にも大きなものがあって、弁論終結時において未だに示談交渉にも応じようとしていないことなどの事情からすると、検察官の求刑（甲に懲役四年、乙に同三年）は、決して重過ぎないようにも思われます。しかし、本件では、被害者の側にも、当夜初めて知り合った男性二人から誘われて、こともあろうにラブホテルの一室に一緒に入り、全裸になって入浴の上、寝室のベッドの上で男性一人（甲）との性交を受け入れる態度を示すという軽率極まりない行動をとった重大な落ち度があります。同女のこのような行動によってますます性欲を刺激された被告人らが、最後の場面になって突然拒絶し出した同女の態度に憤激するとともに、その段階ではとうてい性欲を押さえ難く、勢いの赴くところ、一気に強姦行為に突入してしまった点については、同情の余地もないではありません。私たちは、このような事情をも考慮して、結局、被告人両名に対し執行猶予付き懲役刑（甲は懲役三年執行猶予四年、乙は、懲役二年六月執行猶予三年）の判決を言い渡したのです。この判決には、双方から控訴がなく、一審限りで確定しました。

この事件は、犯人と被告人との結びつきが問題となる、いわゆる冤罪がらみの事件ではありません。しかし、それだけにまた、このような捜査の経緯に基づき、被告人らの弁解が全く考慮されないまま起訴に至る事件は、いかにもありそうです。そして、その場合、余程気をつけないと、裁判所はもちろん弁護人ですら、被告人らの弁解を信用しないまま、「そのような弁解をしても通りっこないから、素直に認めて寛大な判決を求めるようにしなさい。」という助言をしてしまう可能性がありそうです。本件では、幸運なことに、捜査の初期からついた敏腕な弁護人の適切な活動が効を奏しまして、公判廷での被告人の弁解の大部分が認められ、執行猶予の判決に結実したわけです。しかし、もしこの事件において、捜査段階における弁護人の適切な弁護活動がなかったならば、また、弁護人が執行猶予狙いのため、第一審で事実を認めるよう助言し被害者の証言の線で事実が認定されたとしたら、仮にある程度の被害弁償をしたとしても、第一審では実刑判決の可能性がきわめて高く、またそうなれば、控訴審でこの判決を覆すのはまず不可能であったと思います。本件は、捜査段階、第一審段階での弁護活動がいかに重要であるかを、いやというほど思い知らされる事件でした。今回の講演で、やや地味かなと思いながらこの事件を取り上げたのは、弁護活動のいかんによって被告人の運命が天と地ほどに変わってしまうことの一例を申し上げたかったからです。

3　大阪の恐喝事件（前掲）

大阪の恐喝事件に関する第一審以来の経過については、既にお話しました。被告人は、取調べに対し恐喝の犯意を否認していたのですが、警察の厳しい取調べにより、結局犯意を含めて犯行を自白してしまい、第一審公判でも事実を全面的に認めた上、検察官請求証拠にすべて同意していたのです。ところが、判決は予期に反して厳しい実刑でした。そこで、慌てた被告人らは、別の弁護人を選任して、控訴審で事実を争おうとしたのです。

先にも申し上げたように、こういう戦術が成功することは希です。第一審で全面的に事実を認めた事件について、事実誤認を主張しても、高裁はまず相手にしてくれません。まして、第一審で同意した自白調書の任意性について、控訴審で改めて証拠調べしてくれる高裁は、ほとんどないだろうと思います(18)。

本件における控訴審の弁護人も、そのことはご存知だったようで、それだけに必死でした。弁護人の控訴趣意は、原審で自白の任意性を争わなかった理由を次のように主張していました。すなわち、「被告人らは、本件について取調べを受けた段階で、警察官に暴行・脅迫を受けて心ならずも犯行を自白してしまった。しかし、やったこと自体は芳しいことではなかったから、被告人らは、道徳的に深く反省し被害金の大半も弁償し、ひたすら恭順の意を表することによって、執行猶予付きの寛大な判決が下されることを期待していた。ところが、予期に反して過酷な実刑が下されたので、愕然としている。であるからして、被告人らが警察官から受けた激しい暴行・脅迫につき控訴審で十分審理を遂げ証拠能力のない自白調書を排除して欲しい。」というのです。そして、被告人らが受けた暴行・脅迫の内容について、詳細かつ具体的な指摘をしてきました。

しかし、被告人らは、捜査の最初の段階でこそ恐喝の犯意を否認しましたが、その後は、第一審の公判でも、弁護人のアドバイスを受けながら犯意の点を含めて公訴事実を全面的に認めているのです。いくら捜査段階の自白に問題があったとしても、少なくとも、このような形でされた公判段階の供述の任意性を否定するのは困難でしょう。また、先ほども述べましたように、第一審で全面的に同意した書証の証拠能力を控訴審で争っても、本気で証拠調べをしてくれる裁判所は、余りないと思います。ですから、本件のような事案で、自白の任意性を控訴審で争って事実誤認の判決を獲得することは、実際上不可能に近いことだったのです。

ただ、私たちは、弁護人が警察官による暴行・脅迫を余りにも具体的に指摘しますので、この主張を「不適法である。」という一言で排斥するのはどうかという気持になりまして、ともかく、被告人らに対し、警察官から受けた暴行・脅迫の内容を具体的に供述させることにしました。そして、実際被告人らにしゃべらせてみると、その供述は大変詳細かつ具体的で迫力満点のものでした。被告人甲野は、大要次のように供述したのです。すなわち、「逮捕された後、警察官三人から厳しい取調べを受けた。取調べ室に入る時には、軍隊式に『甲野、入ります、と言え。』と言われ、声が小さいと何十回もやり直しをさせられた。言い分を説明しても、耳元で『甲野、甲野』と言われ、次第に大声で両側から連呼され、鼓膜が破れそうになった。背もたれのない回転椅子に一五分から三〇分位、腰縄を机の脚に巻いたまま正座させられたこともある。六月二七日の取調べでは、午後の取調べ開始後三〇分位して、共犯者乙山担当の警察官二人が入ってきて、私が弁解するたびに、『嘘ぬかせ。』と言っていたが、そのうちに突然、机を私の方に当ててきてそれをひっくり返した。私は、腰ひもが椅子に結ばれていたので、避けることも出来ず、警察官が座っていた側の机の上端が私の前歯に当たり、前歯が折れた。私が抗議すると、横にいたもう一人の警察官に足払いをされ、倒れた瞬間に頭を打ち、靴のまま二、三回腹を蹴られ、また頭を壁にぶつけられたり、髪の毛を引っ張られたりもした。歯が痛いし、頭がふらふらしたが、今度は丸椅子をひっくり返して、むき出しのスチール脚部の上に正座させられているところへ、ほかの刑事が両側から『甲野、甲野』と連呼し、頭の上にかぶさってきて押さえつけるように力を加えてきた。当時交通事故の後遺症（むちうち）で通院していたため、背中も首も痛く、手足がしびれて泣き出してしまう程だった。私が『堪忍して。何でも話します。』と言ったら、暴行がやんだ。引き続いて自白調書を取られたが、最終的に警察官の言うとおりに供述する気になったのは、警察官が内ポケットから乙山の調書を出して見せ、『乙山は、こううとうとるんや（白状した）』と言われたからだ。それ以外にも、『正直に言わんかったら、二宮金次郎にしてしまうぞ。二宮金次郎とは、重たい荷物を背負わせたろというか、なんぼでも余罪をあげたるから、弁護士に言いやがったら何回でも逮捕したる。』などと言われた。」と、こう言うのです。

この供述は、かなり衝撃的です。これが本当であれば由々しい事態ですから、ここまで聞いてしまった以上、裁判所としても放置できないということになりました。もっとも、一般に、被告人の中には狡猾な者もおりまして、警察での処遇について、あることないことをオーバーに訴える者がいることも事実です。ですから、詳細かつ具体的であることだけで、この甲野の供述を直ちに真実と認めるわけにはいきません。ただ、この供述は、全体としてみると、詳細かつ具体的であるというだけでなく、極めて特異な事実関係を述べるものといってよいと思います。しかも、甲野の法廷での供述態度は、大変真摯で迫真力がありまして、時に男泣きに泣きながら悔しがるのです。

また、甲野には、先にも述べたように二〇年近く前の前科（それも、執行猶予と罰金）があるだけでした。このような経験しかない被告人甲野が、取調べ状況について、このように手の込んだストーリーを創作して迫真の演技をするのは、困難なことではないかと思われました。

そこで、被告人の取調べに当たった警察官を順次証人として喚問しました。そうすると、警察官らは、次のような諸点において、一部被告人の言い分に符合する証言をしたのです。例えば、①逮捕後二日で乙山が自白に転じたので、乙山の取調べをしていた警察官らが、問題の六月二七日に甲野の取調べに参加して、「乙山も自白した。」と告げて説得を続けると、甲野は、間もなくそれまでの犯意の否認を撤回して全面自白に転じたこと、②その夜、甲野の前歯が折れていることを知ったので、歯科医院へ連れて行って治療を受けさせたこと、③被告人らの返答がはっきりしないときは、「こら、甲野」などと多少大きな声を出したことはあり、また、入室の際には、名前を言って「入ります。」というようにあいさつするように言ったことなどです。しかし、肝心の暴行・脅迫については、「そのようなことはなかった。」と否認しました。

この事件で注目されるのは、暴行を受けたと主張する日に被告人甲野が前歯を折損したという事実自体は、警察も認めており医師の診断書もあって証拠上明らかなことでした。この点からすると、警察官から暴行を受けたという被告人の供述には、強い裏付けがありそうに思われます。しかしながら、警察官は暴行の事実を認めません。そして、検察官の主張によると、「この歯牙折損は、被告人の自傷行為だ。」というのです。すなわち、検察官によれば、この歯牙折損は、「被告人が自白する際、椅子に座ったまま机に向かって頭を下げたとき、前歯が机の端に当たって生じた。」ということになるのです。警察は、その旨の捜査報告書を当日（六月二七日）付けで作成していただけでなく、ご丁寧にも、それと同趣旨の被告人の供述調書まで作成していまして、検察官は、これらの書証を証拠として申請してきました。

この点を被告人に尋ねますと、被告人は、「そんなことはない。ただ、歯医者へ連れて行かれる際、警察官から『自分で歯を折ったと言え。』と言われたのでそう述べ、そういう内容の供述調書もとられてしまった。」と供述します。そこで、私たちは、この歯牙折損の詳細と治療経過を検討しました。診断書の記載によりますと、被告人の歯牙折損は、正確には「上顎左側中切歯」（これは、「左側の上前歯」の意味だそうです。）の「歯冠約三分の二」が折損しているというのですが、私たちが注目したのは、それには「口蓋軟組織の損傷が伴っていない。」とされていたことでした。

そもそも、自白をしようとした被告人が、机に向かって頭を下げた拍子に前歯を損傷するようなことは、通常考えにくいだろうと思います。頭を下げた場合に一番机にぶつかりやすいのは額か鼻ではないでしょうか。もっとも、額や鼻をぶつけないで口を机にぶつけることも絶対にないとはいえないでしょうが、その場合でも唇に傷を負わせないで歯だけ折損するということはなさそうです。ところが、本件では、被告人の唇に傷はないのです。これは、「被告人が頭を下げた拍子に前歯を折った。」という警察官の言い分に対する大きな疑問になります。他方、被告人の言い分のように、警察官が、突然机を倒してきてその角が被告人の唇に当たった場合にも、被告人の口蓋の付近に傷を生ずることはありそうですが、その場合には、このような警察官の行動に接した被告人が、驚愕の余りとっさに一瞬口を開くことが考えられます。ですから、その瞬間の拍子に、倒れた机の角が被告人の開いた唇の間から歯に当たり、全く偶然に、唇を傷つけることなく歯牙だけ折損するということもあり得るのではないかと思われます。少なくとも、可能性としては捜査報告書にある状況よりも被告人の供述する状況の方が、証拠上明らかな被告人の身体の損傷状況に合うのではないでしょうか。

その他いろいろな事情を考慮した結果、警察官三人の供述は、この点に関する被告人供述の信用性を排斥するだけの証拠価値を有するものではないという結論になりました。そして、こうなりますと、少なくとも、被告人らの捜査段階の自白は任意性に疑いがあるといわざるを得ません。

しかしながら、先にも述べましたとおり、被告人らは原審公判でも自白しています。この公判段階の自白は、被告人らが弁護人の助言を受けながら自由な意志でしたものですから、捜査段階の自白の任意性が否定されたからといって、直ちにその任意性に疑いがあるということにはならないでしょう。特に、本件で争われているのは恐喝の犯意でありまして、本件は、自白以外の情況証拠だけでも犯意を認定することができそうにも思われるくらいの事案でした。ですから、これに公判段階での自白が加われば、恐喝・同未遂の事実を認定するのに何の問題もありません。その点に気付いたからでしょうか。弁護人は、このような自白の任意性に関する審理が終了した段階で、当初の事実誤認の控訴趣意を撤回しまして、主張を訴訟手続の法令違反と量刑不当だけに絞ってきたのです。

判決書に掲げてある自白調書の任意性に疑いがあるのですから、原審の訴訟手続に法令違反があることは否定できません。しかし、今述べたように、これを除いた証拠により原判示事実が認定できるのであれば、その手続違反が判決に影響することが明らかであるとはいえません。そうなると、あとは量刑不当の主張だけですが、そこでは、「被告人が違法な取調べを受けたという事実を量刑面で考慮することができるか。」という問題の解決を迫られることになります。この点について、私たちがどのような判断を示したかについては、後に他の裁判例と一緒にご紹介したいと思います。ここではとりあえず、自白の任意性なしという弁護人の主張をともかく採用して、自白調書の証拠能力を否定したということをご紹介しておきます。

ところで、以上のような訴訟経過を踏まえて、もう一度考えてみますと、この事件の第一審の弁護人が、被告人に事実を認めさせて自白調書についても同意するという訴訟戦術を取ったのも、全く理解できないわけではありません。弁護人は、恐らく、被告人の犯意の否認はまず通りそうにないし、自白調書の証拠能力を争って仮にその主張が通っても、有罪の結論には影響がないと考えられたのでしょう。そして、そうであれば、事実をすんなり認めて情状立証にすべてを賭け、執行猶予狙いに持ち込むという訴訟戦術も、一つの選択肢としてあり得るのだと思います。しかし、このような主張の仕方をして、結果が期待したとおりにならなかった場合の被告人の立場を弁護人は考えなくてよいのでしょうか。もし期待に反して裁判所が実刑を科した場合に、控訴審で自白の任意性を争うことが事実上きわめて困難なことは先に申し述べたとおりです[19]。そうなると、被告人は、一・二審の法廷で言いたいことを全く言うことができないまま服役しなければならなくなります。そして、公判手続について大きな不満を抱えたままする服役に、大きな矯正効果を期待するのは無理でしょう。私は、やはり、被告人には言いたいことをすべて言わせた上で裁判所の判断を求めるというのが、「正攻法」、すなわち「弁護の王道」であるように思われてなりません。否認している被告人に不承不承事実を認めさせて情状立証にすべてを賭ける戦術は、ウルトラC、ウルトラDさらにはウルトラEではあっても、作戦が外れた場合のリスクが大きすぎて、私には、どうしても邪道に思われてならないのです。

しかし、このように申し上げると、「保釈に関する裁判所の厳格過ぎる運用がこのような実務を招いているのだ。」というお叱りを受けそうです。この点については、先ほども触れましたように、何とかしなければならないと思います。しかし、そうであるからといって、保釈を得たいがために、公判廷で、被告人に心にもない「事実を認める答弁」をさせるのはやはり疑問だと思います。保釈の問題は、今後何とか別途突破口を作って事態を打開することとし、事実の問題は、第一審から正々堂々と争うことにしていただいた方がよいのではないでしょうか。

七　捜査の違法と量刑

(一)　違法捜査が量刑に影響を与えることはあり得るか

違法捜査の結果、被告人が刑事手続の進行に伴い当然受忍することが予定されている以上の苦痛を受けた場合には、その苦痛は、違法が証拠物の証拠能力に影響を与えない場合であっても、最終的な量刑に反映されて然るべきであると考えます。これが、この問題に関する私の結論です。

私は、比較的早い時期から、感覚的にこの結論は当然であるように考えていましたが、大阪高裁時代以降、量刑理由としてはっきり判決書に記載するようになりました。私がこのことを意識するようになった理由の一つは、違法収集証拠排除の理論に関する最高裁判例との関係です。昭和五三年の判例によって、違法収集証拠は証拠から排除され得ることになったのですが、現実に排除されることは実務上きわめて希でありました（最高裁の判例では、つい最近まで、一件もなかったことは、さきほどご説明したとおりです。）。そうなると、裁判所が捜査を違法と宣言しても、肝心の証拠物が証拠として許容され被告人は有罪となるのですから、捜査機関は何ら痛痒を感じません。これでは、違法捜査の抑制に役に立たないではないかという疑問を感じていました。しかし、であるからといって、最高裁の判例がいくつも出されている状況で、判例の線を越えて証拠物を証拠から排除したりすれば、その判決は上級審でたちまち破棄されてしまいます。そこで、違法捜査を量刑上考慮したと判決書に明記し現実にもそのことがはっきり分かるような量刑をすることにより、捜査機関に多少ともダメージを与えてはどうかと考えるに至ったのです。そして、浦和地裁での判決では、先に述べたような理論を判決書に明記しました。

しかし、この考えは、学者（特に実体法学者）にとってはやや奇異な議論に感じられたようで、これまでのところ、学界からはかなりの反論があります[20]。しかし、実務の感覚には合うらしく、この見解に賛同する裁判例や実務家ないし訴訟手続を重視する研究者の見解も公にされています。以下に、この問題について、若干ご説明しようと思います。

1　前掲大阪の恐喝事件（前同）

私が、この問題を嫌でも意識せざるを得なかったのは、先にご紹介した大阪の恐喝事件でした。この事件の経過は、既に述べたとおりです。控訴審の審理によって、自白調書の任意性に疑いを生じたのですが、自白調書の任意性を否定してみても、犯意を含め公訴事実は立証十分といわざるを得ないのです。ですから、原審に訴訟手続の法令違反があるからといって、ただちに破棄の結論にはなりません。

そこで、私たちは、この事情を量刑事情として考慮することとしました。まず、判決では、①被告人両名は、保釈により釈放されるまで半年に近い長期間の身柄拘束を受け、その間、接見禁止の状態で、くり返し厳しい取調べを受けたこと、②その間、被告人らは、被疑者として受けるいわれのない不当な取扱いを受けた疑いが強く、その結果、被告人らが受けた精神的重圧と肉体的苦痛は、相当強烈であったと考えられること、③被告人らは、このような経験を通じ、自らの行為を真剣に反省していること、④被告人らが、原審において、捜査段階で受けた不当な取扱いについて緘として口を閉ざしたままひたすら恭順の意を表していたのは、執行猶予の寛大な判決を期待してのことであるにしても、かなりの忍耐を要することで被告人らの改悛の情がそれだけ強いことを示すものというべきであることなどの事情を指摘しました。そして、これに続けて、「また、本来受けるいわれのない不当な取扱いを受け、精神的・肉体的に重大な苦痛を受けた疑いがあるとすれば、そのこと自体もまた、量刑上無視することのできない一個の情状として、量刑にある程度反映させざるを得ないと考える。」と記載しました。なお、肝心の主文ですが、量刑不当により原判決を破棄した上、被告人両名に対し、「各懲役二年一〇月執行猶予五年」というものになりました。

2　浦和の覚せい剤被疑者強制採尿事件（浦和地判平成元年一二月二一日判タ七二三号二五七頁）

次に、浦和の覚せい剤被疑者強制採尿事件では、覚せい剤不法所持の嫌疑で逮捕された被告人が、尿の任意提出には応じたものの、採尿容器への署名指印を拒否したところから、警察官は、裁判所から令状の発付を得て強制採尿を実施したのです。その実施の方法は、嫌がる被疑者を警察官が数名がかりで担ぎ上げて取調室に連行し、さらに道場に連行して身体を押さえつけ、その上で医師により陰茎にカテーテルを挿入させたというものです。

そこで、この強制採尿の適否が問題となりました。ご承知のとおり、昭和五五年の最高裁の決定は、強制採尿を一定の限度で適法としています。(21)しかし、その判例も、それは犯罪の「捜査上真にやむをえないと認められる場合」における「最終的手段」として是認される旨明言しています。本件では、被告人は尿の提出自体には応じておりまして、単に容器への署名を拒否しているだけなのです。採尿容器への署名は、自白調書への署名などとは明らかに意味が違いまして、採取した尿が被告人のものであることを立証するという目的だけで行われるのです。ですから、容器に採取した尿が被告人のものであるという事実さえ立証できればいいわけで、容器への被告人の署名が不可欠であるということはないはずです。

そうすると、警察官が、嫌がる被告人を実力で押さえつけて強制採尿を実施したのはどう考えても行き過ぎであり、強制採尿の必要性の判断を誤ったものと考えられました。しかしながら、採尿については裁判官の令状を得て行っているのですから、五三年判例にいう「令状主義の精神を没却するような重大な違法」があるとまではいえそうもありません。ですから、この尿鑑定書の証拠能力を否定するのは難しそうです。でも、それでは、被告人が受けた精神的・肉体的な苦痛を刑事裁判の上で何も評価しなくてよいのでしょうか。私は、そうは考えませんでした。

一般に、刑訴法二四八条にいう「犯行後の状況」は、量刑の事情としても考慮されるべきものとされています。私は、被疑者が違法捜査によって受けた苦痛は、広義の「犯行後の状況」ではないかと考えたのです。もう少し詳しくご説明します。刑事手続の実行に当たり、被疑者・被告人は、いろいろな苦痛を受けます。例えば、身柄拘束、取調べ、公判への出頭などです。そして、この苦痛は、刑事訴訟法が本来予定する程度のものであれば、刑事手続に伴う当然の苦痛として、被疑者・被告人が甘受しなければなりません。しかし、捜査に違法があって、被疑者・被告人が法律上予定されている以上の著しい苦痛を受けたとしたらどうでしょうか。これをしも、被告人が甘受しなければならない理由はないのではないでしょうか。あるいは、そのような苦痛については、民事訴訟（国家賠償請求訴訟）において損害賠償を請求することにより解決するのが筋であるという議論があるでしょう。たしかに、それはそれで、一つの理屈です。しかし、そのような手続は、余りにも迂遠であり、被告人側にそういう重い負担を負わせるのはやはり酷であるように思います。私は、むしろ、被告人が受けた著しい苦痛は、当該刑事事件の量刑事情（犯行後の状況）として評価するのが適当であると考えたのです。

これと共通する考えは、他の場面でも当然のことのように採用されています。例えば、勾留の要件がある場合、起訴後の勾留は、通常の審理に必要な限度では、被告人が当然に受忍しなければなりませんが、その限度を超えた場合には、本刑に算入することとして被告人に量刑上利益に考慮されます。もっとも、そう言いますと、それは単に身柄拘束を本刑に換算しているだけで、未決勾留が長くなったからといって本刑を軽くしているわけではないという反論があるかもしれません。それでは、被告人側に帰すべからざる理由により、公判審理が著しく長期化した場合はどうでしょうか。このような場合、被告人が、刑事裁判を受けるのに通常必要とされる以上の苦痛を受けたとして、そのこと自体を端的に被告人に有利に斟酌し、場合によっては刑の執行猶予とか刑期短縮の理由とされるのは、決して珍しいことではないのではないでしょうか。その極限的な例として、免訴判決で事件を終了させることを認めた高田事件最高裁判決(22)を挙げることができます。そこでは、公判手続が遷延し迅速裁判保障条項に明らかに反する異常な事態に至っている場合には、免訴判決により手続を打ち切るのが相当であるとされていますが、これも今述べた考えを当然の前提としているように思うのです。

さらに、例えば、起訴されたことによって被告人が職を失ったり、社会的地位を失墜したような場合には、これらの事情は、当然のように量刑上被告人に利益に考慮されていると思います。これも、結局、刑事手続によって被告人が通常予定された以上の苦痛（「社会的制裁」という言葉も使われます。）を受けた場合の一例でして、私の考えによれば、十分理由付けができるわけです。

私は、以上のような考え方を前提として詳細な理由を説示した上で、「本件における前記のような捜査方法は、人間としての羞恥心を害し、被疑者に対し著しい屈辱感を与えるものである。」と指摘しました。もっとも、被告人の態度にも、捜査官のこのような違法な捜査の誘因となるものがあったので、この点をも考慮して、懲役三年の求刑の丁度半分、懲役一年六月の実刑を被告人に言い渡しました。この判決に対しては、被告人からも検察官からも控訴の申立はありませんでした(23)。

(二)　その後の裁判例、学説等

この判決の後、同様な発想から、違法捜査によって被告人が受けた苦痛を量刑に反映させるべきだという見解を述べた裁判例がいくつか出ました。①浦和地判平成三年九月二六日判タ七九七号二七二頁[24]、②熊本地判平成四年三月二六日判タ八〇四号一八二頁（特に二六六頁以下[25]）、また、この問題に関する学説・裁判例を分析し、基本的に私の立論を支持するものとして、原田國男「違法捜査と量刑」（『量刑判断の実際』〔立花書房、平成一五年〕〔増補版、平成一六年〕一五二頁以下所収）が公刊されています。後刻ご参照いただきたいと思います。

八　おわりに

さして内容のあるお話をしないうちに、時間が来てしまいました。そろそろ、纏めに入りたいと思います。私が本日お話しした点について、若干の補充をしながら、以下に要点を述べてみましょう。

㈠　第一審での十分な審理

第一に、争いのある事件については、第一審で十分な審理が尽くされるよう努力していただきたいということです。これが、何と言っても一番大切な点です。なまじっか、執行猶予を狙って被告人の言い分を封じこめたまま事実を認めさせ、予期に反して実刑判決を受けた場合の悲劇は、基本的には弁護人には何ともしてやれない問題でありますので、深刻きわまりないものとなります。そして、それ以前の問題として、当該事件が本当に争いのない事件であるかどうかの見極めが大切であることも、これまで申し上げたとおりです。また、弁護人のお立場としては、たとえ被告人が「事実は間違いない。」と述べたとしても、その言葉を安易に鵜呑みにすることなく、全体的な証拠構造に照らして本当に間違いないのかどうか、慎重にご検討いただきたいと思います。

(二) 不当な訴訟指揮には敢然と異議を述べる勇気を持つこと

第二に、審理を尽くそうとする弁護人の努力が裁判所の訴訟指揮によって阻止されそうになった場合には、敢然と異議を唱える勇気を持っていただきたいと思います。

私は、長らく裁判官をしていましたから、弁護人にはできるだけ裁判所の訴訟指揮には従っていただきたいという希望を持っています。しかし、裁判官にもいろいろなタイプがありまして、被告人の言い分には聞く耳を持たないというような態度をとる方も、残念ながらいないわけではありません。このような裁判官の訴訟指揮に対しては、敢然と異議を申し立て、争うべきだと思います。そのような場合、弁護人が感情的になってはいけないので、あくまで冷静に、例えば、この事件で弁護人の主張する点について証拠調べが必要であるゆえんを、分かりやすい言葉でよくよく説明すべきだと思います。重要な問題のときは、後刻書面で補充することも考えてよいでしょう。このような書面が提出してあれば、控訴審で原審の審理不尽、訴訟手続の法令違反を主張する場合の大きな手がかりになります。

(三) 異議の理由は、はっきりとした言葉で的確に述べること

第三に、異議を述べる場合は、はっきりした言葉で、的確に理由を述べてください。その場合、当該異議が刑訴法、刑訴規則の何条に基づくものであるかを明確に意識していなければ、適切な対応はできません。例えば、証拠調べに関する決定に対しては「相当でないことを理由として異議を述べることはできない。」とされていますので（刑訴規則二〇五条一項）、弁護人申請の証人を却下された場合に、「却下決定は不当である。」という異議を述べることはナンセンスなわけです。こういう異議を述べていると、弁護人は裁判所にばかにされてしまいます。

(四) 保釈問題の打開策

保釈の問題は根が深いので、「こうすればよい。」という適切なアドバイスをすることはできません。しかし、現在の実務の流れをどこかでくい止めなければ、今にどうにもならない事態に逢着するのではないかと、私は危機感を持っています。現状は、いわゆる「人質司法」となっており、このままでは被告人が公訴事実を否認することが事実上できなくなってしまうのではないかと心配しています。この問題を打開するのは、個々の弁護人の熱意と努力と工夫以外にはありません。そのような観点から、私に提案できることは、余りにも当然なことばかりですが、一応、次のようなことをされてはいかがかと思います。

1　こまめに裁判官に面会を申し入れ、被告人側の事情を口頭でよく説明すること。裁判官も人間ですから、弁護人がどういう人であるかがよく分からない段階では、どうしても警戒します。構えてしまいます。こまめに面会して人間的な接触をしていると、次第に警戒心が解けて、本心を打ち明けてくれることもあり得ると思います。そのような状況になれば、保釈の問題についても、ある程度ざっくばらんな話ができるようになるのではないでしょうか。

2　実務の相場ではまだ無理かなと思われる段階でも、余り遠慮しないで一度保釈申請をしてみる価値はあります。その場合、本件で保釈が必要かつ相当である理由について説得力ある説明をしていただきたい。この説明は、原則として詳細な書面に認め、その理由を明らかにする資料を添付し、さらに裁判官に面会して口頭で補充されるのがよいと思います。裁判官は、弁護人が本腰を入れて保釈申請してきたのか、被告人や家族に頼まれてやむを得ずしてきたのかを、本能的に見分けようとしますから、弁護人が本気であるという態度を早い時期に示しておくことは、以後の保釈申請の処理に当たって重要な意味を持つことがありそうです。

3　保釈申請が却下された場合に抗告すべきかどうかは、難しい判断となります。余り早期に抗告を申し立てこれが棄却された場合には、抗告棄却決定の内容的確定力により、「実質的な事情の変更がない限り保釈許可をすべきでない。」という上級審の判断が、後の裁判所に対し拘束力を持ってしまいますので(26)、抗告、特別抗告をする場合には、この点を意識された方がよいと思います。しかし、もし抗告や特別抗告を申し立てる必要があると判断した場合には、「何が何でも、原決定を取り消させずにはおかない。」という弁護人の熱意のほどばしりが読みとれる書面（換言すれば、「本腰を入れた申立書」）を提出していただきたいものです。いい加減な書面を提出する位なら、抗告などしない方が余程ましだと思います。

4　一旦保釈決定を得たのに、検察官の準抗告、抗告によって取り消されることも少なくないと思います。検察官の抗告趣意は、よく読めばこけおどしの場合が多いのですが、上手に作文されていますので、一読しただけでは大変な迫力が感じられます。そして、抗告審は、審理に先立ちまずこの抗告申立書を読みますので、その段階でかなりの程度心証をとってしまいます。私は、検察官の抗告趣意に対する反論を弁護人から具体的に提示してもらえば結論が変わってくることがかなりあるのではないかと思いながら、結局、そのような方策を実行するまでには至りませんでした。現実にも、裁判所が抗告申立書を弁護人に閲覧させることはないようですが、このような訴訟指揮をしてはいけないという理由はないのではないかと思います。そういう観点からは、弁護人から検察官の主張に対する反論の機会を与えてほしいと裁判所に申し入れるのも一つの方法であると思います。もっとも、この点は、今後の検討課題となります。

㈤　**捜査の適法性等を争う場合には、主張・立証に工夫が必要**

捜査の適法性や自白の任意性を争うには、それなりの工夫が必要です。裁判所が、被告人の言い分をよく聞いてくれるタイプの人であれば、裁判所を頼っていても大丈夫ですが、そういうタイプの裁判官は昨今少なくなっていますので、弁護人の方でも、どうすれば裁判所が弁護人の主張に乗って来やすくなるか、という観点から、主張や立証に工夫をこらしていただきたいです。問題のある事件では、取調べ状況に関する被疑者の供述を被疑者段階の接見の際にリアルタイムで記録化し、確定日付を得ておくなどは、できれば必ずしておきたいものの一つだと思います。(追3)また、検察官提出の証拠を検討される場合には、捜査機関は、場合によっては平気で捜査書類に虚偽の記載をしたり、ひどいときは物的証拠に手を加えることもあるのだということを十分意識していただきたいのです。

㈥　**捜査の適法性等を争うメリットに着目すること**

捜査の適法性や自白の任意性を争うことは、労多くして実り少ないものであると考えられていますが、立証が成功すれば、証拠の排除にまで至らなかった場合でも、量刑上被告人に有利に斟酌されることがあり得ます。毛嫌いなどされないで、本日ご紹介したような裁判例や文献を引用しながら、一度主張なさってみてはいかがでしょうか。

㈦　**弁護人の貴重な使命を自覚すること**

最後に、弁護人の活動は、大変にご苦労の多いものであると日頃から感じていますが、どうか、被告人・被疑者の運命が弁護人の双肩にかかっているということを意識されて、この貴重な使命に全力を尽くしていただきたいと思います。皆様の今後のいっそうのご活躍をお祈りしつつ、本日のつたない講義を終わらせていただきます。長時間のご静聴まことに有り難うございました。

1　石井一正「わが国刑事司法の特色とその功罪」司法研修所論集七九号〔創立四〇周年記念特集号〕三〇九頁以下。
2　拙著『刑事裁判の心—事実認定適正化の方策』〔新版〕（法律文化社、二〇〇四年）一〇一頁以下。
3　轢き逃げ事件。大阪高判昭和六二年六月五日判タ六五四号二六五頁。
4　覚せい剤自己使用事件その一。浦和地判平成三年一二月一〇日判タ七七八号九九頁。
5　覚せい剤自己使用事件その二。浦和地判平成四年一月一四日判タ七七八号九九頁。
6　覚せい剤譲受け事件。浦和地判平成三年三月二五日判タ七九六号二三六頁。
7　大阪の恐喝事件。大阪高判昭和六三年三月一一日判タ六七五号二四一頁。
8　この人は、当初共犯者として捜査を受けたが、起訴の段階では共犯者とはされていない。
9　ちなみに、被告人らには、さしたる前科がない。支部長である被告人甲野は、一七年前の窃盗の執行猶予付き懲役と道交法違反の罰金各一犯があるだけであり、また、副支部長である被告人乙山は、約四年前の屋外広告物条例違反及び名誉毀損の罰金各一犯があるだけであった。
10　最二決昭和六〇年四月二三日裁判集刑事二三九号二九三頁。なお、この決定は、原決定及び原原決定の事実認定を全面的に是認しているが、記録を直接読み通した者の目から見ると、その判示内容には承服しがたい点が多々認められる。
11　中には、事実誤認を理由として原決定及び保護処分を取り消したものもある。最三決昭和六二年三月二四日判時一二三二号一五〇頁参照。
12　一つの証拠に作為があったとすれば、それ以外の証拠にも不公正な取扱いがあったのではないかという疑いを招くのはやむを得ないことであろう。
13　最一判昭和五三年九月七日刑集三二巻六号一六七二頁。
14　この問題に関する五三年判例以後の最高裁判例としては、①最二判昭和六一年四月二五日刑集四〇巻三号二一五頁、②最二判昭和六三年九月一六日刑集四二巻七号一〇五一頁、③最三決平成六年九月一六日刑集四八巻六号四二〇頁、④最三決平成七年五月三〇日刑集四九巻五号七〇三頁、⑤最三決平成八年一〇月二九日刑集五〇巻九号六八三頁などがあるが、いずれも違法捜査によって収集された証拠物の証拠能力を肯定している。

15　検察官の上告趣意は、当初の身柄拘束の時点で警察官が逮捕状を示さなかったという原判決の認定を争ったが、本判決は、原判断に採証法則の違反はないと明言している。

16　なお、私が関与した事件で自白の任意性を否定した裁判例については、注2記載の拙著四五頁以下、特に五五頁以下参照。

17　もっとも、弁護人は、この認定に不満だったようである。たしかに、被告人らは、被害者をラブホテル内に連れ込んでしまっているのであるから、二人がかりで手足を押さえつけるなどすれば姦淫の目的を遂げることがそれ程困難であったとは思われないのにそのような行為に出ていない。したがって、このことを重視して、被告人らの弁解を立てるという事実認定もあり得たかもしれない。この辺りの微妙な心理は、被告人以外には知ることのできない事実であり、もし被告人がどうしても納得できないというのであれば、認定に関する批判は甘んじて受けるほかない。

18　最二決昭和六二年一〇月三〇日刑集四一巻七号三〇九頁も、被告人が第一審では量刑上有利に参酌してもらった方が得策であると考えて事実を認めてしまったところ、懲役刑の実刑を受けたため事実を争うに至った旨主張しても、そのような事情は、刑事訴訟法三八二条の二にいう「やむを得ない事由」に当たらないとしている。

19　前注記載の判例参照。

20　例えば、城下裕二「量刑事情としての『訴訟手続の違法』・再論」『梶田英雄判事・守屋克彦判事退官記念論文集』（現代人文社、二〇〇〇年）四二三頁。

21　最一決昭和五五年一〇月二三日刑集三四巻五号三〇〇頁。なお、この決定の原判決（名古屋高判昭和五四年二月一四日判時九三五号一二八頁）は、私が名古屋高裁時代に関与したもので、「強制採尿は違法。ただし、尿鑑定書の証拠能力はある。」という結論であったが、最高裁は、実質上新たな令状を創案して強制採尿を適法としたのである。

22　最大判昭和四七年一二月二〇日刑集二六巻一〇号六三一頁。

23　もっとも、本件の量刑の当否については、議論の余地がある。本件は、覚せい剤の自己使用一回と四グラム所持の事案であり、暴力団員である被告人には、覚せい剤の実刑前科一犯のほか、恐喝、強盗などの粗暴犯の前科八犯があったので、通常であればかなり長期の実刑を免れないと思われた。したがって、懲役一年六月の宣告刑は少し軽すぎるのではないかという批判もあり得るかと思う。現に、本文九一頁記載の原田國男「違法捜査と量刑」は、違法捜査により被告人に与えた苦痛は、「刑罰の先取り」であるから量刑を引き下げる効果はあるとして基本的に私見に賛成しているが、「その苦痛も量刑の一事情の域を出ず、直接、量刑のランクを大幅に引き下げる程度の評価は難しい」として、本件における具体的な宣告刑は軽すぎるのではないかという趣旨の批判をしている。傾聴すべき見解ではあるが、それにもかかわらず、私は、本件において強制採尿という野蛮な捜査方法を安易に採用した捜査機関の判断の誤りは重大であり、それによって被告人が本来受ける必要のない重大な苦痛と屈辱感を受けたという事実は重視すべきであって、この程度の刑の減軽は当然ではないかと考えている。

24　この判決は、覚せい剤自己使用者に対する保護手続を違法としたが、採尿手続自体は任意捜査の範囲内にあると認めた。その上で、違法な訴訟手続により被疑者が苦痛を受けた場合は、これを広義の「犯行後の状況」として、量刑上被告人に有利に考慮すべきであるとし、累犯前科のある覚せい剤自己使用者に対し、懲役一年二月の比較的軽い刑を言い渡している。

25　この判決は、違法捜査と量刑に関する一般論を展開してはいないが、具体的な量刑理由として次のような説示をしている。すなわち、「本件捜査段階において、警察官相当数から被告人に対して暴行が加えられ、これによって被告人が重度の傷害を負うに至ったことは、本件記録上明らかであるところ、右暴行は、現行刑事訴訟法における捜査史上、ほとんど他例をみないほど峻烈窮まりないものであり、被疑者の人権にも意を用いるべき義務を有する警察官の右義務違反の程度は、まさに前代未聞の名に値する。そして、これにより被告人の被った肉体的苦痛、精神的屈辱感の甚大さ、警察官の非違行為の程度の重大さに鑑みるとき、裁判所としては、右違法行為がたとえ裁判所と別個の機関によってなされたものであるとはいえ、等しく刑事司法に携わる国家機関として、刑罰権の発動を相当程度自制すべきであるというべきである。」と。この説示は、違法捜査があれば何故に刑罰権の発動を自制すべきことになるのかについての理由付けを欠いている点でやや物足りないが、結論的には私の考えとほぼ同様の結論を導くものと考えてよいであろう。

26　最三決昭和五六年七月一四日刑集三五巻五号四九七頁、拙稿・最高裁判例解説刑事編昭和五六年度一七七頁以下、特に一九五頁以下参照。

（追1）　ちなみに、この事件の第一審有罪判決に対し被告人側から控訴を申し立てたところ、比較的最近、控訴審において逆転無罪判決が言い渡された。東京高裁平成一六年う第一七五二号公務執行妨害被害事件同年一二月二日第一〇刑事部判決（公刊物未登載）。

（追2）　なお、ごく最近、大麻取締法違法被害事件につき保釈請求却下決定を継持した準抗告審決定が最高裁で取り消され、保釈が許可された由である。毎日新聞平成一七年四月二日付夕刊。

（追3）　近時大阪弁護士会が創案し全国の弁護士会に普及しつつある「被疑者ノート」（季刊刑事弁護三九号八二頁参照）は、その観点から大いに注目される。

第三章　鹿児島の夫婦殺し事件
――冤罪の疑いによる破棄差戻し――

一　調査報告の経緯等

(一)　調査報告の経緯

最高裁調査官として出会った「鹿児島の夫婦殺し事件」（以下「本件」という。）は、私にとって生涯忘れられないものとなった。当時の渡部保夫上席調査官は、本件が最高裁に係属した直後、まず未決勾留日数の点に注目された。一、二審判決で本刑に通算された未決勾留日数に法定算入されるべき分を加えると、既に刑期（懲役一二年）になんなんとする状態であったからである。上席は、「ともかく処理を急ぐ必要がある」という観点から、当時たまたま比較的手許にゆとりのあった私に本件を割り振ることとして、特別の処理体制を組まれた。

私としては、緊急の案件をひとまず片付け今後は多少のゆとりをもって執務できると楽しみにしていた矢先であったから、この措置に不満がないわけではなかったが、もとより配点に不満を述べ得る立場にはない。上席の指示に従い早速記録の検討に取り掛かった。

その結果は衝撃の連続であった。主なものを以下に挙げる。

まず、国選弁護人の上告趣意書が極めて説得的であった。最高裁には多くの否認事件が係属するが、上告趣意書を読んだだけで調査官を「ウーン」とうならせる事件はそれほど多くない。まして、弁護人が国選の場合、多くの上告趣意書はおざなりで、本当に熱のこもったものにはそうめったにお目にかからない。ところが、この事件の上告趣意書はひと味もふた味も違っていた。けっしてきわめて大部というわけではなかったが、原審までの審理及び証拠上の問題点を余すところなく、鋭くそして分かりやすく指摘してあった。上告趣意書を読み進むうち、これは大変な事件だぞと、こちらも何度か褌を締め直したことを思い出す。

次に驚いたのは、一、二審の審理がいかにもお座なりで中途半端なことであった。調査官として記録を読む場合、当初上告趣意書を読んで「これは大変だ。」と驚いても、その後記録や判決書を詳細に読み進むうちに、原審の気持ちが次第に理解できてくる場合が多い。ところが、この事件はなかなかそういう状況にならなかった。私は、「これはどうしたことだ。」と不思議に思い、自分の記録の読み方に落ちがないかと心配しながら、何度も何度も記録をひっくり返してみた。

しかし、いくら記録を調べてみても不可思議なことばかりである。最高裁判決にも触れられているように、捜査官は、自白の信用性を裏付ける唯一の物的証拠である陰毛と被告人のそれとの対比鑑定をするため、被告人から資料として陰毛を提出させていたのであるが、この陰毛のうち五本が捜査官の手許で行方不明となっている。そればかりではない。検察官が、「行方不明の陰毛を警察が発見した。」として法廷に提出したものは、陰毛でなく頭髪であると判明している。そうすると、証拠の陰毛と被告人に提出させた陰毛との間に混同・すり替えがあったのではないかという疑惑も否定できないはずである。しかるに、どういうわけか一、二審の審理はそこまででストップしてしまっているのである。

また、被告人が車に乗せて運ぶ途中で紛失したと自白する凶器の問題も深刻である。警察が被告人車を使って行った落下実験では、凶器が車から落下することはまずありそうもなかったし、警察の大掛かりな捜索によっても結局凶器は発見されていない。そのほかの点でも、被告人の捜査段階の自白には随所に多くの不合理が目立つ。従前の審理では、これらの疑問がほとんど解明されていないのに、どういうわけか有罪の認定がされているのである。もちろん、被告人に疑わしい点がまったくなかったというわけではない。しかし、私は、積極証拠にこれだけ不審な点があるのであれば、とうてい有罪判決を維持できるものではないと考え、「原判決破棄、差戻し」の方向を示唆する調査報告書の作成に全力を挙げた。そして、小法廷での審議においても、報告書の線が採用されることになったのである。

本件は、その後、差戻し後の控訴審で無罪判決が確定し（福岡高判昭和六一年六月二七日判タ六一〇号二七頁）、さらに民事の国家賠償請求事件でも原告勝訴の判決（鹿児島地判平成五年四月一九日判時一四六八号三九頁、福岡高裁宮崎支判平成九年三月二一日判時一六一〇号四五頁）が確定している。以上のとおり、本件では、冤罪を訴える被告人を、再審手続きを待つまでもなく通常手続きの段階でともかくも救済することができた。しかしそれにしても、そこに至るまで長年月にわたって受けた被告人の精神的・肉体的苦痛を思うと、担当調査官として心が痛む（しかも、国家賠償事件の勝訴判決確定の段階では、肝心の元被告人はこの世にいなかった。）。最悪の事態を回避できたと喜んでばかりはいられない思いであった。

(二)　今にして思うこと

また、後から落ち着いて考えると、次第に欲も出てくる。残念に考えることの一つは、この最高裁判決で自白の証拠能力についてもう少し踏み込んだ判断をしてもらってもよかったのではないかということである。本件における自白の採取方法は、どう考えても是認できるものではない。被告人の逮捕は違法な別件逮捕である疑いが強く、少なくとも取調べは明らかに余罪取調べの限界を超えていると思われた。また、自白の任意性を疑わせる事由も枚挙にいとまがなかった。したがって、私としては、できれば最高裁にこれらの点についても判断してもらいたかった。ただ、最高裁判決でこういう法律論に踏み込むことになれば、その影響の大きさにかんがみ、調査報告にもっと時間をかけなくてはならなくなるし審議もある程度長期化することが予想された。「被告人の早期解放か」「最高裁における重要な法律論の展開か」という二者択一を迫られた私は、結局前者を選択してしまったのである。しかし、その後自白の任意性や別件逮捕に関する実務の考え方に一向に改善の跡がみられない現実を目の辺りにするたびに、あのときどうしてもうひとがんばりできなかったのかと、今になって切歯扼腕するのである。

ともあれ、本件の調査報告で得たものは、私にとって大きな財産になった。例えば、その後自分で第一審の実務を担当するようになると、早速、証拠物の偽造・すり替えの問題や、自白の任意性・信用性の判断方法に直面することになったが、その際、私が悩みながらもある程度自信を持って判断することができたのは、この事件の経験があったからだともいえる。私は、この問題の重要性を痛感したが故に、昨年刊行した前著や本書の他の部分でたびたびこれらの点に言及している。同じようなことについて繰り返し触れることになったのは恐縮であるが（前著二五頁以下、五〇頁以下、一一五頁以下、本書二三八頁以下）、最近は、司法研修所前期の刑事弁護修習においてこの事件が教材にされているということでもあるので、事件処理直後に取りまとめた「最高裁判例解説」を本書の中に収録して、読者の便宜に供することとした。

この問題に対する後輩諸君の腰を据えた取組みを期待したいものである。

二　判例解説

被告人の自白及びこれを裏付けるべき重要な客観的証拠等の証拠価値に疑問があるとして原判決が破棄された事例

（昭和五五年(あ)第六七七号、同五七年一月二八日第一小法廷判決、破棄差戻　第一審　鹿児島地裁、第二審　福岡高裁宮崎支部　集第三六巻第一号六七頁）

〔判決要旨〕

被告人を犯行と結びつけるための唯一の直接証拠である被告人の捜査段階における自白及びこれを裏付けるべき重要な客観的証拠等について、その証拠価値をめぐる幾多の疑問があるのに（判文参照）、これらの疑問点を解明することなく被告人を有罪と認めた原判決は、刑訴法四一一条一号、三号により、破棄を免れない。

〔参照条文〕

刑法一九九条、刑訴法三一七条、四一一条一号、三号、四一三条本文

〔解　説〕

(一)　事案の概要と経過

1　原判決が認定した事実関係の要旨は、「鹿児島県鹿屋市在住の被告人が、昭和四四年一月一五日夜、同じ町内に住む友人の折尾利則方に立ち寄った際、右利則方の妻キヨ子から情交を誘われて同女と情交を持とうとしたが、折から帰宅してきた利則に見とがめられて口論となり、同人から包丁で切りつけられたところ、右キヨ子が利則の後方から馬鍬の刃（鉄製の熊手様農耕具の爪の部分で、全長約三四センチメートル、重さ約三〇〇グラム）でその後頭部を

殴打したので、被告人においても、右キヨ子と共謀のうえ、床上に昏倒している利則の頚部をタオルで巻いて絞めつけて同人を殺害し、ついで、右犯行の発覚を防ぐ目的で、キヨ子の頭部を右馬鍬の刃で数回殴打したうえ、タオルで頚部を絞めつけ、同女を殺害した」というものであり、本件は、共謀又は単独により二名を殺害したとされる殺人罪の事案である。

2　被告人は、本件の約三月後である昭和四四年四月一三日、別件の準詐欺罪などで逮捕され、同罪の逮捕・勾留（起訴前及び起訴後の勾留）を利用して、本件につき取調べを受けた。

被告人は、取調べの初期の段階では犯行を否認していたが、逮捕の約二月半後である六月下旬ごろから不利益事実の承認をはじめ、七月上旬に至って犯行を自白したため、改めて本件により逮捕・勾留され、同月二五日に起訴された。

3　同年九月一一日に開かれた第一回公判期日において、被告人は、「事件当夜、被害者方へ赴いたことはあるが、その時は被害者両名はすでに殺害されていた。」旨、従前のどの段階の供述とも異なる陳述をしたが、第六回公判（同四五年六月四日）に至り、「自分にはアリバイがあり、事件とは全く関係がない。」旨、従前の陳述を変更し、以後、一貫して右陳述を維持している。

4　第一審の鹿児島地裁は、約六年半の審理ののち、被告人を公訴事実につき有罪と認め（ただし、犯行直前の状況につき、被告人の自白調書の信用性を否定している。）、被告人を「懲役一二年、未決勾留二四〇〇日算入」の刑に処した（なお、求刑は、懲役一五年）。

5　原審の福岡高裁宮崎支部は、約四年間の審理ののち、「控訴棄却、未決勾留一二〇〇日算入」の判決を言い渡したが、犯行直前の状況に関する原判決の認定は誤りであるとし、被告人の自白調書の線に副う前記のような事実を認定すべきであるとしている。

(二)　上告趣意

被告人本人の上告趣意は、被告人の捜査段階における自白が警察の不当な強制、拷問、脅迫によってなされたなどとする違憲の主張を、弁護人の上告趣意は、被告人の自白調書の任意性を争う法令違反の主張を含むが、各論旨が最も力点を置いている点は、要するに、被告人は本件の犯人ではなく、種々の証拠上の疑問を解明することなく被告人を犯人と認めた原判決には、審理不尽、事実誤認の違法があるという点である。

(三)　当審判示

1　本判決は、まず、「一　事件の経過と原判決の構成」の項において、前記一のような本件の審理の経過を概観し、原判決が被告人の自白の信用性を肯定するにあたり引用した主要な証拠（合計七個）を逐一列挙したうえ、「本件において被告人を犯行と結びつける直接証拠としては、被告人の捜査段階における自白があるだけであり、被告人を本件犯行の真犯人であると断定することができるか否かは、一にかかって、被告人の自白の信用性のいかんによることとなる。」と判示し、前記七個の証拠のうち、

①　被害者キヨ子の死体の陰部から採取されたという陰毛三本のうちの一本及びこれが被告人に由来すると認められる旨の科警研技官の鑑定書

②　利則方前私道上から採取された車てつ痕の一部が、被告人が当時使用していた軽四輪貨物自動車のそれと紋様及び磨耗の形状が一致する旨の鑑定書

③　被告人の右前腕伸側手関節に存する外傷瘢痕は、恐らく鋭利な刃先又は刃尖で擦過された極めて浅い切創痕と判断される旨の鑑定書

の三つは、その証拠価値に疑問がないものであれば、被告人の自白の信用性を客観的に支える証拠となりうるが、それ以外の

④　ポリグラフ検査結果回答書

⑤　第一回公判期日における被告人の不利益事実の承認

⑥　捜査段階に被告人がとったとされる不審な言動

などは、「その評価が分れうるものであって証拠価値の判断が難しく、いずれにしても、それ自体によって自白の信用性を高度に保障するものとはいえない。」と判示した。

2　次に、本判決は、「二　原判決の検討」に入り、まず、「(一)　自白の信用性について」の項において、被告人を犯行と結びつける唯一の直接証拠である自白の信用性について検討を加える。判決は、被告人の自白は、「一応詳細かつ具体的」で「一見その信用性を肯定してよいようにも思われる」が、その中には、いわゆる「秘密の暴露」に相当するものは見当らないのみならず、一、二審の審理で解明されていない幾多の問題点がある、として、「1　自白に客観的証拠の裏付けがないこと」、「2　証拠上明らかな事実についての説明が欠落していること」、「3　自白の内容に不自然・不合理な点の多いこと」の三点を、記録に基づき、その具体的な例を挙げつつ指摘している。

右のうち、特に重要な、右1に関する判示は、次のとおりである。

「1　自白に客観的証拠の裏付けがないことについて

被告人の自白については、これが真実であれば当然その裏付けが得られて然るべきであると思われる事項に関し、

客観的な証拠による裏付けが欠けている。

その一例として、まず、現場遺留指紋の中から、被告人の指紋が一つも発見されなかったという点を指摘することができる。被告人の自白によると、本件は、所用で友人の利則方へ立ち寄った被告人が、同人の不在中その妻キヨ子から情交を求められたことが発端となって発生した全く偶発的な犯行であるとされているのであって、被告人が自己の指紋の遺留を防止するための特別の措置をあらかじめ講じたというがごとき事態は想定し難く、また、自白によれば、被告人は当夜利則方に一時間以上も滞留し指紋のつき易いと思われる同人方の茶わんや包丁にも触れているというのである。したがって、もしも右自白が真実であるとするならば、犯行現場に被告人の指紋が一つも遺留されないというようなことは常識上理解し難いことと思われるのに、記録によれば、捜査官によって利則方から採取された合計四五個の指紋の中からは、被告人のそれと一致するものが一つも発見されなかったとされている（記録一冊五九丁裏）。のみならず、利則方北側物置の鏡台の中央部抽出しの取手には血痕の付着があり、犯人が金品を物色した形跡があって（記録一〇冊二九六〇丁裏、二九六二丁）、捜査官も「犯人が鏡台を見ているという感じを受けた。」（記録七冊二〇五三丁裏）、「鏡台からも指紋を取った。」（同二〇六二丁裏）というのであるから、右鏡台からどのような指紋が検出されたのか（すなわち、対照可能な指紋が検出されなかったというに止まるのか、指紋は検出されたが被告人のそれと一致しなかったというのか）は、本件の真相を解明するうえできわめて重大な意味をもつものであることが明らかである。しかるに、原審は、「現場から採取された合計四五個の指紋のうち、二五個は被害者のそれと符合し、残りは対照不能であった。」という捜査官の供述（記録一冊五九丁裏）以外に、右供述の真否を確認する客観的資料も提出されておらず、また、被告人の指紋が現場に遺留されなかった理由につきいまだ首肯すべき事情も明らかにされていないのに、これらの点に関する審理を尽くすことなく自白の信用性を肯定しているのである。

次に、被告人の身辺から人血の付着した着衣等が一切発見されていないという点も、問題であろう。被告人の自白によると、被告人は、キヨ子が利則を馬鍬の刃で殴打して床上に昏倒させた後、タオルでその頸部を絞めて同人を殺害し、ついで右犯行の発覚を防止する目的で、同じく馬鍬の刃によりキヨ子を殴打して昏倒させ、前同様タオルで頸部を絞めて同女を殺害したとされているのであって、右自白が真実であるとすれば、このような一連の行動を通じ、その身辺・着衣等に多量の流血の認められる被害者の血液が被告人の身体・着衣に全く付着しないというようなことは常識上ありえないのではないかと思われるのに、警察の綿密な捜査によっても、被告人の身辺からは、犯行に関係があることを示す人血の付着した着衣等が、一切発見されなかったとされている。ところで、原判決は、被告人がその自白するような方法で被害者両名を殺害した際に被告人の身体に血液が付着しなかったとしても不自然ではなく、被告人の身辺から血痕の付着した着衣等が発見されなかったことは自白の真実性を減殺するものではないとして、牧角三郎作成の昭和四八年二月二二日付鑑定書などを援用している。しかしながら、右牧角鑑定は、被告人が馬鍬の刃でキヨ子を殴打した際に返り血を受ける蓋然性がきわめて少ないとしているに止まり、被告人が被害者両名の身体に接近して頸部をタオルで絞めるというような行為をした場合に、両名の頭部、顔面から流出する血液が彼告人の着衣に付着しない蓋然性があったのかどうかについては、何ら触れるところがなく、この点の疑問は、記録上全く解消されてはいないのである。なお、被告人がキヨ子を殴打した際に返り血を受ける蓋然性が少ないとする前記牧角鑑定の結論にしても、本件犯行現場に飛散する多量の血液の中に、キヨ子の血液型と一致するA型のものが相当量存在したという捜査の結果（記録一〇冊二九七九丁以下）と異なる前提に立ってはじめて導くことのできたものであることが、右鑑定書の記載自体に照らして明らかなのであるから、右鑑定書の証拠価値については、この観点からもなお検討の余地があるというべきである。

さらに、自白に基づく捜査によっても、犯行に使用された兇器がついに発見されなかったという点も、問題とされなければならない。自白によると、被告人は、キヨ子が利則を殴打するのに使用した馬鍬の刃を用いて同女を殴打しその頸部を絞めて殺害したのち、右兇器を自車の後部荷台に投げ入れて帰宅の途につき、現場から約〇・七キロメートル離れた郡界付近で見たらこれが紛失していたというのであり、もしも右自白が真実であるとすれば、右兇器は、被告人車の後部荷台から、何らかの理由により路上へ落下したものと考えるほかはなく、原判決は、右兇器が被告人車の後部荷台に存する腐蝕孔から路上に落下した可能性を否定することができないとしている。しかしながら、被告人車の後部荷台に放置された兇器が同車の車体の震動によりその腐蝕孔から路上に落下する可能性は、これを完全に否定することができないにしても、その蓋然性がきわめて小さく余程の偶然が重ならない限りそのようなことが起こるものでないことは、原判決の引用する司法警察員作成の兇器の落下実験に関する報告書の記載自体に照らして明らかなところである。のみならず、右兇器とされるものは、全長約三〇センチメートルに達する決して小さいとはいえない鉄製の棒（馬鍬の刃）であり、また、それ自体としてはほとんど財産的価値がなく第三者によって拾得される蓋然性の乏しいものなのであるから、右兇器が真実路上に落下して紛失したのであれば、後日の捜索によってこれが発見されない合理的な理由はないように思われる。しかるに、記録によると、警察は、本件犯行発覚直後から犯行現場付近一帯について大量の捜査員を投入した大がかりな捜索をくり返し行い、特に、被告人への嫌疑を深めた昭和四四年一月末ころ以降は、犯行現場から被告人方に至る道路の両側及び付近一帯の山林、畑、やぶ等につき綿密な捜索をくり返したほか、被告人が本件犯行を自白した後においては、右自白に基づいて再度徹底した捜索をしたが、結局、本件の兇器らしいものはこれを発見するに至らなかったとされているのである（記録二一冊三五九二丁以下、三五九八丁以下）。

以上のとおり、被告人の自白は、その重要な点において客観的証拠による裏付けを欠くものといわなければならない。」

なお、本判決が、前記2の例として挙げるのは、①自白の中に、被害者方北側の納戸鏡台にみられる金品物色の形跡を説明した部分がなく、また、②被害者キヨ子の死体の異常な状況（下半身を露出した状況で発見されたこと）から容易に推測される犯人の右死体に対する作為の事実を説明した部分がないことの二点であり、3の例として挙げるのは、被告人が、利則の帰宅の容易に予測される時刻に、同人の自宅でその妻と情交を遂げようとしたということなどの三点であるが、本判決は、右3の説示の末尾のかっこ内で、さらに、次のような判示をしている。

「なお、本件における被告人の自白は、別件である準詐欺、詐欺、鉄砲刀剣類所持等取締法違反の各事実による身柄拘束が開始されて約二月半の後になされたものであり、その間被告人に対しては、右別件の身柄拘束を利用して、本件につき、長期間、多数回にわたる取調べがなされている。また、右取調べを受けた当時、被告人は健康状態もすぐれず違法な強制・誘導を受けたとも弁解しており、右健康状態の点については、被告人の弁解を一部裏付けるような証拠――記録一冊三二〇丁裏、五冊一六六二丁――も存在する。以上の諸点にかんがみると、被告人の自白にたやすく証拠能力を認めることが許されるか否かについても問題がないわけではないが、いまこの点については原判決の判断に従うとしても、少なくとも、その信用性の判断がいっそう慎重になされるべきことは、明らかであると思われる。」

3　本判決は、次の「㈡　客観的証拠に関する疑問について」の項において、被告人の自白の裏付けとして重要な前記1の①ないし③の各証拠の証拠価値について検討する。右のうち、特に重要な①の証拠の証拠価値に関し、判決が指摘する疑問点は、次のとおりである。

「1　陰毛及びその鑑定について

本件において、被告人の自白の裏付けとなりうる証拠の中で最も重要なものは、キヨ子の死体の陰部から採取されたという陰毛三本のうちの一本（以下、「甲の毛」という。）及びこれが被告人に由来すると認められるとする須藤武雄作成の鑑定書三通であり、原判決もともよりこれらの証拠を重視している。そして、もしも右鑑定書の証拠価値に疑問がないのであれば、被告人の自白は、少なくとも犯行の発端となる特異な事実につき客観的な裏付けがあることとなり、その全体としての信用性も容易に否定し難いことになると思われるのであるから、右陰毛の同一性に関する鑑定書は、本件において被告人を有罪と認定するためのきわめて重要な証拠であるといわなければならない。

しかしながら、右須藤鑑定については、その鑑定の資料とされたものが、現実にキヨ子の死体の陰部から採取された陰毛とは異なるものではないかという疑問が提起されており、右の疑問はいまだ証拠上解消されるに至っていないというべきである。右の点について、原判決は、捜査段階において右陰毛が採取され鑑定に付された経過に照らし、「甲の毛」が他の陰毛とすりかわるべき機会はなかったとしている。たしかに、記録によると、「甲の毛」は、事件の発覚した翌日である昭和四四年一月一九日に、警察官によってキヨ子の死体の陰部から採取され、翌二〇日、同時に採取された他の二本の陰毛（のちにキヨ子の陰毛と判明した「乙の毛」「丙の毛」）その他の資料とともに鹿児島県警察本部鑑識課へ送付されたこと（記録三冊八四五丁裏、一三冊三八五三丁、一一冊三二九三丁以下）、同鑑識課においては、同年五月三〇日に至り、「毛髪検査法に基づいて検査した結果、キヨ子の陰部から採取した陰毛三本のうちの一本（「甲の毛」）は、キヨ子の陰毛と類似しない。」旨の結果を得たので（矢野勇男、大迫忠雄作成の鑑定書、記録一一冊三三〇一丁裏、三三〇二丁）、右「甲の毛」と別途被告人から任意提出させた陰毛との対比鑑定を行ったところ、同年七月二日、「毛髪の形状色調、髄質の形状、毛根側の色調及び形状等は、『甲の毛』と被告人の陰毛とはよく類似し同一性を認める」が、捻転・屈曲において「甲の毛」は著しく被告人提出のものは少ないという結果を得たこと（大迫忠雄作成の鑑定書、記録一一冊三二九〇丁以下）、そこで、同鑑識課は、あらためて「甲の毛」と被告人提出の陰毛との同一性を確認するため両者を警察庁科学警察研究所（以下、科警研という。）に送付して鑑定を依頼し、警察庁技官須藤武雄は、同月一七日、「『甲の毛』と被告人提出の陰毛とはほぼ同一人のものではないかと推定される。」とし、両者は捻転・屈曲もよく似ている旨の鑑定書を作成したこと（第一次須藤鑑定、記録一一冊三三〇八丁以下）、その後、公判段階において再度右陰毛の鑑定を命ぜられた同人は、新たな鑑定の手法をも取り入れて再鑑定した結果、両者の同一性をいっそう確実なものとして推定していること（第二次、第三次須藤鑑定、記録四冊一二六三丁以下、九冊二六七八丁以下）などの諸点が明らかにされている。以上のような本件捜査・鑑定の経緯に加え、鹿児島県警における陰毛の保管・鑑定の責任者であった大迫忠雄が、キヨ子の陰部から採取した陰毛三本はそのまま小さい封筒に入れてのりづけし、資料採取用の小さな付票にも記載しているから他のものとまじるようなことは絶対にない旨供述していること（記録四冊一〇九一丁裏）などに照らすと、須藤鑑定の資料とされた陰毛がキヨ子の死体の陰部から採取された「甲の毛」とは異なるものではないかという疑問は、一見これを容れる余地がないようにも思える。

しかしながら、他方、記録によると、鹿児島県警鑑識課においては、「甲の毛」を科警研へ送付する以前の段階である昭和四四年四月一三日に、被告人から対比鑑定用の資料として陰毛二三本を任意提出させていたものであるところ、被告人から提出を受けた右陰毛二三本のうち五本が、のちに大迫の手中で所在不明となって公判廷に顕出されなかったばかりでなく、その後同人が右所在不明の陰毛を発見したとして検察官を通じて裁判所に提出した五本の毛髪が、第三次須藤鑑定の結果陰毛ではなく頭毛であると判明したという事実の存在することも、明らかなところである（記録一三冊三八五六丁、四冊一〇七三丁以下、一一〇一丁、八冊二五〇九丁、九冊二六八四丁）。そのうえ、前記矢野・大迫鑑定及び大迫鑑定と須藤鑑定とを対比すると、前二者に記載された「甲の毛」の外見・形状が、その長さ、捻転・屈曲の点などにおいて、後者に記載されたそれと微妙なちがいのある状況も看取されるのである。これらの諸点に徴すると、同鑑識課における陰毛の保管・鑑定の責任者である大迫において、その保管する被告人提出の陰毛の一部を紛失し、しかも他の毛髪を紛失した陰毛であるとしてのちに提出するに至った経緯等につき首肯しうる説明をするのでない限り、右紛失した陰毛の一部がキヨ子の死体の陰部から採取された陰毛の中に混入し「甲の毛」として須藤鑑定の資料とされたのではないかという疑いを否定することはできないものというべきである。本件において右大迫は、自己の保管する陰毛五本を紛失し後日右五本を発見したとして提出した経緯について一応の説明をしているが、右説明にはなお納得し難い点もみられるうえ、同人が毛髪五本を取りちがえて提出するに至った点については、その理由の説明が全くなされていないのであるから、須藤鑑定の資料とされた「甲の毛」が現にキヨ子の死体の陰部から採取された「甲の毛」と同一のものであると断定することは許されず、右鑑定書の証拠価値には疑問があるといわなければならない。」

なお、本判決は、前記1の②の証拠については、犯行の日と車てつ痕の採取された日との間に、一回ないし二回の降雨があった事実が記録上明らかであって、犯行当日に印象された車てつ痕が、その紋様の対照の可能な状態で後日採取できなくなる可能性があることなどを指摘して、その証拠価値に疑問を提起し、また、前記1の③の証拠については、それは、「前年八月末ころ、利則を単車で家まで送り届ける途中、単車が土堤下まで転落し竹の切株で切ったものである。」とする被告人の弁解を排斥し、被告人の自白の信用性を強く裏付けるに足りる証拠価値を有するとまではいえない、と判示している。

4　本件における第三の論点は、「犯行時刻の特定とアリバイの成否」である。本判決は、「㈢　犯行時刻の特定とアリバイの成否について」の項において、次のような判示をしている。

「原判決は、本件犯行の日時について、「昭和四四年一月一五日午後八時二〇分ころから同日午後一二時ころまでの間」という幅のある認定をしており、右認定は、上迫和典作成の鑑定書など原判決の引用する各証拠に照らして、一応これを是認することができる。

ところで、被告人の主張する犯行当夜のアリバイのうち、同日午後八時すぎころから午後一〇時ころまでの間、脇別府政義方、山下吉次郎方などを歴訪していたという部分について、これを支持すべき明確な証拠の見当らないことは、原判決の指摘するとおりであるが、被告人がおそくも同日午後一〇時ころには帰宅していたことは、被告人及びその妻ヨシが捜査の初期の段階から一貫して供述していたところであって、これに反する証拠は見当らないのみならず、右各供述を裏付ける第三者の供述も存在する（記録六冊一八三二丁、一一冊三三五五丁）。したがって、右犯行時刻が同日午後一〇時ころ以前であったのか午後一〇時ころ以降であったのかは、被告人のアリバイの成否を決するうえで、決定的ともいえる重大な意味を有する事実であるといわなければならない。そこで、右の観点から証拠を検討してみると、本件犯行が同日午後一〇時ころ以前であったことをうかがわせる証拠としては、利則が左手にはめていたカレンダー付腕時計の日送車の爪の停止位置などから犯行時刻を「一月一五日午後八時ころから午後一二時ころまでの間」と推定する前記上迫鑑定のほかには、被害者両名の死体の解剖結果等に基づきこれを同日午後九時ころと推定する捜査官の推測的な供述（記録一冊、二三八丁裏）があるだけであり、右の点については、これ以上の解明がなされていない。

しかして、記録によると、被害者利則は、一月一五日午後七時すぎころから八時ころにかけて、叔母の久留ウメ方で焼魚一匹、タコ一五切れ及びオロシ大根をさかなに、焼酎五勺ないし六勺を飲み、午後八時すぎに帰途についたことが明らかである（記録一二冊三三四三丁以下、三三五〇丁）。しかるに、城哲男作成の利則の死体の解剖鑑定書によると、その胃内容物は、「米飯、椎茸、オロシ大根、菜葉、落花生等の食物残渣」のみであって、その中には、久留方で食したとされる焼魚やタコは見当らず、しかもこれらの胃内容物の「消化の程度はかなり進んでいる」が、胃の「粘膜に異常はない」とされている（記録一〇冊二八九〇丁裏）。また、右解剖結果によれば、同人の心臓血及び膀胱尿からは、それぞれ〇・〇〇一八‰及び〇・〇七二‰という微量のアルコールしか検出されていないのである（同二八九一丁裏）。これらの事実が、本件犯行の日時を一月一五日午後一〇時ころ以前と認定することと矛盾するものであるかどうかは、法医学専門家の鑑定に待たなければにわかに断定し難いところではあるが、少なくとも、それが犯行時刻を同日午後一〇時ころ以前と認定することに疑問を提起する資料たりうるものであることは、否定し難いところと思われる。そうすると、前記解剖鑑定書の記載に照らして明らかなこれらの事実の存在にもかかわらず、専門家の鑑定によることなくして犯行時刻を同日午後一〇時ころ以前と断定することは、早計のそしりを免れないのであって、結局、本件一、二審において取り調べられた証拠のみによって被告人のアリバイの主張を排斥することは、許されないといわなければならない。」

5　以上の説示を前提として、本判決は、最後に、「三　結論」として、次のように判示した。

「以上、詳細に説示したとおり、本件においては、被告人を犯行と結びつけるための唯一の直接証拠である被告人の捜査段階における自白及びこれを裏付けるべき重要な客観的証拠について、その証拠価値をめぐる幾多の疑問があり、また、被告人のアリバイの成否に関しても疑問が残されている。したがって、これらの証拠上の疑問点を解明することなく、一、二審において取り調べられた証拠のみによって被告人を有罪と認めることはいまだ許されないというべきであって、原審が、その説示するような理由で本件犯行に関する被告人の自白に信用性、真実性があるものと認め、これに基づいて本件犯行を被告人の所為であるとした判断は、支持し難いものとしなければならない。されば、原判決には、いまだ審理を尽くさず、証拠の価値判断を誤り、ひいて重大な事実誤認をした疑いが顕著であって、これが判決に影響を及ぼすことは明らかであり、原判決を破棄しなければ著しく正義に反するものと認められる。

よって、各上告趣意について判断を加えるまでもなく、刑訴法四一一条一号、三号により原判決を破棄し、同法四一三条本文にのっとり、さらに審理を尽くさせるため、本件を原審である福岡高等裁判所に差し戻すこととし、裁判官全員一致の意見で、主文のとおり判決する。」

㈣ 説　明

(1) 概　説

本判決は、「鹿児島の夫婦殺し事件」の上告審判決である。夜間の目撃者のない犯行で、物証に乏しく、捜査が難航したこと、犯行発覚後相当の日時を経て被告人が軽微な別件により逮捕され、右別件の起訴前及び起訴後の身柄拘束を利用して、長期間・多数回にわたり本件に関する取調べがなされたこと、一、二審においては捜査段階の自白の信用性が肯定されたが、最高裁においてはそれが否定され、有罪の原判決が破棄されたことなどの点において、本件は、かつての「仁保事件」[1]とよく似た経過をたどることとなった。本判決の判示は、前記のとおり、そのほとんどが事実認定に関するものではあるが、その中には、同種事件の処理上参考となる部分が少なくない。以下においては、主要な判示部分について、若干の解説を試みることとする。

（2）　自白の信用性に関する判示について

1　本件において、自白は、被告人を犯行と結びつける唯一の直接証拠であって、原判決が被告人の有罪認定の最大の論拠としたものである。そこで、本判決は、まず冒頭に、自白の信用性に関し、詳細な検討を加えた。

2　一般に、自白の内容が詳細かつ具体的であること、理路整然としていること、客観的事実と符合していることなどが、自白の信用性判断にプラスに働く事情であることは、否定することができない。しかし、右のような事情は、自白の信用性判断において、必ずしも最終的な決め手になるものではない。捜査官が、客観的証拠に基づいて被告人を不当に誘導することにより、真犯人でない者に対し、客観的事実と符合した詳細かつ具体的な供述をなさしめ、これを理路整然とした供述調書にまとめ上げることは、必ずしも不可能ではないからである。しかし、自白の中に、捜査官があらかじめ知りえなかった事項で、捜査の結果客観的事実であると確認されたものが含まれていたような場合には、右自白は、高度の信用性が客観的に保障されることになる。「秘密の暴露」といわれるものがこれであり、自白に基づいて捜査を遂げたところ、死体や兇器が発見されたというような場合が、その典型的な例である。本判決は、自白の信用性を判断するにあたり、その中に「秘密の暴露」に相当するものがあるかどうかをまず検討し、そのようなものは「見当らない」としているが、そのことは、自白内容の真実性を強力に保障する客観的証拠が存在しないことを意味している。

3　自白が「秘密の暴露」に相当する強力な信用性の保障を有しない場合でも、①その内容が客観的証拠により裏付けられており、②内容に不自然不合理な点がないならば、その信用性は一般的にかなり高いとみてよい。しかし、自白に右①のような裏付けが乏しく、その内容に不自然不合理と思われる部分が多く、しかも証拠上明らかな事実に関する説明が欠落しているような場合には、右自白の真実性には疑問をさしはさまざるをえないというべきであろう。本判決が、「1　自白に客観的証拠の裏付けがないこと」、「2　証拠上明らかな事実についての説明が欠落していること」、「3　自白の内容に不自然・不合理な点の多いこと」の三点を挙げて、自白に「その信用性を疑わせる幾多の問題点がある」としているのは、右のような観点からは、これを容易に理解することができると思われる。

4　「自白に客観的証拠による裏付けがないこと」の例として本判決が挙げる例は、①現場遺留指紋の中から被告人の指紋が一つも発見されていないこと、②被告人の身辺から人血の付着した着衣等が一切発見されていないこと、③自白に基づく捜査によっても、兇器がついに発見されなかったことの三点である。本件のような事案において自白の信用性を判断する場合に、遺留指紋の中から被告人のそれが発見されないのはなぜか、被告人の身辺から人血の付着した着衣等が発見されないのはなぜか、自白に基づく捜査によっても兇器が発見されなかったのはなぜかなどの点は、誰でもが一度は不思議に思う筈の基本的な問題点であって、現に本件一審公判においては、右各問題点の一部については審理がなされている。しかしながら、記録に現われた限りにおいては、これらの問題点に関する合理的な解答はいまだ与えられていないのであって、このような重大な問題点につき審理を尽くさないまま、自白の信用性を肯定した原判決の判断が是認されなかったのは、けだしやむをえないというべきであろう。

5　本件においては、被告人が、第一審第一回公判期日の認否の際に、前記「事案の概要と経過」欄の3項記載のような不利益事実の承認をしたこととか、事件後被告人が、本件の嫌疑をことさら他へ向けようとする不審な言動をしたとされていることとか、被告人の申請したアリバイ関係の証人が、必ずしも被告人の弁解に副う証言をしなかったことなどの事情があり、これらの点が、事実審裁判所の心証にかなり重大な影響を与えたということが考えられる。しかし、これらの点は、本判決も指摘するように、「その評価が分れうるものであって証拠価値の評価が難しく」、いずれにしても、有罪認定のきめ手として用いるのにふさわしいものではない。[2] 一、二審が、もしも、これらの点に、前記のような疑問による自白の信用性の低下を補って余りある証拠価値を見出したのであるとすれば、合理的な採証の態度であるとはいえないと思われる。

6　本判決が、かっこ内において触れた別件逮捕等に関する指摘は、重要であると思われる。前記のとおり、被告人は、本件後、軽微な別件の詐欺罪などで逮捕され[3]、右別件による身柄拘束を利用して、長期間・多数回にわたる取調べを受けたのであり、右取調べの際には、被告人の健康状態もすぐれず、また、警察における被告人の取調べの方法にも問題があったようである。[4] 本判決は、右のような事情に照らし、被告人の自白調書の証拠能力にも「問題がないわけではない」としたうえ、「少なくとも、その信用性の判断がいっそう慎重になされるべきことは、明らかであると思われる。」と判示した。いわゆる別件逮捕・勾留の許否及び右期間中になされた自白の証拠能力をどう考えるかは、現行刑訴法の解釈上残された最大の問題点の一つであり、本判決によっても、この点に関する最終的な解答は与えられなかったが、従前の最高裁の判例[5]が、いずれも別件逮捕勾留中の自白の証拠能力を肯定しているのに対し、本判決が、きわめて控え目な表現により、しかも自白の任意性の問題とからめてではあるが、その証拠能力に疑問を提起し、また、別件による長期勾留中の自白であることが、少なくとも自白の信用性を減殺する事情として考慮されるべきであるとの趣旨にとれる判示をしていることは、注目すべきであり、この問題に対する今後の現実的な解決方法の一つを暗に示唆するものというべきではなかろうか。

7　殺人・強盗殺人、列車顚覆等の重大事件において、自白の信用性等をめぐり下級審と最高裁の判断が分かれた事件としては、古くは、いわゆる静岡県下の三事件[6]をはじめ、いわゆる八海事件[7]、松川事件[8]、仁保事件[9]、青梅事件[10]などが有名であるが、本件は、これに一事例をつけ加えたものである。[11] 本判決が自白の信用性の判断にあたってとった思考方法は、有罪の原判決を破棄したこれらの先例[12]と共通するものであり、今後同種事件の審理において、随時応用されて然るべきものと思われる。

（3）　客観的証拠の証拠価値に関する判示について

1　本判決は、原審が自白の裏付けとなりうる客観的証拠として重視した(1)キヨ子の死体の陰部から採取された陰毛及びその鑑定、(2)利則方前私道上から採取された車てつ痕の鑑定、(3)被告人の右手首の外傷瘢痕及びその鑑定などについて、その証拠価値に疑問がある旨の説示をしている。

2　右のうちで、特に重要であると思われるのは、右(1)に関する説示であろう。右(1)の鑑定は、キヨ子の死体の陰部から採取されたという陰毛三本のうちの一本が被告人に由来するると認められるとする科学警察研究所技官の鑑定であるが、もしも右鑑定の証拠価値に疑問がないものとすると、被告人の自白は、少なくとも犯行の発端となる重要な事実[13]について客観的な裏付けを有することとなり、その結果、自白全体の信用性も容易に否定し難いこととなるという関係にあった。

3　しかし、本判決は、右鑑定につき、「鑑定の資料とされたものが、現実にキヨ子の陰部から採取されたものではないのではないかという疑問が提起されており、右の疑問はいまだ証拠上解消されるに至っていない」旨重大な指摘をしている。本判決によれば、キヨ子の死体の陰部から採取された陰毛との対比鑑定のための資料として、被告人から任意提出された陰毛二三本のうちの五本が捜査官の手中で所在不明となり、のちに捜査官が右所在不明の陰毛を発見したとして裁判所に提出した五本の毛髪が、陰毛ではなく頭毛であると判明したというのであるから、証拠物たる右陰毛の保管に関し、捜査官の側に何らかの不正が存したのではないかという疑いを招くような状況があったというべきであり、かかる疑いを生じている以上、検察官としては、右陰毛の紛失及び頭毛混入の事情を明らかにし、それが、問題の陰毛の「対比鑑定」の証拠価値に影響を及ぼすものでないゆえんを、積極的に立証すべきであったと思われる。本件における陰毛の保管責任者たる警察官の説明には、「なお納得し難い点もみられるうえ、同人が毛髪五本を取りちがえて提出するに至った点については、その理由の説明が全くなされていない」というのであるから、問題の「対比鑑定」の証拠価値が否定されたのも、やむをえないところというべきであろう。

4　本件における最も中心的な証拠物である遺留陰毛について、保管の公正さを疑われ、その証拠価値の低下を招来してしまったことは、まことに遺憾なことである。捜査当局にとっては、今後、証拠物の保管に万全を期し、その紛失・混同等の事態を生じないようにすることが肝要であることはいまさらいうまでもないが、それとともに、いったん右のような不手際を生じてしまった場合において、捜査官が、姑息な手段で表面を糊塗しようとすることは、何らの解決にならず、問題をいっそう紛糾させるだけであることに注意する必要がある。他方、裁判所の立場としても、重要な証拠物について捜査官の手中における保管上の公正さを疑われるような事情がある場合には、その疑問点に関する十分な審理を遂げたうえで、その証拠価値についての判断をするという慎重な態度が要請されるというべきであろう。

5　いわゆる「白鳥再審請求事件に関する特別抗告棄却決定(14)」は、重要な証拠物についての証拠価値の低下が、これと相互に関連する他の証拠の証拠価値に与える影響等について、次のような説示をしている。

「原決定の説示するとおり、証拠弾丸の証拠価値が「原判決当時に比べ大幅に減退したと言わざるを得ない」のであるとするならば、それが原判決の証拠判断に影響を及ぼす可能性のあることは否定しがたいところである。すなわち、原判決は、有罪認定の証拠として多数の関係証拠とともに証拠弾丸を挙示しており、一般に、総合認定における各証拠は、相互に関連するものとして裁判官の心証形成に作用するものであるから、証拠弾丸の証拠価値が原判決当時に比べ大幅に減退したことを前提とするかぎり、単に証拠弾丸の証拠価値の低下という問題にとどまらず、証拠弾丸と相互に関連する他の証拠の信憑性に影響を及ぼすことのありうるのはもとより、証拠弾丸の証拠価値の低下の反射的効果ないしこれと相互関係にあるものとして、証拠弾丸に関し第三者の作為ひいては不公正な捜査の介在に対する疑念が生じうることも否定しがたいといわなければならない。」

本件において、陰毛及びその鑑定結果の証拠価値の低下について本判決の説示するところには、右のような「白鳥決定」の説示と共通するものがあるというべきであろう。

(4)　犯行時刻の特定とアリバイの成否に関する判示について

1　本件の犯行時刻について、第一審の検察官は、「昭和四四年一月一五日午後九時ころ」と主張し、他方、被告人は、同日午後八時すぎころから午後一〇時ころまで、部落内の知人方を歴訪し午後一〇時ころ帰宅した旨のアリバイの主張をしていた。しかし、被告人が一審公判において申請したアリバイ関係の各証人は、必ずしも被告人の右主張を裏付けるような証言をしなかったため、一審判決は、犯行時刻（午後九時ころ）に関する被告人のアリバイは成立しないと判示した。これに対し、原判決は、犯行時刻を「一月一五日午後八時二〇分ころから午後一二時ころまでの間」と認定したうえで、右時間帯に関する被告人のアリバイを否定した。しかしながら、被告人が同日午後一〇時ころには帰宅していたことは、被告人の妻が捜査の当初から一貫して供述していたところであり、その供述を裏付けるような第三者の供述も存在したのである。したがって、一審判決のように、犯行時刻を「午後九時ころ」と認定するのであればともかく、原判決のように「午後八時二〇分ころから午後一二時ころまでの間」と認定するのでは、被告人のアリバイを必ずしも否定することができなくなるわけである。そこで、本判決は、右犯行時刻が午後一〇時ころ以前であるのかそれより以降であるのかは、「被告人のアリバイの成否を決するうえで、決定的ともいえる重大な意味を有する事実」であると判示したわけである。

2　そのうえで、本判決は、関係証拠を仔細に検討し、犯行時刻を午後一〇時ころ以前であると認定することに疑問を提起する資料が記録上存在するとし、それにもかかわらず、「専門家の鑑定によることなくして犯行時刻を同日午後一〇時ころ以前と断定することは早計のそしりを免れ」ず、結局、本件一、二審で取り調べられた証拠のみによって被告人のアリバイの主張を排斥することは許されない旨判示する。目撃者のいない犯行について、その犯行時刻を厳密に特定するのは困難なことが多いが、本件におけるように、犯行のあったとされる時間帯のうちどこを犯行時刻とみるかによってアリバイの成否が決せられる場合などには、右時刻の特定には特に慎重を期すべきである。本判決が死体の解剖結果等を資料とした専門家の鑑定の重要性を指摘している点は、その意味で注目に値しよう。

3　もともと、被告人の主張するアリバイの立証に成功しなかったということそれ自体は、被告人にとって、有利でも不利でもない中立的な事実であるべき筈である。しかし、①犯行の行われた時刻と場所が確定されている場合において、被告人が右時刻に接着する時間帯に右犯行現場の近くに居たということが確実でありながら、その行動を客観的に明らかにすることができないということは、被告人が犯行に関与したことを示唆する一つの状況事実であることは否定できない。また、②被告人のアリバイに関する弁解が虚偽であると積極的に断定することができるときは、右の事実は、そのような虚偽の弁解をする被告人の公判供述の信用性に疑問を生ずる契機となり、間接的ながら、有罪認定の根拠となりうるであろう。そのような意味において、アリバイ立証の不成功は、実務上、裁判所の心証に微妙な影響を与えることがありうる。しかし、アリバイ立証の不成功が被告人に不利益な証拠となりうるのは、一般的には、あくまで右①②のような意味においてにすぎないのであるから、アリバイ立証の不成功の点に心証上あまり重きを置くべきではないであろう[15]。まして、本件においては、犯行時刻の特定との関係でアリバイの成立する可能性も残されていたのであるから、事実審としては、本判決の指摘するような胃内容物の消化状況や尿・血液中のアルコール濃度等からの死亡時刻の特定等の問題につき、謙虚に専門家の言に耳を傾けるべきであったと思われる。

(5) 結　語

1　本件は、昭和四〇年代の半ばに発生した比較的新しい事件であるが、いわゆる見込み捜査、別件逮捕・勾留、物証保管の杜撰さ、自白偏重などの点が問題とされた点で、前記(二)7記載の過去の一連の事件と共通する特色をもつ。本件は、われわれに、刑事司法のあるべき姿を考えさせ、また、刑事裁判における事実認定の難しさを教えてくれる生きた教材であるというべきであろう。

2　いわゆる「誤判」をなくすためには、裁判官、警察・検察官及び弁護人が、それぞれの役割を正しく分担し、公正にして充実した訴訟活動を遂行することが不可欠であると思われるが、本件においては、右三者いずれの側にも問題とされるべき点があったのではないかと思われる。この点は、本判決の判文自体からもある程度推察しうるところであるが、最後に一点だけ、その具体例を指摘しておくこととする。被告人が、当初、軽微な別件（詐欺・準詐欺等）により身柄を拘束されたまま、長期間本件の取調べを受けたことは前述したとおりであるが、被告人に対するかかる長期間の身柄拘束下での取調べが可能となったのは、被告人が、とうてい実刑判決の予想されない軽微な右別件について、起訴後判決宣告までの二月以上もの間、公判で事実関係を認めているにもかかわらず、身柄拘束を継続されたからである。右別件に関して選任された国選弁護人が、勾留中の被告人と十分な連絡をとり、右別件の迅速な処理又は保釈による身柄の早期釈放に努力し、裁判所の理解を得ることができたならば、右別件の身柄拘束状態が捜査官によって長期間本件の取調べに流用されるという不当な事態は、未然にこれを阻止することができたと思われるのであって、右別件の審理の経過は、われわれに、弁護人特に国選弁護人の役割の重大さ及び裁判所の適切な訴訟指揮の必要性を痛感させるに十分である。

3　本判決を契機として、「誤判」をなくすためにとるべき諸方策につき、各方面から貴重な提言がなされるに至っている。(16) 古くて新しいこの問題について、いま一度真剣に取り組むべき時期が来ているようである。

1　最二判昭和四五年七月三一日刑集二四巻八号五九七頁。

2　この点は、ことがらの性質上当然のことと思われるが、念のため、本件における若干の問題点を指摘しておくと、まず、第一回公判期日における被告人の不利益事実の承認の証拠価値の評価にあたっては、被告人が別件による逮捕後長期間警察の取調べを受けただけでなく、本件により起訴されたのちも、容易に拘置所へ移監されず、第一回公判期日のわずか二週間前になってようやく移監されていること、国選弁護人が選任されたわずか三週間後には第一回公判が開かれており、右公判を迎えるにあたって、被告人がどの程度弁護人の実質的アドバイスを受けることができたかにも疑問が残ること、などの点が留意されるべきである。次に、事件後の被告人の不審な言動については、被告人が真実そのいわれるような言動をしたと認めることができるのかどうか、証拠上慎重な検討を要するとともに、かりにかかる事実が証拠上是認されたとした場合にも、その証拠価値を過大に評価することの危険であることは、いうまでもないことである。さらに、ポリグラフ検査結果回答書については、つとに、その証拠価値の評価が困難であるとの指摘がなされているが（半谷恭一「ポリグラフ検査書」熊谷弘ほか編『証拠法大系Ⅲ』（日本評論社、昭和四五年）二四六頁）、本件においては、特に、事件後の新聞、テレビ等の報道によって、被告人が受検当時事件の内容を相当詳細に知悉していたとみられることなどの点が、問題をいっそう複雑にしている。なお、アリバイ立証の不成功の点については、本文（4）参照。

3　被告人が取調べを受けた別件の事実は、詐欺四件、準詐欺一件、銃刀法違反二件の合計七件であるが、右のうち、詐欺一件（時価一二〇〇〇円相当の背広上下の騙取）は起訴されておらず、起訴された詐欺・準詐欺の被害金額の合計は、わずか一七〇〇〇円にすぎないうえ、いずれも本件より相当以前の（最も新しいものでも本件の約一年前、最も古いものは約六年前のものである。）、いわゆる「つけ買いによる代金不払い」の事案である。また、銃刀法違反は、空気銃一挺と刀一振りの不法所持の事案であるが、本件との関連性は全く認められない。

4　例えば、被告人の取調べの一部は、正規の取調べ室ではない警察署長官舎等畳敷きの場所で行われていることが記録上明らかであるが、警察が何故にそのような場所で被告人を取り調べる必要があったのかなどについて、合理的な理由は説明されていない。

5　①いわゆる帝銀事件に関する最大判昭和三〇年四月六日刑集九巻四号六六三頁、②いわゆる狭山事件に関する最二決昭和五二年八月九日刑集三一巻五号八二一頁。もっとも、下級審裁判例の中には、別件逮捕・勾留中の自白の証拠能力を否定したものが少なくない。右の点に関する従前の学説・判例の詳細等については、右②最二決の解説（新矢悦二・昭和五二年度判例解説二五三頁以下）に詳しいが、右解説に紹介されていない、又はその後の注目すべき下級審判例としては、③津地四日市支判昭和五三年五月一二日判時八九五号三八頁（四日市青果商殺し事件第一審判決）、④東京地判昭和五一年二月二〇日判時八一七号一二六頁、⑤佐賀地唐津支判昭和五一年三月二二日判時八一三号一四頁、⑥福岡高判昭和五二年五月三〇日判時八六一号一二五頁、⑦神戸地決昭和五六年三月一〇日判時一〇一六号一二八頁（神戸まつり事件証拠決定）、⑧東京地決昭和五六年一一月一八日判時一〇二七号三頁（日石・土田邸事件証拠決定）、⑨大阪高判昭和五五年三月二五日高刑集三三巻一号八〇頁、⑩大阪高判昭和五九年四月一九日高刑集三七巻一号九八頁（神戸まつり事件控訴審判決）などがある。

6　①いわゆる幸浦事件（最一判昭和三二年二月一四日刑集一一巻二号五五四頁）、②いわゆる二俣事件（最二判昭和二八年一一月二七日刑集七巻一一号二三〇三頁）、③いわゆる小島事件（最二小判昭和三三年六月一三日刑集一二巻九号二〇〇九頁）。

7　①最三判昭和三二年一〇月一五日刑集一一巻一〇号二七三一頁（第一次上告審判決）、②最一判昭和三七年五月一九日刑集一六巻六号六〇九頁（第二次上告審判決）、③最二判昭和四三年一〇月二五日刑集二二巻一一号九六一頁（第三次上告審判決）。

8　最大判昭和三四年八月一〇日刑集一三巻九号一四一九頁（第一次上告審判決）。なお、第二次上告審判決（上告棄却）は、最一判昭和三八年九月一二日刑集一七巻七号六六一頁。

9　前注**1**参照。

10　最一判昭和四一年三月二四日判時四三九号一九頁。

11　なお、本判決ののち、第三小法廷は、唯一の直接証拠である被教唆者の検察官調書の証拠価値に疑問を容れる余地がないとはいえないなどとして、殺人教唆等に関する有罪の原判決を破棄・差戻している。最三判昭和五九年四月二四日刑集三八巻六号二一九六頁参照。

12　もっとも、前注**7**記載の②判決は、無罪の原判決を破棄したものである。

13　被害者利則の留守宅で、同人の妻キヨ子から誘われるまま、情交関係をもとうとしたという事実。

14　いわゆる「白鳥決定」。最一決昭和五〇年五月二〇日刑集二九巻五号一七七頁。

15　もっとも、「重要参考人群の中に必ず犯人が含まれている。」という特殊な前提がある場合には、アリバイのないことが有力な補強証拠になる（荒木伸怡「自白と裁判」警察研究五三巻三号二二頁）。しかし、本件は、もとよりそのような特殊な前提を肯定しうるような事案ではない。

16　荒木伸怡「自白と裁判」警察研究五三巻三号一六頁、椎橋隆幸「誤判の防止と捜査の適正化――鹿児島夫婦殺害事件」法学教室No.21八八頁、金井清吉「誤判をなくすために」朝日ジャーナル二四巻一五号二〇頁、原田香留夫「日本型冤罪・再論（上）」法と民主主義No.169三四頁。なお、従前のこの種の研究の代表的なものとして、大竹武七郎外二名「事実認定における裁判官の判断」法律時報三六巻二号三〇頁、渥美東洋＝大野正男「冤罪――原因と対策をめぐって」書斎の窓二六九号一二八頁、「特集・刑事裁判と誤判」ジュリ六六〇号、松倉豊治＝野村二郎「裁判と鑑定」判タ四六三号二八頁、町田幸雄「自白の信用性と検察官の捜査」判タ四六五号四四頁などがあり、また、自白の信用性に関する本判決後の注目すべき研究として、渡部保夫「自白の信用性の判断基準と注意則」『無罪の発見――証拠の分析と判断基準』（勁草書房、一九九二年）一頁、守屋克彦「いわゆる秘密の暴露について――自白の信用性の評価に関する一考察――」『自白の分析と評価――自白調書の信用性の研究――』（勁草書房、一九八九年）各参照。

（追記）判例解説部分については、一部字句を修正し、末尾の文献を改訂してある。

第四章　よど号ハイジャック事件
——謀議の認定と不意打ち——

一　調査報告の経緯等

(一)　調査報告の経緯

本件は、赤軍派による有名なハイジャック事件（いわゆる「よど号ハイジャック事件」）について、中堅幹部の一人である被告人が最高幹部らとの謀議に関与したかどうかが深刻に争われた事案である。

経過を簡単に説明すると、検察官は、第一審以来、被告人らが謀議を遂げたのは三月一二日から一四日までの三日間であり、特にそのうち一三日夜には、被告人が最高幹部らとの鳩首謀議に出席したと主張していた。被告人は、一三日夜に関するアリバイを主張するなどして鳩首謀議への関与を争ったが、第一審はアリバイの成立を否定し一三日謀議への関与を肯定した。これに対し被告人が控訴を申し立てたところ、控訴審は、一三日夜のアリバイの成立を肯定した。しかし、控訴審は、一三日夜の鳩首謀議は実は一二日夜の同じ時刻ころ同じ場所で行われたものであり、その夜であれば被告人のアリバイは成立しないという理由により、被告人の鳩首謀議への関与を肯定した一審判決の結論を維持した。これに対し本判決は、原審が争点を顕在化する訴訟指揮をすることなく卒然として一二日謀議への関与を認めたことには不意打ちの違法がある旨、注目すべき判断を示したものである。

この事件の原判決と記録を読んだとき、私は、鹿児島の夫婦殺し事件（本書一〇〇頁）の時にも劣らない衝撃を受けた。確かに、本件はいわゆる過激派が実行した卑劣なハイジャック事件である。そのような事件の犯人は厳しく処罰されてしかるべきであるし、また、過激派の事件において裁判所の訴訟指揮が困難を極めることも、容易に想像できる。しかし、そうであるからといって、謀議への関与を深刻に争っている一人の被告人に対し原審のような認定をすることが許されるとすれば、由々しい問題ではないか。そもそも、検察官の最終的な主張によれば、ハイジャックに関する具体的な話合いがされたのは三月一三日の会合であるとされており、提出された証拠もこれに副うものであった。そのため、被告人側の防禦は、この検察官の主張を前提として、一三日謀議に関する証拠の証明力の減殺とこの会合に関するアリバイ主張に集約されていたのであって、一二日の会合でハイジャックの話合いがされたというような点について、被告人側が一、二審で防禦の機会を与えられた形跡は、まったく窺われないのである。そのような状態のまま被告人に対し有罪認定をすることは、不公正というほかないではないか。そればかりではない。裁判所のそのような判断が許されることになれば、今後被告人側は、検察官がまったく主張していない事実関係についてまで防御の網を張り巡らさざるを得なくなって、訴訟の円滑な進行に大きな支障となるであろう。私は、原判決の認定の仕方を支持する気持にはどうしてもなれなかった。

小法廷における審議の状況を紹介することはできないが、基本的には私の報告書の考えが採用された。この判例が、訴因変更までは必要がない場合でも、裁判所の訴訟指揮と認定の仕方によっては不意打ちとして違法とされる場合があることを明らかにしたことは、その後の下級審の実務に対する大きな警鐘になったと思われ、それ自体意義があったと考える。

しかしながら、残念なことがひとつある。それは、最高裁が、せっかく弁論を開いた上原審の認定と訴訟指揮は不意打ちであると指摘しながら、結論において被告人の上告を棄却してしまったことである。最高裁が刑事訴訟法四一一条を発動しない理由として述べるところは、要するに、「一三日の鳩首謀議への関与を別にしても、その余の事実だけで被告人をハイジャックの共謀共同正犯者と認定することができる」ということである。

これは、奇妙な結論といわなければならない。一、二審以来、鳩首謀議への被告人の関与が深刻に争われたのは、これに関与していないとすると、被告人のハイジャックの謀議への関与を認定することが難しいという共通の認識があったからではなかったのか。本判決のような認定は、一、二審の訴訟の経過を無視するものというほかない。私には、最高裁自身もまた、原判決とは異なる意味においてではあるが不意打ちの違法を冒してしまったのではないかと思われてならない。最高裁が原判決の認定を不意打ちであるとして咎めるのであれば、一三日又は一二日の鳩首謀議を除外しても被告人に共謀共同正犯者としての刑責を負わせることができるかという点について、原審において改めて被告人側に争う機会を与えるべきではなかったであろうか。

(二)　本判決後の判例

しかし、そのような批判は別として、本判決以後、訴因変更手続が不要とされる場合でも、原審の事実認定が不意打ちにあたるのではないかということが問題とされるケースが出てきたのは、この判例を意識したものであろう。最高裁が判断を示したものが二件あるので、以下簡単に感想を述べておきたい（判例評釈ではなく単なる感想であるから、引用文献は最小限に止めた。）。

(1)　まず、最一決昭和六三年一〇月二四日刑集四二巻八号一〇七九頁（判時一二九九号一四四頁）がある。この事案は、自動車運転者の注意義務（速度調節義務）の根拠となる具体的事実の一部（路面に石灰が堆積していて滑りやすくなっていた事実）が第一審における訴因変更手続を経て撤回されていたのに、控訴審が第一審における訴因事実

（降雨のため路面が滑走しやすくなっていた事実）にこの撤回された事実を加えて認定した上で被告人の注意義務違反を肯定した事案である。原判決は、第一審で撤回された事実を認定したのであるから、通常であれば不意打ちといわれてもやむを得ないと思われる。しかし、最高裁は、①撤回された事実にはもともと訴因としての拘束力がなかったこと、②原審においては、この撤回された事実を含む予備的訴因が追加されこの点について証拠調べがされていることの二点に着目して、被告人の防御権が侵害されたとは認められないとした。

最高裁は、撤回された事実に訴因としての拘束力がない理由として、①「降雨によって路面が湿潤していた」という事実と、②「石灰の粉塵が路面に堆積凝固したところに折からの降雨で路面が湿潤していた」という事実は、いずれも「路面のすべりやすい原因と程度に関するもの」で、被告人に「速度調節という注意義務を課す根拠となる具体的事実」にすぎないという点を挙げている（担当調査官の解説が「前提事実が異なっても、過失の態様に変化がない」という点を挙げているのも、同趣旨であろうか。池田修・最高裁判例解説刑事篇昭和六三年度三四九頁参照）。しかし、同じく「速度調節義務」といっても、①路面が単に降雨で湿潤していただけの場合と、②石灰が堆積した路面が湿潤していた場合とでは、要求される内容がまるで異なる。早い話が、本件において、前提事実が①だけの場合であれば、時速三〇キロメートルや三五キロメートル程度で走行中の車両が滑走するようなことは通常考え難いから、その程度の速度で走行していた被告人の速度調節義務違反は否定されておかしくない。しかし、②の場合であれば、自動車運転者に対しては、速度調節に万全の意を用いることが要求され、場合によっては時速一〇キロメートル以下の徐行さえ要求されるかも知れない。このように、同じく速度調節義務と一括できる過失の場合であっても、前提事実のいかんによってその程度・内容が大きく異なるとき（本件のように、その存否の結論が変わるときは、その最たるものである。）には、訴因に掲げられていない前提事実を認定することは許されないと考えるのが、不意打ち防止の観点から正しいように感じられてならない。要するに、本判例ないしその解説の前記理由付けには、十分な説得力があると思われないのである。

特に、本件においては、第一審の審理の途中で検察官が②の石灰堆積の事実を撤回してしまっている。そのため、本件では、石灰堆積の事実を認識した場合に被告人に課せられるべき速度調節義務の程度について、ほとんど論争が尽くされていない。もっとも、控訴審において検察官は、②の事実を含む予備的訴因を追加してはいる。しかし、予備的訴因は、原判決が破棄された場合に初めて審理の対象となるにすぎないから、控訴審においても、被告人が石灰堆積の事実を認識していた場合の速度調節義務の内容に深入りすることはできない。それであるのに、控訴審は、原判決審査の段階でいきなり②の事実を認定して原判決を破棄した上、予備的訴因について被告人を有罪と認定してしまった。被告人がこのような原審の措置に「不意打ちである」として不満を抱くのは当然である。

本判例の結論には学説上も疑問や問題点を提起するものがあるが（上口裕「注意義務の根拠となる具体的事実と訴因変更により撤回された事実の認定」ジュリ重要判例解説昭和六三年版一七五頁、鈴木茂嗣『続・刑事訴訟の基本構造　上巻』〔成文堂、一九九六年〕三〇一頁、田口守一「自動車運転者に注意義務を課す根拠となる具体的事実が訴因変更手続きを経て撤回された場合につき右事実を認定することに違法はないとされた事例」判例評論三六八号七六頁）、これが、今後改正刑訴法の下で行われる公判前の争点整理手続に、大きな支障とならないかという点も心配である。再考を要する問題ではなかろうか。

(2)　次に、最三決平成一三年四月一一日刑集五五巻三号一二七頁（判時一七四八号一七五頁）がある。この事案はやや複雑であるが、審理経過の概略は以下のとおりである。被告人は、当初Bとの共謀による殺人の共同正犯として起訴されたが、途中、検察官は、被告人が殺人の実行行為をした旨訴因を変更した。しかし、審理を遂げた第一審裁判所は、その後再度の訴因変更手続を経ることなく、実行行為者を「B又は被告人あるいはその両名」と択一的に認定し、原審もこの認定を是認した。これに対し最高裁は、訴因において明示された実行行為者と異なる認定をする場合、審判対象の画定という見地からは訴因変更手続は必要ないが、実行行為者が誰であるかは被告人の防御上は重要であるから、判決でそれと異なる事実を認定するには原則として訴因変更を要するとした。しかしながら、最高裁は、前記のとおり、実行行為者の明示は訴因の記載として不可欠なものではないから、少なくとも、被告人の防御の具体的状況等審理の経過に照らし被告人に不意打ちを与えるものでなく、かつ、判決認定の事実が訴因記載の事実と比べて被告人に不利益でない場合は、例外的に訴因変更手続を経る必要がないとした。その上で最高裁は、本件第一審の審理経過に照らすと、第一審が訴因と異なる実行行為者を択一的に認定したことは被告人に不意打ちを与えるものでなく、また、その認定が訴因と比べ被告人にとって不利益なものではないから、訴因変更手続を経なかったことが違法であるとはいえないと判示した。

本判例が重視する第一審の審理経過は、次のようなものである。すなわち、本件では、被告人がBとの共謀及び殺人の実行行為をいずれも否認したため、多くの証拠が取り調べられた。その中で、Bは、被告人との共謀を認めて被告人が実行行為を担当した旨証言し、取り調べられた被告人の自白調書には、被告人とBの両名で実行したという記載があり、更に、被告人・弁護人はB証言と自白調書の信用性を争っていたというのである。そして、確かに、これらの証拠のうち、B証言によれば実行行為者は被告人であるということになり、被告人の自白調書によれば被告人とBの共同実行ということになり、他方被告人の公判供述によれば、実行行為者はB以外にいないということになるので、もしそれ以外の選択肢がないのであれば、一審判決がしたような三者択一の事実認定が許されそうである。また、択一的に事実を認定した場合には、その中で被告人に最も有利なところを前提として量刑するということになると思われ（東京高判平成四年一〇月一四日高刑集四五巻三号六六頁）、本決定の「判決認定の事実が訴因と比べ被告人にとって不利益なものとはいえない」という判断も、この見解を前提にしていると思われる。このようにみてくると、「第一審判決の認定に不意打ちはなく、かつ、このような認定によって被告人が不利益を受けたことはない」という本決定の結論は一見支持できそうに思われる。

しかしながら、この結論にはやはり疑問があるのではなかろうか。まず、第一審判決によれば、検察官の（変更後の）訴因は、共犯者Bの「被告人と殺人の共謀を遂げたが、被害者を被告人に引き渡した段階で自分は帰宅してしまった」という趣旨の証言を「立証の柱」としたものであるとされている（判例集二二二頁）。そして、そのような証拠構造の事件において、もし被告人がこれを身に覚えのないものであるとして争おうとするのであれば、そのもっとも手っ取り早い防御方法は、まず、「Bから被害者を引き渡されたことはない」と主張して、B証言の信用性を崩すとともに、自ら殺害を実行したことはないと主張・立証することであろう。もちろん、検察官が主張する共謀は事前共謀であるから、実行行為が否定されても、被告人が共謀共同正犯者としての刑責を問われることは、理論上はあり得る。しかし、前記のとおり、検察官側が全面的に依拠するB証言は、「自分は被害者を被告人に引き渡した後帰宅してしまい、殺害現場には行っていない」というものであり、ここでは、実行行為と共謀とが不可分の関係で供述されている。したがって、事実を争う被告人側が、「B証言を崩せば実行行為はもとより共謀に関する立証も崩れる」と考えるのは当然であろう。そして、弁護人の立証活動は現実に成功した。裁判所は、B証言は信用できないとし、「実行犯はBであるという可能性が強い」とまで認定したのである（判例集二四三頁）。ところが、裁判所は、それにもかかわらず、実行行為者について三者択一の認定をするとともに、その余の証拠からいくつかの間接事実を認定しこれらを総合するという手法により、事前共謀をも認定してしまったのである。これは、被告人側にとって「不意打ち」というほかないのではないか。

事前共謀に関する前記のような検察官の主張を前提としながら、被告人側に対し、「B証言が全面的に崩れても、その余の証拠だけで共謀が認定されるという事態を予測して防御せよ」と求めるのは、酷にすぎると思う。裁判所としては、やはり、検察官に対し、少なくとも、B証言以外の証拠により、共謀認定の根拠となる間接事実を明確に主張させ、その事実自体及びこれらを総合して共謀を認定することができるかどうかについても被告人側に防御の機会を与えた上で、正々堂々と共謀の成否を認定すべきではなかったかと思う。

本件第一審のような認定が不意打ちであることは、次のような事例を想定すればいっそう明らかになる。

例えば、第一審が、被告人を実行行為者と認定したと仮定し、これを審査した控訴審が、本件の第一審と同様、「被告人は実行行為者と断定はできないが、実行行為者は被告人、Bあるいはその双方のいずれかである」という心証に達したと仮定しよう。本決定の論理によれば、その場合でも控訴審は、第一審において本件と同様の証拠調べがされている限り、原判決を破棄すると同時に、何ら訴因変更（予備的訴因の追加）の手続を経ることなく、実行行為者について三者択一の認定をして自判することができるということになる。しかし、控訴審におけるこのような自判には多くの人が驚くであろう。控訴審でこのような認定をされては、被告人側が、共謀共同正犯成立の要件としての共謀を争う機会も事実上失われてしまうのである。

学説は、本判例において是認された原審の認定を「縮小認定」の理論を用いて支持するかのようである（鈴木茂嗣「概括的・択一的認定と訴因変更の要否」ジュリ一二二四号一九五頁、福井厚『刑事訴訟法』〔第二版〕〈法律文化社、二〇〇三年〉二〇八頁。原判決の評釈である大澤裕「殺人及び死体遺棄の共同正犯において、実行行為者、殺害の方法等につき択一的ないし厳密な特定をしない認定が是認された事例」現代刑事法二巻八号六四頁もほぼ同旨。なお本判例の調査官解説〈池田修・

最高裁判例解説刑事篇平成一三年度版五七頁〉は、以上指摘の問題点について、触れていない)。しかし、縮小認定の概念をここまで拡大することについては、やはり疑問を免れないというべきであろう。

結局、(2)の判例の事案についても、裁判所の認定に不意打ちがあったこと自体は否定できないというべきである。そうすると、本件においても最高裁としては、「実行行為者について訴因の記載と異なる認定をするのであれば、やはり原則どおり正式な訴因変更手続を経由するか、少なくともこの点に当事者の注意を喚起する訴訟指揮をする必要があった」と判示すべきではなかったであろうか。私は、もし本件について最高裁が証拠上原判決の結論を維持するのが相当であると考えるのであれば、せめて「原判決には右のような訴訟手続の法令違反があるが、破棄しなければ著しく正義に反するとまでは認められない」という理由で上告を棄却して欲しかったと考える(本件は、第一審においてされた実行行為に関する三者択一の事実認定及び事前共謀の存否を控訴審で争う機会のあった事案であるから、鳩首謀議以外の事実による共謀が上告審において初めて認定されたよど号事件とは、やや事案を異にしていると思う。)。

もちろん、私も、(2)の判例が、訴因の拘束力につき、審判対象の画定という面と防御上の不利益の面を区別し、その限界を明確にした功績を評価するのにやぶさかではない(鈴木・前掲は、「一つの筋道を示した」とし、大澤「訴因の機能と訴因変更の要否」法学教室二五六号二八頁は、本判例が、争点明確化＝不意打ち防止の方策として、「原則として、訴因変更手続を要するものと解するのが相当」とした点を「厳格な態度をとった」ものとして注目している。)。しかし、私は、以上に述べたような理由により、本件の具体的事案について訴因変更ないし不意打ち防止の訴訟指揮を不要としたこの判例の結論にはにわかに賛成することができない。

㈢　不意打ちによる事実認定の弊害

不意打ち認定にならないように適切な訴訟指揮をすることは、確かに難しい。この点は、私自身がその後第一審裁判官として痛切に実感したところである（前著三七頁以下参照）。しかしながら、私は、それがいかに困難なことであっても、事実審裁判官としては、不意打ちのそしりを受けるような認定は何としても回避して欲しいと考えている。そのため、この点については、前著以来繰り返し指摘してきた（前著三六頁以下、本書二四二頁以下）。不意打ちによる事実認定は、裁判の説得力・感銘力を損なうばかりか、認定事実を実体的真実から乖離させるおそれがあり、ひいては裁判所に対する国民の信頼を裏切るものであると信ずるからである。

二　判例解説

控訴審における謀議の認定手続に不意打ちの違法があるとされた事例

（昭和五五年㈠第一二八四号、同五八年一二月一三日第三小法廷判決、棄却　第一審　東京地裁、第二審　東京高裁　集第三七巻第一〇号一五八一頁）

〔判決要旨〕

三月一二日から一四日までの謀議への関与を理由にハイジャックの共謀共同正犯として起訴された被告人につき、一三日及び一四日の謀議とりわけ一三日夜の第一次謀議への関与を重視してその刑責を肯定した第一審判決に対し、被告人のみが控訴を申し立てた事案において、右第一次謀議への関与の有無がハイジャックに関する謀議の成否の判断上とりわけ重要であるとの基本的認識に立つ控訴審が、一三日夜の被告人のアリバイの成立を認めながら、第一審判決が認定せず控訴審において被告人側が何らの防禦活動を行っていない一二日夜の謀議の存否を争点として顕在化させる措置をとることなく、率然として、第一次謀議の日を一二日夜であると認めてこれに対する被告人の関与を肯定した本件訴訟手続（判文参照）は、被告人に不意打ちを与え違法である。

〔参照条文〕

刑法六〇条、刑訴法二九四条、三〇八条、三一七条、四〇四条

〔解　説〕

(一)　事案の概要と経過

事案の概要と審理の経過等は、判文に詳しいので、以下、判文を適宜引用する形で、これを紹介する。

1　公訴事実の要旨

被告人は、いわゆる赤軍派の中堅幹部の一人であるが、「共産主義者同盟赤軍派に属する被告人が、塩見孝也、田宮高麿、小西隆裕ら十数名と共謀のうえ、昭和四五年三月三一日午前七時三〇分すぎころ、富士山上空付近を航行中の日本航空株式会社の定期旅客機（通称「よど」）内において、乗客を装い搭乗していた前記田宮、小西ら九名において、抜身の日本刀を振りかざすなどしてスチュワーデスや乗客らの身体を順次ロープで縛り上げ、さらには石田真二機長らの背後から日本刀、短刀を擬すなどしてその反抗を抑圧し、よって、右石田機長らをして右田宮、小西らの命ずるままに航行するのやむなきに至らしめて右旅客機を強取し、その際、五名に加療約四日ないし約二週間を要する各傷害を負わせた」などという、強盗致傷、国外移送略取、同移送、監禁の各事実により公訴を提起されたものである。

2　争点の所在

判文によれば、本件における争点は、次のとおりである。

「ところで、本件においては、公訴事実記載の日時に、共産主義者同盟赤軍派（以下「赤軍派」という。）政治局員田宮高麿らによって公訴事実記載の犯行（以下「本件ハイジャック」という。）が実行されたことに争いはなく、また、右犯行当時、被告人が同派政治局議長塩見孝也とともに別件のいわゆる大菩薩峠事件（爆発物取締罰則違反）などにより警察に身柄を拘束されていて、右の実行行為に加担していないことも明らかであったため、第一審以来の中心的な争点は、被告人が他の共犯者との間で本件ハイジャックに関する共謀共同正犯の刑責を肯定するに足りるような謀議を遂げたと認められるかどうかの点にあった。」

3　第一審における攻防

判決は、第一審における攻防の状況を、次のように要約している。

「第一審公判において、検察官は、当初、「共謀の日時は、昭和四五年一月七日ころから犯行時までであり、同年三月一五日以降は順次共謀である。」「共謀の場所は豊島区駒込二丁目一番一四号ホテル愛川、同区駒込二丁目三番四号喫茶店白鳥などである。」と釈明したが（第一回公判）、その後の冒頭陳述（第二回公判）においては、「同年三月一二日より同月一四日までの間に、前記『白鳥』などにおいて」被告人が塩見、田宮らと本件ハイジャックについての「具体的謀議」を遂げた旨を主張した。右冒頭陳述によると、被告人の属する赤軍派の思想的指導者である塩見は、同年一月以降、海外における国際根拠地の設定及びそのための要員の国外脱出の手段としてのハイジャックを思いつき、被告人を含む同派の者に対し、その計画（いわゆるフェニックス作戦）を実現するうえで必要な武器調達作戦（いわゆるアンタッチャブル作戦）及び資金獲得作戦（いわゆるマフィア作戦）などを命じて実行させていたが、同年三月一二日夜にはホテル「愛川」で上原敦男に対し千歳飛行場の調査等を命じ、一三日昼には喫茶店「カトレア」でフェニックス作戦の参加要員選定のための面接を行ったうえ、被告人に命じて合格者に対する注意事項の伝達をさせるなどしたほか、これと相前後して、一三、一四の両日、喫茶店「白鳥」などにおいて、田宮、小西及び被告人とともに、ハイジャックについてその時期、手段、方法、実行行為者などを具体的に協議して決定したというのであり、右は、検察官が、本件ハイジャックにつき被告人の刑責を問うために必要な「謀議」の日時を、三月一二日から一四日までの三日間に限局して主張し、争点の明確化を図ったものと理解される。

これに対し、被告人・弁護人は、被告人の右謀議への関与を徹底的に争った。そのため、第一審においては、右三日間における被告人及び塩見らの具体的行動をめぐり、双方の攻撃防禦が尽くされたのであるが、右謀議に関する検察官の立証の中心をなすものは、「三月一三日夜喫茶店『白鳥』において、塩見、田宮らからはじめてハイジャックの決意を打ち明けられ、大学ノートに書き込んだメモを見せられて、その具体的方法等に関する説明を受けた。」とする被告人の検察官調書及びほぼこれに照応する塩見の検察官調書であり、右以外の日及び時間帯の行動に関する証拠の中には、被告人の具体的謀議への関与を端的に窺わせるものが見当らなかったため、右一三日夜の被告人の行動、特に被告人が、その自供するように喫茶店「白鳥」における具体的な協議（以下「第一次協議」という。）に加わったのかどうかという点が最大の争点となり、被告人側は、被告人及び塩見の各検察官調書の任意性、信用性を極力争う一方、右第一次協議が行われたとされる一三日夜のアリバイ（右協議が行われたとされる時間帯に被告人が知人の所よし子方を訪問しており、同所で旧知の安藤参三にも会ったとするもの）に力点を置いた主張・立証を展開した。」……「なお、検察官も、第五九回公判に行われた論告の際には、「三月一三・一四の両日喫茶店『白鳥』など」において、被告人らが具体的謀議を遂げたと主張するに止まり、一二日の謀議については、これを明示的には主張していない。」

4　第一審判決

第一審裁判所は、本件ハイジャックの謀議成立に至る経過として、一二日及び一三日昼の行動の点を含め、おおむね、検察官の主張に副う事実関係を認定したほか、一三日夜の第一次協議に関する被告人のアリバイの主張を排斥し、被告人が「三月一三日および翌一四日、喫茶店『白鳥』等において、」塩見、田宮及び小西と本件ハイジャックの謀議を遂げたものと認めて、被告人に対し「懲役一〇年（未決勾留日数九〇〇日算入）」の有罪判決を言い渡した。

5　原審（控訴審）における攻防及び裁判所の訴訟指揮

右判決に対し、被告人側が控訴を申し立てた。控訴審における攻防及び裁判所の訴訟指揮についての本判決の要約は、次のとおりである。

「原審において、被告人側は、第一審に引き続き、三月一三日夜のアリバイを強く主張し、新たな証人や証拠物たる書面によりその立証を補充した。」「これに対し、検察官は、本件ハイジャックの謀議を自白した被告人及び塩見の各検察官調書が信用できるとし、一三日夜のアリバイに関する被告人側の証拠の信用性を攻撃したが、第一審判決が謀議の行われた日と認めた三月一三、一四の両日以外の日（例えば一二日）に謀議が行われた旨の主張は一切しておらず、原審も本件ハイジャックに関する第一次協議の行われた日が一三日ではなくて一二日ではなかったのかという点につき、当事者双方の注意を喚起するような訴訟指揮は行っていない。」

6　原判決

原審は、三月一三日夜の謀議に関する被告人のアリバイの成立を認め、これを否定した第一審判決には事実誤認の違法があるとしたが、同判決の認定した三月一三日夜の第一次協議は、実は一二日夜に喫茶店「白鳥」において行われたもので、被告人もこれに加わっており、さらに、一三日昼及び一四日にも被告人を含めた顔ぶれで右協議が続行されていると認められるから、右事実誤認は判決に影響を及ぼすものではないと判示した（ただし、原判決は、被告人側の量刑不当の主張を理由ありと認め、第一審判決を破棄して、被告人に対し、改めて「懲役八年、原審未決勾留日数九〇〇日算入」の刑を言い渡した。）。

㈡　上告趣意

被告人、弁護人の上告趣意は、憲法三一条、三七条違反、判例違反など多岐にわたる主張を展開したが、その中心の論点は、被告人の謀議への加担の事実を争う事実誤認の主張、及び原審が一審において認定されていない三月一二日夜の謀議を何ら被告人側に防禦の機会を与えないまま認定したことの不当をいう、単なる法令違反の主張であった。

㈢　当審判示

1　第三小法廷は、上告趣意をすべて不適法として排斥したが、所論にかんがみ、職権をもって記録を調査し、前記一のような審理の経過を概観したのち、次のように判示した。

「しかして、被告人が所属する赤軍派内部において、昭和四五年一月以降、海外における国際根拠地の設定及びそのための派遣要員の国外脱出計画が存在し、その手段としてのハイジャックに向けた種々の準備が行われていたこと、被告人が右国外派遣要員の母体とされる「長征軍」の隊長という地位にあり、ハイジャックを実行するうえで必要な資金や武器の獲得計画に重要な役割を果したことなどの点については、証拠上第一審判決の認定をおおむね是認することができるが、他方、赤軍派内部において、国外脱出の手段としてのハイジャック計画が現実のものとして具体化してきたのは、三月上旬以降のことであること、被告人は、三月四日から一二日まで京都市に居て、同日夜帰京してきたものであり、帰京以前に、塩見、田宮らと本件ハイジャックに関する具体的な話合いをしたことを窺わせる的確な証拠の見当らないことなども、記録上明らかなところである。そして、前記のような訴訟の経過によると、本件において、当事者双方は、被告人に対し本件ハイジャックに関する共同正犯の刑責を負わせることができるかどうかが、一にかかって、被告人が、京都から帰った一二日以降逮捕された一五日朝までの間に塩見、田宮ら赤軍派最高幹部とともに本件ハイジャックに関する具体的な謀議を遂げたと認めうるか否かによるとの前提のもとに、右謀議成否の判断にあたっては、証拠上本件ハイジャックに関する具体的な話合いが行われたとされている三月一三日の喫茶店「白鳥」における協議（第一次協議）に被告人が加わっていたかどうかの点がとりわけ重要な意味を有するという基本的認識に立って訴訟を追行したことが明らかであり、一、二審裁判所もまた、これと同一の基本的認識に立つものであると認められる。

ところで、原審は、第一審と異なり、一三日夜喫茶店「白鳥」において第一次協議が行われたとされる時間帯における被告人のアリバイの成立を認めながら、同夜の協議は現実には一二日夜に同喫茶店において行われたもので、被告人もこれに加わっており、さらに、一三日昼、一四日にも被告人を含めた顔ぶれで右協議が続行されているとして、被告人に対し本件ハイジャックの共謀共同正犯の成立を肯定したのである。

しかし、三月一二日夜喫茶店「白鳥」及びホテル「愛川」において被告人が塩見、田宮らと顔を合わせた際に、これらの者の間で本件ハイジャックに関する謀議が行われたという事実は、第一審の検察官も最終的には主張せず、第一審判決によっても認定されていないのであり、右一二日の謀議が存在したか否かについては、前述のとおり、原審においても検察官が特段の主張・立証を行わず、その結果として被告人・弁護人も何らの防禦活動を行っていないのである。したがって、前述のような基本的認識に立つ原審が、第一審判決の認めた一三日夜の第一次協議の存在に疑問をもち、右協議が現実には一二日夜に行われたとの事実を認定しようとするのであれば、少なくとも、一二日夜の謀議の存否の点を控訴審における争点として顕在化させたうえで十分の審理を遂げる必要があると解されるのであって、このような措置をとることなく、一三日夜の第一次協議に関する被告人のアリバイの成立を認めながら、率然として、右第一次協議の日を一二日夜であると認めてこれに対する被告人の関与を肯定した原審の訴訟手続は、本件事案の性質、審理の経過等にかんがみると、被告人に対し不意打ちを与え、その防禦権を不当に侵害するものであって違法であるといわなければならない。」

2　しかし、本判決は、右判示に続けて次のように判示し、結局、本件上告を棄却した。

「しかしながら、さらに検討すると、記録によれば、赤軍派内部においては、昭和四五年一月以降、海外における国際根拠地の設定の手段としてのハイジャック計画（いわゆるフェニックス作戦）並びにこれを実現するうえで必要な武器調達作戦（いわゆるアンタッチャブル作戦）及び資金獲得作戦（いわゆるマフィア作戦）が存在し、被告人は、国外派遣要員の母体たる「長征軍」の隊長として、武器調達及び資金獲得の両作戦の遂行上重要な役割を果たしていたこと、同年三月九日ころには、田宮から塩見に対し、調査委員会で収集した資料等に基づき、旅客機をハイジャックして北朝鮮に行く予定であること及びハイジャック実行の具体的方法等について詳しい説明を行っていることなどの点は、第一審判決が詳細に認定しているとおりであると認められるところ、右事実を前提として三月一二日以降一五日に至る被告人らの行動（特に、三月一二日夜被告人らとともに、ホテル「愛川」に投宿した上原敦男が、塩見ないし田宮に命ぜられて、翌一三日千歳空港へ機内及び空港周辺の状況等の調査に赴き、一四日に帰京して塩見らにその結果を報告していること、同月一三日午前中、田宮に命ぜられた被告人が、実父に対し、国外脱出用の資金三〇万円を無心する手紙を書いていること、同日、塩見に依頼された被告人が、塩見による国外派遣要員の面接の直後、その合格者に対し塩見から指示された注意事項を伝達していること、翌一四日、被告人の示唆により塩見の面接を受けた山田敏夫に対し、塩見は、被告人の同室する喫茶店「白鳥」内においてその海外渡航の意思を確認したが、その際、「玄海灘の藻屑と消えるかもしれない。」旨ハイジャックを暗示するかのような発言をしたこと、同日夜には、被告人は塩見とともに八木秀和方に投宿していることなどの行動。なお、これらの事実は、一、二審判決がほぼ共通して認定しており、証拠上も明らかであると認められる。）、及び被告人らが逮捕されたのち本件ハイジャック実行に至るまでの田宮、小西らの動き（特に、被告人らが逮捕された三月一五日夜、田宮、小西及び高原浩之らがいち早く協議を遂げて、「既定方針どおり、ハイジャックを敢行して北朝鮮へ行く。」旨の意思を統一し、翌一六日以降、右の基本方針に従って本件ハイジャックの具体的準備を進め、同月三一日その実行に至ったこと、三月一三日に行われた塩見の面接に合格し被告人による注意事項の伝達を受けた者は、すべて「長征軍」の隊員であり、その全員が右ハイジャックの実行に加わっていること。なお、この点に関する第一審判決の認定も、証拠上十分是認することができる。）、さらには、田宮らによって現に実行された本件ハイジャックの方法が、塩見と田宮との間で三月九日に話し合われたそれと基本的に同一であり、また、被告人が調達した武器（日本刀）が現に右犯行の用に供せられていること等記録上明らかな諸般の事実を総合すれば、同月一二日に上京してきた被告人においても、逮捕前日の同月一四日までの間に、すでに本件ハイジャックの実行に関する具体的な謀議を遂げていた塩見、田宮らのいずれかから、ハイジャック計画の具体的方法等について聞かされてこれに賛同し、その実現に向けて自己の役割を遂行していたことを推認するに十分であって、原判示第一次協議の存否及びこれに対する被告人の出席の有無にかかわりなく、ほぼ検察官の主張及び一、二審判決認定の事実の範囲内で、結局、被告人の謀議への関与を肯定することができるから、原判決を破棄しなければ著しく正義に反するとまでは認められない。」

㈣　説　明

（1）　判決要旨について

1　本判決は、いわゆる「よど号ハイジャック事件」の分離組に対する上告審判決である。右事件の関係者のうち、被告人と主犯の塩見孝也以外の者に対しては、国外逃亡者（実行行為者）を除き、つとに有罪判決が確定していたが、本件の上告審係属中に、塩見が控訴審判決に対する上告を取り下げており、被告人の本件上告も棄却されたため、右ハイジャック事件については、国外逃亡者以外の全員につき、有罪判決が確定するに至った。[1]

2　さて、本判決は、控訴審の訴訟手続が被告人に不意打ちを与え、その防禦権を不当に侵害したものであることを認めた注目すべき判決である。

訴因制度を採用し、当事者主義を基調とする現行刑訴法のもとにおいて、いわゆる不意打ちの事実認定が許されないことについては、おそらく何人にも異論があるまいと思われる。

まず、現行法の採用した訴因制度自体が、争点の顕在化による被告人に対する不意打ち防止を考慮したものである。すなわち、法は、起訴状に、「できる限り日時、場所及び方法を以て罪となるべき事実を特定」した訴因を明示することを要求し（法二五六条三項）、右訴因の変更により「被告人の防禦に実質的な不利益を生ずる虞がある」ときは、必要な期間公判手続を停止することを求め（法三一二条四項）、裁判所が訴因を逸脱した事実を認定することを許さない（法三七八条三号、三七九条）こととしている。したがって、被告人は、少なくとも、訴因に明示された事実以外の事実によって有罪の裁判を受ける虞はないわけであり、その意味において、被告人に対する不意打ち防止は、訴因制度自体によって、ある程度担保されている。

しかしながら、同一訴因内の事実を認定する限り、不意打ちがありえないというわけではないので、法は、証拠調の範囲、順序及び方法の決定について予め当事者の意見を聴くこととさせ（法二九七条一項）、証拠について一定の限度で開示義務を負わせ（法二九九条一項）、また、反対当事者に対し、証拠の証明力を争う機会を与えなければならないこととしている（法三〇八条）。これらは、証拠の面に関し不意打ち禁止を定めた規定であるが、同様の思想は、同一訴因内の事実認定に関しても、当然に認められて然るべきであろう。

3　当然のことながら、判例もこの理を認めている。いわゆる新島ミサイル事件に関する大法廷決定[2]がそれである。すなわち、右事件において、牽連犯ないし包括一罪中の一部につき有罪、一部につき理由中で無罪の判断を示した一審判決に対し、被告人のみが控訴を申し立てたところ、控訴審においては、被告人の右無罪主張を理由がないとしただけでなく、職権により調査を加え一審で無罪とされた部分を含む公訴事実全部につき、有罪の自判をした。これに対する前記大法廷決定の判示の要点は、かかる場合、一審で無罪とされた部分につき控訴審が職権調査を加えて有罪の認定をすることは許されないとする点にあるが（いわゆる攻防対象論[3]）右結論を導くにあたり、右決定は、現行刑訴法のもとにおける第一審の訴訟構造は、当事者主義を原則とするものであり、被告人に対する不意打ちは許されないこと、控訴審の性格は、原則として事後審であり、右事後審査は当事者の申し立てた控訴趣意を中心としてこれをするのが建前であって、職権調査はあくまで補充的なものと理解されるべきこと、牽連犯ないし包括一罪の一部につき有罪、一部につき無罪とする判決に対して被告人のみが控訴を申し立てたような場合には、右無罪とされた部分は、控訴審においては当事者間の攻防の対象からはずされたものとみるべく、控訴審が右部分について職権調査を加え有罪の自判をすることは、被告人に不意打ちを与えることであるから違法なものというべ

きであることなどの点を、明快に判示している。(4)

4　不意打ちの事実認定が許されないのは、基本的には、それが当事者主義を基調とする現行刑訴法の精神に反するからであるが、不意打ちの事実認定のへい害をやや具体的に指摘すると、次の三点に要約されよう。すなわち、第一に、それは、訴訟当事者の防禦権を侵害する。一定の立証テーマに対し相手方当事者に十分な反証の機会を保障し、その論争の中から実体的真実を発見しようとするのが現行刑訴法の基調とする当事者主義、弁論主義の考え方であり、防禦権は訴訟当事者の本質的な権利であるといわなければならないのであって、これを不当に侵害することは許されない。第二に、右の裏返しとして、それは、実体的真実から離れた事実認定に到達する蓋然性を包含する。すでに提出されている訴訟資料だけからすれば支持されそうな結論であっても、その点に焦点をあてた反対立証が行われることによって、右結論の誤りが明瞭となることは、現実の訴訟において必ずしもめずらしいことではない。実体的真実を探求するうえで、事実関係を最も良く知る当事者（特に被告人側）の防禦権を保障することの重要性は、十分に認識されなければならない。第三に、それは、円滑な訴訟進行を図るうえでの重大な障害となる。もし、不意打ちの事実認定が許されることになると、被告人側は、訴因の同一性の範囲内にある事項については、常にあらゆる可能性を考えて防禦を尽くさなければならなくなり、円滑な訴訟進行は阻害され、いたずらに審理の長期化を招く結果となってしまう。(5)

5　ただ、一口に不意打ちの事実認定といっても、不意打ちの程度には種々の段階があり、どの段階以上のものが違法となるかを決するのは、必ずしも容易なことではない。一つのわかり易い考え方としては、不意打ちの問題をすべて訴因変更手続の要否の問題に還元するものがありえよう。通説・判例のとる事実記載説によれば、訴因変更手続の要否を判断する際には当然被告人に対する不意打ちの問題が考慮に容れられるわけであるから、逆に、訴因変更を要せずして認定しうる事実とされる限り、裁判所が率然とこれを認定しても、当不当の問題となりうることは格別、不意打ちによる違法の問題は生じないというのである。しかし、例えば、A訴因の立証上重要な関連を有するとみられるがそれ自体は訴因事実ではないB間接事実の発生した日について、検察官がそれを某月一〇日と主張し、被告人側がこれを前提として、「そうであれば他にC事実があるから、B間接事実はA訴因の立証上重要な意味を有しない」と反論してきたような事案において、裁判所がB間接事実の日につき検察官の主張とは大きく異なる日を認定し、これによって、C事実の存在はB間接事実の証明力を何ら減殺するものではないとしてA訴因事実につき被告人を有罪と認めるようなことが、許されるものであろうか。この場合、B間接事実は訴因事実自体ではないから、その発生した日について検察官の主張と異なる認定をするのに訴因変更手続を必要としないことは明らかであるが、そうであるからといって、何日に発生したかによってその証拠価値に重大な相違があるとみられるB間接事実の発生日について、裁判所が検察官の主張を離れて自由にこれを認定できると解するのは、明らかに不当であろう。したがって、違法な不意打ちとなるかどうかの問題を、すべて訴因変更手続の要否の問題に還元することはできないのであって、訴因逸脱認定とはならないが不意打ちの事実認定として違法とされる場合は、やはりありうるといわなければならない。どの程度の不意打ちがあれば当不当の問題を越えて違法となるかは、本判決を含む今後の判例の集積に期待される分野であるが、本判決の判示を基礎に、その際に考慮されるべき事項を考えてみると、それは、結局、①当該訴訟の経緯からみて、裁判所の認定が被告人側にとってどの程度予想外のものであったか、及び②右認定が訴因事実の立証にどの程度重要な関連性を有するか、の二点に集約されると思われ、結局は、右①②の相関関係によって決せられることとなろう。

6　本件において、被告人が関与したとされる謀議の日時は、第一審検察官によって、三月一二日から一四日までの三日間に限定されその後一二日の謀議が明示的に撤回された形跡は認められないので、原審が認定した謀議（一二日謀議）も、一応右主張の範囲内のものであったといえるが、本件訴訟の経過に照らすと、原審の右認定は被告人にとってはもとより検察官にとってすら全く予想外のものであったといわざるをえないであろう。すなわち、検察官が冒頭陳述により明らかにしたところによれば、①塩見は、三月一二日夜、ホテル「愛川」で上原敦男に対し千歳飛行場の調査等を命じ、②一三日昼には喫茶店「カトレア」でフェニックス作戦と呼ばれるハイジャック計画の参加要員選定のための面接を行ったうえ、③被告人に命じて合格者に対する注意事項の伝達をさせるなどしたほか、④これと相前後して、一三、一四の両日、喫茶店「白鳥」などにおいて、田宮、小西及び被告人とともにハイジャックについてその時期、手段、方法、実行行為者などを具体的に協議して決定したというのであるが、これによっても明らかなとおり、「三月一二日から一四日までの謀議」とはいっても、検察官が被告人の関与を明示的に主張していたのは、もともと一三、一四の両日のみであり、そのため、右両日の謀議、とりわけ、被告人の自白調書によって、塩見、田宮、小西及び被告人らが、喫茶店「白鳥」においてハイジャック計画の具体的方法等を協議したとされる、一三日夜の第一次謀議（いわゆる鳩首謀議）の存否が、一審以来の最大の争点となり、被告人側は、一三日夜のアリバイ主張などを行って、右謀議への被告人の関与を争っていたのである。そして、検察官も、一審の論告及び控訴審の答弁においては、一三、一四両日の謀議への被告人の関与につき論及するのみで、一二日謀議説は少なくとも明示的には主張していないし、原審の認定のように、証拠上一三日夜に行われたとされる喫茶店「白鳥」での第一次謀議が現実には一二日夜に行われたものであるなどとする主張は全くしていない。したがって、一二日謀議説とりわけ一二日夜の喫茶店「白鳥」における第一次謀議説は、従前の訴訟の経緯に照らし、両当事者が、いずれも全く予想しないところであったと思われる。特に本件においては、一審判決が一二日謀議を認定せず、原審における争点は事実上一三日夜のアリバイの成否にしぼられていたのであるから、被告人側に対し、「第一次謀議一二日説」を予想して予めその点に関する防禦を尽くすことを求めるのは、難きを強いる結果になると思われる。また、本件は、不意打ちによって認定された事実が、被告人の謀議への関与という訴因事実そのものであって、前記5②の観点からも違法の程度が大きい。本件は、不意打ちによる違法性の程度が相当大きく、訴因逸脱認定と紙一重の事案であったというべきであろう。

7　本判決は、本件のような審理経過をたどった事案において、控訴審が一審判決と異なる謀議の日を認定しようとする場合には、「一二日夜の謀議の存否の点を控訴審における争点として顕在化させたうえで十分な審理を遂げる必要がある」と判示する。被告人の防禦権を保障しつつ円滑な訴訟進行を図ろうとする立場からは、当然の説示と思われる。右にいう「争点として顕在化」させる方法は、裁判所の訴訟指揮に任されており、裁判長から検察官に対する釈明により、第一次謀議の日を一二日と主張する意思があるかどうかを確認するというのが最もオーソドックスな方法であり、このような形が望ましいと思われるが、訴因変更の場合のような定型化された様式があるわけではないから、あるいは、裁判所が、証人や被告人に対し、一二日夜の行動についての具体的な問いを発することにより、当事者双方に一二日夜の謀議に関する注意を事実上喚起するという方法でも足りるかもしれない。いずれにせよ、右のような措置をとることにより、裁判所の心証がある程度明らかになる結果となるが、同様のことは、訴因変更に関する釈明、命令などの場合にはより端的な形で生ずるのであり、やむをえないことと思われる。

8　本判決の判旨は、直接は控訴審における不意打ちの事実認定に関するものであるが、問題はもとより控訴審に固有のものではないのであって、その趣旨は、第一審における事実認定においても、当然に妥当すると考えるべきであろう。

(2)　その余の点について

1　本判決は、原審の訴訟手続を違法としながら、結局において、被告人の謀議への関与を肯定することができるとして、刑訴法四一一条を発動しなかった。本件の具体的事実関係のもとにおいて、被告人につきハイジャックの共謀共同正犯の成立を認めうるかどうかは、それ自体興味ある一つの論点であり、その意味で、本判決の右判示部分にも、事例的な価値がないとはいえない。しかし、右判示は、一定の事実関係のもとにおいて共謀共同正犯が成立するかどうかを正面から争う論旨に対してなされたものではなく、単に原判決を破棄しなくても著しく正義に反することにはならない理由として述べられたものにすぎず、どちらかといえばいわゆる救済判例的色彩を有する判示部分と考えられるので、この点に重大な先例的意義を認めるのは、相当でないというべきであろう(6)(7)。

2　本件については、上告審において弁論を経たうえ、判決により上告が棄却されている。上告趣意を不適法として排斥し上告を棄却するだけの場合は、死刑事件を除き、弁論を開かず決定棄却するというのが、近時の最高裁の通常の処理方法であることからすれば、本件は、やや異例の方法で処理されたことになる。その理由が奈辺にあるのかは明らかではないが、原審の訴訟手続が不意打ちとして違法となるかどうかという重大な論点につき、最高裁が新たな判断を示す可能性がある以上、双方の弁論に慎重に耳を傾ける必要があるということと、しかもなお、上告を棄却する可能性も残されている以上、弁論の機会を与えることにより、被告人に対する不意打ちの程度を少しでも軽減しようという、二点に対する配慮があったのではないかと推察される。

3　上告趣意の提起した問題点の中には、他にも、被告人の共謀関係からの離脱の有無という興味ある論点もあったが、この点に関する職権判断は示されなかった。

1　東京高判昭和五八年七月二七日判時一〇八八号一頁。

2　最大決昭和四六年三月二四日刑集二五巻二号二九三頁。

3　新島ミサイル決定の多数意見が採用したこの攻防対象論については、意見ないし反対意見を付された長部・下村・村上の三裁判官から異論が述べられており、また、右決定の見解をさらに推し進めた、いわゆる大信実業事件上告審判決（最一判昭和四七年三月九日刑集二六巻二号一〇二頁）に対しては、岸裁判官の有力な反対意見が付されている。また、右各判例の多数意見に対しては、学説上も、賛否両論がある。庭山英雄『公判法大系Ⅳ』一二一頁以下、座談会「刑事控訴審の諸問題」法曹時報二四巻一号一七頁以下など参照。

4　もっとも、本決定が、無罪部分が控訴審における攻防の対象から外れる根拠として不意打ち禁止の法理を持ち出したのが、やや的外れであったことは、反対説の指摘するとおりであると思われる。被告人に対する不意打ちを防止するためであれば、長部裁判官の意見の指摘するとおり、この点について当事者に弁論の機会を与えれば足りるわけで、無罪部分が攻防の対象から窮極的に外されて、いわばアンタッチャブルになるとまでいう必要はないからである。

5　刑訴規則一九四条以下は、公判の審理を迅速且つ継続的に行うため、争点の整理等を目的とした準備手続を行うことができるとしているが、右手続の際に双方が争点としないことに合意した事項につき、裁判所が予想外の認定をすることが許されるとすれば、このような準備手続は、ほとんど全く意味を持たないことになる。

6　本判決は、原認定の事実のうちから、認定手続が違法とされた一二日夜の鳩首謀議に関する部分を除外し、しかも、一、二審判決がほぼ共通して認定している事実関係の中から謀議の認定に関係があると思われる部分を拾い出して、これらの事実関係のみからでも、被告人が塩見・田宮らの行ったハイジャックに関する謀議に関与した事実を優に推認できるとする。一、二審判決が、被告人の謀議関与の事実を、直接証拠によって端的に認定しようとしたのに対し、本判決は、状況証拠から間接的にこれを推認したものである。しかし、共謀共同正犯者にとっての唯一の帰責事由たる謀議関与の事実を、この程度の間接事実のみから推認しうるかどうかには、議論の余地がありうるところと思われる。この点については、例の松川事件の第一次上告審判決——最大判昭和三四年八月一〇日刑集一三巻九号一四一九頁——における連絡謀議の有無及びこれを除外して謀議の存在を認定しうるかどうかに関する多数意見と少数意見の見解の対立が想起されるべきであろう。

7　本文記載の点が意識されたためであろうか、共謀共同正犯の成否に関する判示部分は、判決要旨として取り上げられていない。

（補注）　本判決の評釈として、田口守一「控訴審における審理と被告人に対する不意打ち」ジュリ八一五号（昭和五八年度重要判例解説）一八二頁、警備判例研究会・警察時報三九巻四号一〇六頁、垣花豊順・別冊ジュリ八九号（刑事訴訟法判例百選〈第五版〉）二三六頁、庭山英雄「不意打ち」別冊ジュリ一一九号（刑訴法判例百選〈第六版〉）二〇二頁がある。

第五章　柏の少女殺し事件
――少年事件の「再審」――

一　調査報告の経緯等

(一)　調査報告の経緯

この事件の配点を受けたのは、私の最高裁調査官生活が五年目にかかったころではなかったかと思う。当時私は、「石油カルテル事件」（最二判昭和五九年二月二四日刑集三八巻四号一二八七頁）という超大型の独禁法違反事件を抱えており、これからその審議が本格化しようとしているところであった。石油カルテル事件は、最高裁として初めて取り組む本格的な独禁法違反の刑事事件であって論点も多岐にわたり、事実認定の上でも法律論の面でも解決困難な多くの問題を含んでいた。そのため、主任調査官であった私は、本来の任期を延長されて五年目の調査官生活に入ろうとしていたのである。このように、石油カルテル事件のことで頭が一杯であった私に、突然本件が配点されたのである。

もっとも、少年の再抗告事件は、再抗告の理由が限定されていることもあって、通常簡単に処理されていたから、事件の配点を受けても、当初私はさしたる危機感を抱いていなかった。しかし、いったん調査を開始してみるとすぐに、これが容易ならざる難件であることが判明した。まず、非行事実認定の基礎となった旧証拠に問題があった。その上に、付添人が提出した新証拠は、少年に対する非行事実の認定に大きな疑いを抱かせる。しかし、付添人がした保護処分取消の申立は棄却され、これに対する抗告も不適法として棄却されていた。そして、少年法の条文をごく普通に解釈したのでは、最高裁が原原審の事実認定及び原審の法律解釈に口を出すチャンスはないことになってしまうのである。

しかしながら、保護処分とはいえ、無実の少年に収容処分の不利益を負わせるのはどう考えても不正義である。記録を検討して非行事実の認定に大きな疑問を持った私は、何とかして少年を救済する法解釈はないものかと必死に知恵をしぼり、やっとのことで一つの案にたどり着き調査報告書をまとめ上げた。そして、小法廷の審議でもこの報告書の線は基本的に維持され、少年法に関する最高裁の新判例として結実した。原決定は「取消し・差戻し」となったのである。当時のマスコミも、この決定を「少年に事実上の再審の道を開く」ものとして、最高裁の英断を歓迎した。ここまでは、私にとって大きな充実感・満足感を感じさせる結末であった。

ところが、残念ながら差戻し後の原審では再び抗告が棄却され、最高裁に対する二度目の再抗告も棄却されてしまった（この時、私は既に調査官の任を解かれて大阪にいた。）。私の必死の努力にもかかわらず、具体的事件における少年の救済はならなかったわけである。本書に収録した判例解説では、現職の裁判官（調査官）としてできるだけ客観的な解説に止めざるを得ず、事実認定に関する問題点について最小限度の記述しかできなかった。しかし、本件について最高裁がこれほど思い切った解釈論を展開した背景に、原原審の事実認定への大きな疑問があったことは、容易に推察していただけると思う。差戻し後の原審及び再抗告審の事実認定に関する理由の説示にどれほどの説得力があるであろうか。私は、これらの決定に接したとき、証拠の見方や「合理的な疑い」に関する裁判官の考え方の違いを見せつけられた思いがして、絶望しそうになったことを告白する。この点については、本書六二頁以下、二七三頁以下の記述をも合わせ参照していただきたい。

本件は、以上のような意味で、私にとって大きな充実感とまことに無念な喪失感を二つながら味あわせてくれた事件である。しかし、具体的事案における少年の救済こそならなかったものの、本決定の法律論（特に、判旨三、四の部分）は、最高裁の新判例として後々大きな意味を持つに至っている。その意味で、自分では、事実認定に対する私のこだわりと無辜の救済への執念が、少年法に関する最高裁の新たな判例の形成につながったものと考えている。

以上が、判示事項自体がもっぱら法律論に関するものであるにもかかわらず、この判例解説を「事実認定の適正化」を目指す本書に収録した理由である。なお、本件と相前後して私が調査報告を担当した流山中央高校事件に関する第一小法廷決定（最一決昭和五八年一〇月二六日刑集三七巻八号一二六〇頁）も、少年事件に適正手続を導入したものとして重要な判例ではあるが、先行する本件の判旨三、四のような判示がなかったならば、三くだり半の決定で処理されていた可能性があると考えている。

(二)　改正少年法との関係

「二　判例解説」の「(7)　余論」中でも触れているとおり、少年法の法制上の不備は、この決定により一挙に解決されるようなものではなかった。そのため、その後有名な山形明倫中マット死事件のような事実認定の困難な事件や中学生による児童連続殺害事件などの発生を契機として、大規模な法改正が行われたことは周知のとおりである（平成一二年法律一四二号。以下、この改正後の少年法を「改正法」といい、改正前の少年法を「旧法」という。）。それは、「①少年事件に関する処分等の在り方の見直し、②少年審判の事実認定手続の適正化、③被害者への配慮」という三本の柱から成り立つものと説明されているが（飯島泰「少年法等の一部を改正する法律の概要等」ジュリ一一九五号二頁）、この改正の一環として、保護処分取消制度についても改正が行われた。そこで、本判例と改正法との関係を以下に指摘しておく。

改正法二七条の二によると、保護処分取消の申立は、保護処分終了後も、本人が生存している限りできることになった。本決定においても、旧法の法文にあった「保護処分の継続中」という要件を解釈上外すことはできなかったのであるから（判旨二参照）、この改正は、少年の人権保障上大きな前進である。その意味で、本判例の判旨2は、改正法によって意味を失っている。しかし、それ以外の判示部分は、法改正とは無関係に、少年法に関する重要判例として今後も機能していくこととなる。

今回の法改正によって、少年に対する事実上の再審の道が多少とも整備されたことは、これを素直に喜びたい。ただ、改正法によっても、非行事実を認定した上での不処分決定に対する取消の申立は依然として認められていないし、刑事事件における死後再審の制度も採用されなかった。少年事件の非常救済措置が依然として不備であることに変わりはない。

㈢　改正法の問題点とその改善策

他方、改正法の内容は、㈡で指摘した柱を具体化する方策として、①一六歳未満の少年に対し逆送決定を可能とする年齢区分の見直し、②凶悪重大犯罪を犯した少年に対する原則逆送を定める規定の新設と裁定合議制度の導入、③検察官及び弁護士付添人が関与する審理の導入、④観護措置期間の延長、⑤検察官による抗告受理申立制度の導入、⑥被害者の意見聴取制度の導入など多くの重要なものを含む。多方面にわたる大がかりな改正で、運用の仕方によっては、保護主義・教育主義を基調としていた従前の家庭裁判所の実務を一変させる可能性のあるものであった。その改正の重要性にかんがみ、改正法の附則では、「五年後の見直し」が規定されている。

今回の改正には、当然のことながら当初から賛否両論があった。そのため、改正法運用の実態には早くから関心が持たれており（例えば、椎橋隆幸ほか座談会「少年法改正の経緯と展望」現代刑事法二四号四頁以下、葛野壽之ほか座談会「少年に寄り添える付添人・弁護人としていま何が必要か」季刊刑事弁護二九号三一頁以下など）、また、見直しの期限である「五年後」が近づいてきたこともあって、学界における本格的な共同研究も始まっている（「特集　改正少年法の運用の実態とその法的問題」刑法雑誌四四巻一号一頁以下、中川孝博「少年審判における『事実認定の適正化』検察官関与をめぐる実務の動向とその問題点」龍谷大学矯正・保護研究センター研究年報二〇〇四年No.1　六〇頁以下）。

そこで、以下、これらの検討・研究によって指摘された実務上の主な問題点を拾い出し、その改善策を探り今後の見直し作業の参考に供したい。もっとも、改正法の問題は、きわめて多岐にわたりとうていその全部を網羅することはできないので、最も問題の大きい「審判への検察官関与」と「原則逆送事件」の規定に論点を絞ることとする。

（1）主な指摘事項

① 当初想定されたような事実認定が深刻に争われるケースが未だ発生していないのに、検察官関与決定のあった事件数は、制度発足以来既に数十件に達しており、その中には少年が否認していない事件もかなり含まれている（中川孝博「少年審判における『事実認定の適正化』と検察官関与システム」前掲刑法雑誌三一頁）。

② 検察官関与事件において、付添人は、刑事公判でのマイナス面を考慮して審判手続で事実を争うか、逆送になることを見越して審判手続では争わないことにするか、難しい選択を迫られジレンマに陥っている（正木祐史「二〇条二項について」前掲刑法雑誌一七頁、中川・前掲刑法雑誌三二頁）。

③　原則逆送事件では、調査官の社会調査が手薄になり、中には、社会調査抜きで逆送されたり、少年の行為態様だけに注目して二〇条二項ただし書に該当しないなどの処遇意見をまとめたりした事例を生じている（岡田行夫「改正少年法における社会調査」前掲刑法雑誌一二三頁）。

④　殺人などに関する逆送率の上昇が顕著であるが、事案が重大であるからといって、直ちに保護処分に適さないと推定するのは適当でない。刑事処分が不相当であることまで積極的に論証しなくても、当該少年に対する処遇として保護処分が有効である場合は、二〇条二項ただし書にいう「刑事処分以外の措置を相当と認めるとき」に当たると解すべきである（正木・前掲刑法雑誌一〇頁以下）。

（2）指摘された問題点をどう考えるか。

①　指摘された検察官関与決定の数字などを前提とすると、検察官関与制度が、やや安易に運用されているのではないかという疑いを生ずる。検察官関与は、事実認定が深刻に争われて少年と裁判官の対峙状況が生じ少年が裁判官に対し不信感を抱くことがあるという事態にかんがみ、検察官を審判に関与させることによってそのような事態を回避したいという裁判所側の意向もあって立案されたものである（前掲椎橋ほか座談会一五頁岩井発言、浜井一夫「少年審判における事実認定手続の一層の適正化」現代刑事法二四号三五頁以下参照）。しかし、少年審判手続に検察官が関与することになると、少年審判手続の雰囲気が従前のそれと大きく変わってしまうことは明らかである。もっとも、現在のところ、検察官は、「審判の協力者」という立法の趣旨をはみ出す行動に出てはいないようであるが、それにしても、検察官が関与することによって審判廷の雰囲気が堅苦しいものになることは避けられないであろう。その結果、少年が心を閉ざしてしまい自由な発言ができなくなる（共同研究の立場によれば、成長発達権の中核としての手続参加権、意見表明権が阻害される）ことも容易に予想されるのである

から、検察官関与決定は、真にやむを得ない場合に限定して行うべきである。そのような立場からは、指摘された現状は、やや憂慮すべきものではないかと考える。

裁判官としては、自由な雰囲気の中で少年に心を開かせて率直に事実を語らせ、その供述の真実性を自分の力で判断できるよう審理の仕方を工夫することが先決であり、「事実認定が難しそうだ」という程度のことから安易に検察官に頼るのは避けるべきである。検察官関与の要件を緩やかに解する見解もあるが（浜井・前掲三九頁）、賛成できない。

② 検察官関与事件では、付添人が事実を争う舞台として少年審判手続と逆送後の刑事手続のどちらを選択すべきか、難しい選択を迫られジレンマに陥るという（1）②の指摘は、深刻である。付添人としては、できる限り少年審判手続で争いたいと考えるのが当然であるが、逆送後のことを考えると、あまり手の内をさらしたくないという気持ちも理解できる。事実を深刻に争い、付添人としては立証に成功したと考えているのに逆送されてしまったような場合に、この決定を争う方法もない。このような状況を考えると、これが「二重の危険」に当たらないのかどうかはともかく、現在の法制度が少年・付添人に過酷な闘いを強いる結果となっていることは、率直に認めるべきである。

③ 「原則逆送」に対する「例外」の範囲（すなわち、保護処分で済ます基準）をどのように考えるべきかは、難しい問題である。しかし、原則を定めた罪種に該当するということから、自動的に逆送決定が出てきてよいということでないことは、当初から強調されてきたところである（前掲椎橋ほか座談会一一頁廣瀬発言、一二頁河村発言）。原則と例外が逆転したとはいえ、逆送すべきかどうかについては、要保護性を含めて家庭裁判所がきちんと調べた上で慎重に判断すべきだということは、立案当局も認めている（前掲椎橋ほか座談会一二頁河村発言）。

この大前提を疑う余地はない。

前記（1）③のような指摘を受ける事件がどの程度あるのかは知る由もないが、本来あってはならないそのような運用が現に存在するという指摘を受けたこと自体について、家庭裁判所の現場は謙虚に反省する必要があるのではなかろうか。

（3）考えられるとりあえずの改善策

これらの点については、家庭裁判所の実務を担当する裁判官・調査官がやり方を工夫することによって改善できる部分もかなりあると思う。しかし、そのような事実上の措置には限界があるし、運用に対するチェックの方法が制度化されていないのでは、付添人の立場として不安に思うのも当然である。以下においては、そのような立場から、制度の見直しの際検討されるべき最小限度の改善策を記載する。

①　国選付添人選任の範囲の拡大

従前から、少年審判手続において付添人の果たす役割が大きいことは十分意識され、福岡県弁護士会におけるように、「全件付添人制度」を発足させ大きな成果を達成している地域もあるが（石田光史「全国初、全件付添人制度のその後」前掲季刊刑事弁護五二頁）、全国的にみると、付添人のつく少年の数はまだ少ない。しかし、改正法の予定する少年審判手続では、付添人の果たすべき役割がますます増大していることは明らかである。福岡方式を直ちに全国に広げることが事実上難しい以上、国選付添人を付する事件の範囲を拡大する必要がある。現在、国選付添人は、検察官関与決定のあった事件についてだけ、それとのバランス上選任されるに止まるが、その範囲は、「少なくとも原則逆送事件」に、そして「できれば身柄事件全体」に広げることが望ましい。

②　検察官関与決定をするに当たっての付添人からの意見聴取と関与決定に対する不服申立制度の新設

検察官関与決定をするかどうかについては、検察官の意向が尊重される一方（二二条の二）、付添人が意見を述べるチャンスはない。しかし、検察官が審判に関与すると手続全体の雰囲気が大きく変わることは、前述したとおりである。その意味で、検察官関与決定がされるかどうかは、少年・付添人にとって重大な関心事である。それであるのに、法律上はもちろん、事実上も付添人の意見を聴くことなしに検察官関与決定がされているという点に、付添人が不満を抱くのはよく理解できる。法の見直しに当たっては、検察官を関与させるかどうかの判断の際には、付添人が意見を述べる機会を保障すべきである。また、この決定に対しては独立して不服申立の手段を開くべきだという意見（前掲葛野ほか座談会三七頁三木発言）にも、説得力がある。

③　逆送決定に対する不服申立制度の創設

現行法上、逆送決定に対する不服申立は許されないというのが通説・判例である。これを認める明文がないし、中間決定で実体的な不利益が生じていないということがその理由である。しかし、刑事処分になるか保護処分になるかによって、少年の将来には決定的ともいえる影響がある。もちろん、逆送決定の後においても、地裁からの再度の逆送（五五条）によって少年が審判手続に戻る可能性がないわけではない。しかし、そのような迂遠な方法をとるまでもなく、逆送決定それ自体に対し不服申立の手段を保証することは、立法上考慮されておかしくないであろう。特に、今回の改正によって、逆送事件の範囲が格段に拡大されたという事実を前提にすると、誤った逆送決定によって刑事処分に付される少年を早期に救済する手段の必要性は、従前より格段に増大したのではないかと考える。

(4)　感想

平成一二年の法改正は、少年事件の事実認定を適正に行うための法制を整備したいという裁判所側の意向と、少年に対し厳しい処分をもって臨むべしという世論とが、たまたま改正の必要性において一致したことによって成立に至ったという側面を否定できないであろう。

確かに、最近の少年事件の中に、残虐で目を覆いたくなるものがみられることは、事実である。しかし、そういう事件に直面した場合、裁判所がただ厳罰主義を振りかざして厳しい処分で臨んだからといって、問題が直ちに解決することにならない。なぜなら、少年は、刑務所その他の矯正施設に収容されて一時的に社会から隔離されても、必ずいつかは社会に戻ってくる。そして、社会復帰の際に、少年が健全な社会の一員としてふさわしい人間になっていなければ、処分の意味が大きく減じてしまうからである。家庭裁判所としては、その手続全体を通じて、少年がスムーズに社会に復帰することができるよう、全力を尽くすべきである。そうでなく、厳罰を求める世論にただいたずらに迎合して少年を厳しく処分してみても、それが少年の健全育成にマイナスになるのでは、家庭裁判所がその役割を果たしたことにはならないことを銘記すべきである。

少年の回復力（可塑性）には、目を見張らせるものがある。この点は、私が実務を通じ身をもって実感したところであり、自信を持っていえる。そして、少年の更生・回復という点に着目する限り、保護処分の方が刑事処分よりはるかに力を発揮することを疑う者はいないであろう。しかも、少年の保護を優先してきたわが国における従前の運用が「全体としてみた場合にうまく機能してきた」という評価（川出敏裕「逆送規定の改正」前掲現代刑事法五九頁）は、ほぼ定着していると考えられる。家庭裁判所は、これまでの実績にもっと自信を持ってよい。

家庭裁判所の裁判官も調査官も、少年法二〇条二項ただし書きにいう「……刑事処分以外の措置を相当と認めるとき」の解釈・運用を、もう一度真剣に考え直してみる必要があるのではなかろうか。

二　判例解説

一　少年法二七条の二第一項にいう「本人に対し審判権がなかったこと……を認め得る明らかな資料を新たに発見したとき」の意義
二　少年法二七条の二第一項の趣旨
三　少年法二七条の二第一項による保護処分の取消を求める申立に対してされたこれを取り消さない旨の決定に対する抗告の可否
四　少年の再抗告事件において再抗告事由以外の事由により原決定を職権で取り消すことの可否

（昭和五八年(し)第三〇号、同五八年九月五日第三小法廷決定、取消差戻　原原審　千葉家裁松戸支部、原審　東京高裁　集第三七巻第七号九〇一頁）

〔決定要旨〕

一　少年法二七条の二第一項にいう「本人に対し審判権がなかったこと……を認め得る明らかな資料を新たに発見したとき」とは、少年の年齢超過等が事後的に明らかにされた場合のみならず、非行事実がなかったことを認めうる明らかな資料を新たに発見した場合を含む。

二　少年法二七条の二第一項は、保護処分の決定の確定したのちに処分の基礎とされた非行事実の不存在が明らかにされた少年を将来に向かって保護処分から解放する手続をも規定したものである。

三　少年法二七条の二第一項による保護処分の取消を求める申立に対してされたこれを取り消さない旨の決定に対しては、同法三二条の準用により少年側の抗告が許される。

四　少年の再抗告事件において、原決定に少年法三五条所定の事由が認められない場合でも同法三二条所定の事由があってこれを取り消さなければ著しく正義に反すると認められるときは、最高裁判所は、職権により原決定を取り消すことができる。

〔参照条文〕

一ないし**三**につき　少年法二七条の二第一項

三につき　少年審判規則五五条

三、**四**につき　少年法三二条

四につき　少年法三五条、三六条、少年審判規則四八条、五三条二項、五四条、刑訴法四一一条

〔解　説〕

㈠　**事案の概要と審理の経過**

1　昭和五六年六月、千葉県柏市の小学校の校庭で、当時一一歳の少女が白昼何者かによって胸部等をナイフで刺されて死亡する事件が発生した。

2　右事件の捜査を担当した柏警察署は、聞込み捜査の結果、自転車に乗った少年Y（当時一四歳）が事件発生直前ころ校庭内に居たとの事実をつかみ、事件の約二週間後に少年の出頭を求めて事情聴取をしたところ、同日夕刻に至って少年が殺人の事実を自白したので、母親立会いのもとに自白調書を作成した。その後、同署は、少年が、現場に遺留されたナイフ（以下「兇器ナイフ」という。）と同型のナイフを、その供述するとおり、事件の約一週間前に付近のスーパー・マーケットで購入している事実を確認したが、家宅捜索によっては、兇器ナイフの鞘や血痕付着の着衣、包帯（少年は、当時右手首を捻挫して、手首を大きく包帯で覆っていた。）等を発見するに至らず、また、兇器

ナイフから少年の指紋も検出されなかった。

3　任意出頭から約一〇日ののち、少年は警察に逮捕されたが、その後も自白を維持し、家庭裁判所（千葉家裁松戸支部）の審判廷においても事実を認めた。同家裁は、同年八月、殺人の非行事実を認定したうえ、少年に対し「初等少年院送致」の保護処分を言い渡し、少年が抗告しなかったので、右決定はそのころ確定した。

4　翌年（昭和五七年）五月に至り、附添人から、少年が非行事実を犯したことのないことが明らかになったとして、少年法二七条の二第一項に基づく保護処分取消の申立がなされた。申立書によると、同月に至って、少年が「自分は犯人ではない。」と言い出し、その言い分に基づいて少年の自宅を探したところ、兇器ナイフと同型のナイフ一本を発見した（以下、このナイフを「発見ナイフ」という。）というのである(1)。

5　原原審（千葉家裁松戸支部、原保護処分を言い渡したのと同一の裁判官）は、右申立を契機に保護処分取消事件を立件し、審判期日を重ねて審理を遂げたが、昭和五八年一月に至って、附添人提出の新証拠は、いまだ、「非行事実の認定について合理的な疑いを生ぜしめる程のものではなく、少年法二七条の二第一項にいう少年に対する審判権がなかったこと、ひいては非行事実の認められないにもかかわらず保護処分をしたことを認め得る明らかな資料を新たに発見したときに該当するとはいえない」として、本件初等少年院送致決定を取り消さない旨の決定（以下「不取消決定」ともいう。）をした。

6　右決定に対し、附添人が重大な事実誤認を理由に抗告を申し立てたが、原審（東京高裁）は、少年法二七条の二第一項に基づいてした「保護処分を取り消さない」旨の決定は、同法三二条所定の抗告の対象となる「保護処分の決定」にあたらず、また、右不取消決定に対して、少年、法定代理人又は附添人が抗告をすることを是認する旨の規定もないという理由により、右抗告を不適法として棄却した。

㈡　**抗告趣意**

附添人の再抗告趣意は、少年保護手続においても、憲法三一条の保障する法の適正手続の要請は尊重されなければならず、本件のような不取消決定に対し抗告の申立が許されないとすれば、少年の人権保障上由々しい問題を生ずるとし、不取消決定に対する抗告は許されないとした原決定の見解が、憲法三一条、一三条、三二条、一四条に違反する、と主張している。

㈢　**当審判示**

第三小法廷は、再抗告趣意に対する判断を留保したまま職権調査を遂げ、「一　事件の経過」として、おおむね前記㈠の事実関係を指摘したのち、「二　当裁判所の判断」として次のように判示し、裁判官全員一致の意見により原決定を取り消したうえ事件を原審に差し戻した。

「1　少年法の定める少年保護事件の手続は、少年の健全な育成と保護を窮極の目的とするものではあるが（同法一条参照）、右の目的のもとにされる保護処分が、一面において、少年の身体の拘束等の不利益をも伴うものである以上、保護処分の決定の基礎となる非行事実の認定については、慎重を期さなければならないのであって、非行事実が存在しないにもかかわらず誤って少年を保護処分に付することは、許されないというべきである。そして、誤って保護処分に付された少年を救済する手段としては、少年法が少年側に保障した抗告権のみでは必ずしも十分とはいえないのであって、保護処分の決定が確定したのちに保護処分の基礎とされた非行事実の不存在が明らかにされた場合においても何らかの救済の途が開かれていなければならない。

2　現在、少年審判の実務においては、少年法二七条の二第一項にいう「本人に対し審判権がなかったこと…

…を認め得る明らかな資料を新たに発見したとき」とは、少年の年齢超過等が事後的に明らかにされた場合のみならず、非行事実がなかったことを認めうる明らかな資料を新たに発見した場合を含むという解釈のもとに、同項を保護処分の決定の確定したのちに処分の基礎とされた非行事実の不存在が明らかにされた少年を将来に向って保護処分から解放する手続をも規定したものとして運用する取扱いがほぼ確立されており、同項に関するこのような解釈運用は、前記のような観点から、十分支持することができるというべきである。また、同法二七条の二第一項が、一定の事由のある場合に保護処分の取消を家庭裁判所に義務付けていることに加え、保護処分取消事件につき「その性質に反しない限り、少年の保護事件の例による。」こととしている少年審判規則五五条の趣旨などからすると、少年法二七条の二第一項による保護処分の取消の申立を受けた原原審裁判所（千葉家庭裁判所松戸支部）が当該保護処分の基礎とされた非行事実の存否につき審理を遂げたうえ、新たな資料をも加味して保護処分の取消の要否に関する判断を示したことは、正当であったというべきである。

3　ところで、原決定は、少年法二七条の二第一項に基づいてした保護処分を取り消さない旨の決定は、同法三二条にいう「保護処分の決定」にあたらず、他に少年側の抗告を是認する旨の規定もないから、これに対する抗告は許されないとして、本件抗告を棄却したのである。しかし、非行事実の不存在を理由として保護処分の取消を求める申立に対し保護処分を取り消さないとした決定は、少年に対する保護処分を今後も継続することを内容とする家庭裁判所の決定であるから、同法二四条所定の保護処分の決定とその実質を異にするものではない。これに、前記少年審判規則五五条等の規定の趣旨をも加味して勘案すると、同法二七条の二第一項による保護処分の取消を求める申立に対してされたこれを取り消さない旨の決定に対しては、同法三二条の準用により少年側の抗告が許されると解するのが相当である。なお、最高裁昭和四〇年(し)第七号同年六月二一日第二小法廷決定・

刑集一九巻四号四四八頁は、家庭裁判所が少年法一八条二項により強制的措置を指示して事件を児童相談所長に送致した決定のように、児童相談所長のする強制的措置に対する許可の性質を有し同法二四条に基づく保護処分の決定とはその性質を明らかに異にする決定に対しては同法三二条の抗告をすることができない旨を判示するに止まり、同法二四条に基づく決定と実質を同じくする不取消決定に対する抗告が許されないとの趣旨まで判示したものではないと解すべきである。

4　そうすると、これと異なり、少年法二七条の二第一項に基づいてした不取消決定に対しては同法に基づく抗告をすることができないという理由により附添人の抗告を不適法として棄却した原決定は、同法三二条の解釈適用を誤ったものというべきであり、右法令の違反は決定に影響を及ぼし、これを取り消さなければ著しく正義に反すると認められるから、同法三五条、三六条、少年審判規則五四条、四八条、少年法三二条、少年審判規則五三条二項、五〇条によりこれを取り消したうえ（なお、少年法三五条は、抗告棄却決定に対する再抗告事由を、憲法違反、憲法解釈の誤り及び判例違反のみに限定しているが、刑訴法上の特別抗告につき同法四一一条の準用を認める確立された当審判例の趣旨に照らせば、たとえ少年法三五条所定の事由が認められない場合であっても原決定に同法三二条所定の事由があってこれを取り消さなければ著しく正義に反すると認められるときは、最高裁判所は、その最終審裁判所としての責務にかんがみ、少年法及び少年審判規則の前記一連の規定に基づき、職権により原決定を取り消すことができると解すべきである。）、抗告の理由の有無につき実体審理をさせるため、本件を原審である東京高等裁判所に差し戻すこととし、裁判官全員一致の意見で、主文のとおり決定する。」

㈣　説　明

（1）　概　説

1　本決定は、少年事件に再審の途を開くものとして、マスコミに大きく取り上げられた[2]、いわゆる柏の少女殺し事件（又は、みどりちゃん事件）に関する保護処分取消事件の再抗告審決定である。

2　前記㈠のような経緯により、原審が不取消決定に対する抗告を不適法として棄却したため、再抗告審における最大の争点は、不取消決定に対する抗告が許されないとした原判断の当否であったわけであり、この点に関する最高裁の見解は、決定要旨三に示されている。

3　しかし、本件においては、右の点のほかにも、①少年法、二七条の二第一項にいう「審判権」の中に「非行事実」を含めて解釈することができるか、②再抗告事由以外の事由により、最高裁が抗告審の決定を取り消すことができるか、という二つの重要な論点があり、決定要旨三の見解を前提とした場合でも、右①②の点につき消極の見解をとる限り、本件再抗告は結局棄却されざるをえない運命にあったわけである。

4　本決定は、決定要旨一、四のとおり、右①②の点につきいずれも積極の見解を打ち出して、原決定を取り消した。のちに触れるとおり、判旨の見解は、少年法及び少年審判規則の文理からすると、かなり思い切った柔軟かつ弾力的な解釈であるといわなければならないのであって、本決定が、かかる画期的な見解に踏み切った裏には、保護処分が一面において少年の身体の拘束等の不利益を伴うものであることにかんがみ、少年保護事件における無辜の救済に関する現行法の不備な規定を形式的に文理解釈したのでは、少年の人権保障上由々しい問題を生ずるという基本的な認識があるものと思われる[3]。

（2）　不取消決定に対し抗告を認めないことと憲法との関係

1　本決定は判断を留保しているが、不取消決定に対し現行少年法上抗告が許されていないとする、原決定のような消極説をとった場合に、憲法上どのような問題があるのかを、最初に検討しておこう。

2　この論点に関係する判例としては、次の三つの大法廷判例がある。

①　最大判昭和二三年七月一九日刑集二巻八号九二二頁

②　最大判昭和二三年七月一九日刑集二巻八号九五二頁

③　最大判昭和二九年一〇月一三日民集八巻一〇号一八四六頁

右判例①は、裁判所法施行当時、従前「大審院において受理した事件の受理その他の手続」を、「東京高等裁判所においてした事件の受理その他の手続」とみなすこととした裁判所法施行令一条が「憲法三二条その他憲法の精神」に反しないとするものであるが、右結論を導くにあたり、「最高裁判所の裁判権については、違憲審査を必要とする刑事、民事、行政事件が終審としてその事物管轄に属すべきことは、憲法上要請されているところであるが（第八一条）、その他の刑事、民事、行政事件の裁判権及び審級制度については、憲法は法律の適当に定めるところに一任したものと解すべきである。」と判示している。

次に、判例②は、裁判所法施行の際、裁判所構成法の下で地方裁判所に係属中であった第二審事件に対する上告を高等裁判所の管轄とした裁判所法一六条三号、同法施行令三条一項、一項二号は憲法一三条、一四条、三二条、七六条二項にいずれも違反しないとするものであるが、右結論を導くにあたり、前記判例①の理由づけのほか、特に憲法一四条との関係については、「かかる特殊性を有する一群の従前事件は、一団として立法上平等に取扱われており、国民は人種、信條、性別、社会的身分又は門地によって毫も差別待遇をうけていない」（傍点筆者）という理由も挙げている。

判例③は、簡易裁判所を第一審とする民事事件の上告審を高等裁判所とすることを定めた民訴法三九三条、裁判所法一六条三号が、憲法三二条、七六条、八一条に違反しないとするものであるが、右判例①、②を引用したうえ、右判例①の理由と同一の理由を説示している。

3　これらの判例は、審級制度のごときは、憲法八一条の要請を満たす限り、すべて立法政策の問題であって、これをいかように定めようとも、憲法適否の問題を生じないとの趣旨に理解できないではない。もし、そのように解することができるとすれば、所論は、ひっきょう、立法政策の当否の問題にしかならない事項について違憲の主張をするもので、適法な抗告理由にあたらないとして排斥を免れないことになる。(4)

4　ただ、右3のように単純に結論してよいかどうかについては、問題がないわけではない。これらの判例の「審級制度は、立法政策の問題である」という判示は、主として、これをどのように定めても、憲法三二条、一三条、七六条、八一条等に違反しないという結論を導くための理由として述べられたものであるが、憲法三一条の適正手続の保障や一四条の平等条項との関係をも考慮すれば、それは、必ずしも審級制度に関し立法機関の恣意を許すという趣旨まで含むものではなく、特定の裁判に対する不服申立の許否につき一般の場合と異なる取扱いをする場合には、それなりに合理的な理由が必要である（逆にいえば、何ら合理的な理由がないのに右のような特別な取扱いをするのは、憲法の右各規定に違反する）ということを、当然の前提としているのではないかと思われるからである。(5)

そこで、以下、不取消決定に対し一切の不服申立を許さないとすることに合理的な理由が存するかどうかについて検討することとする。

5　少年法二七条の二第一項にいう「審判権」の中に「非行事実」を含めて解する決定要旨一のような見解を前提とすると、非行事実不存在を理由とする保護処分取消の申立に対してされた不取消決定は、刑事手続における再審請求棄却決定に相当するといえる。しかして、刑訴法は、再審請求棄却決定に対して即時抗告、特別抗告の途を開いているのであるから（四五〇条、四三三条）、それとの対比からみて、不取消決定にも何らかの不服申立の手続を認めるのが妥当であり、少なくとも立法論として望ましいという点については、おそらく異論がないと思われる。

6　不取消決定に対する不服申立を認めないという解釈が憲法上是認されるとすれば、それは、次のような理由によると思われる。

①　保護処分の利益処分性――保護処分は、「少年の健全な育成を期し、非行のある少年に対して性格の矯正及び環境の調整」を目的として行われるものであって、利益処分としての性格を有するから、行為に対する応報という観点から科せられる刑罰とは、おのずからその性格を異にする。したがって、保護処分に対する非常救済手続は、刑罰に対するそれと比べて、その必要性が弱いのではないかと考えられる。

②　保護処分手続における不服申立手段の片面性――少年法は、保護処分決定につき、少年側に抗告、再抗告の途を開いているが（三二条、三五条）、検察官に対しては、審判手続への関与を一切認めず、もとよりその不服申立をも許さないこととしている。したがって、保護処分手続において、冤罪の生ずる蓋然性は、刑事手続におけるより小さいのではないかと考えられる。

③　保護処分取消手続の弾力的運用の可能性――少年法は、同法二七条の二に基づく保護処分取消決定についても検察官の抗告を認めておらず、保護処分の取消をすべきか否かの判断を全面的に家裁の裁判官に委ねているので、家裁の裁判官としては、上級審における取消・変更を恐れることなく、右規定を弾力的に運用して原確定審判を取り消すことが可能である。

7　しかし、これらの理由に対しては、さらに、次のような反論が可能である。

①の点につき――保護処分が本人の利益のためになされるものであるにしても、それには、自由の拘束等重大な不利益を伴うことを否定することができない。その利益性のみを強調して、非常救済手続の必要性を否定するのは疑問である。

②の点につき――対立当事者構造をとらず、厳格な証拠法則も明定されていない保護処分手続において、単に審判手続に検察官が関与せず、保護処分決定に対する検察官の抗告権がないという一事から、刑事手続におけるより冤罪を生む蓋然性が小さいと論断するのは危険である。

③の点につき――第一審の判断につき上級審による是正の機会が全くないということは、必ずしも少年に有利に働くとは限らない。保護処分取消事件を担当する裁判官がその責任の重大性を意識する余り、疑問を抱きつつも原保護処分決定を維持して現状を肯定しようという心理に陥る可能性がないとはいえないからである。

8　このようにみてくると、少年事件に関する再審請求棄却決定ともいうべき不取消決定につき一切の不服申立手段が認められていないという解釈をとるときは、三審制を保障された再審請求棄却決定との対比において、憲法上やや微妙な問題を生ずることは、これを否定することができないものと思われる。

（3）「審判権」と「非行事実」（決定要旨一）について

1　少年法二七条の二第一項は、「保護処分の継続中、本人に対し審判権がなかったこと……を認め得る明らかな資料を新たに発見したとき」には、家庭裁判所は保護処分を取り消さなければならないとしている。この保護処分取消制度は、もともとは、二〇歳を超過する成人を、その年齢詐称等により少年と誤認して保護処分に付したような場合を念頭に置いて立案されたものである(6)。

2　しかし、その後、実務の必要は、同項にいう「審判権」の中には年齢等の形式的な審判権だけでなく「非行事実」も含まれるという柔軟な見解（積極説）を生み出した。そして、学説の中にも、理論構成上のちがいはともかく、結論的には積極説をとるものが多く、右積極説は、すでに実務に定着しているといってよい[(7)]。本決定の決定要旨一は、この点に関する通説及び実務の大勢を最高裁が追認したものというべきであろう。もっとも、本決定は、積極説のうちのいずれの見解を是とするのかを明らかにしていないので、この点は、少年審判手続の性格論などとの関係で、なお今後の検討に委ねられることとなった。

3　少年法には、刑事手続の再審に相当する規定が欠けているので、もし決定要旨一の見解をとらないとすれば、非行事実がないのに誤って保護処分に付された少年の救済は、仮退院・退院等保護処分の執行面における弾力的運用によってまかなうほかはない。そして、保護処分が、少年の「健全な育成」を目的として行われる、少年にとって利益な処分であるという点を重視すれば、それで決して不都合ではないという議論も成り立ちえないではない[(8)]。しかし、保護処分が、究極的には少年の健全な育成と保護を目的とする（同法一条参照）ものではあるにしても、それが少年にとって多かれ少なかれ不利益を伴った処分であることは、やはりこれを否定することができないであろう。本決定の指摘するような、身体の拘束を伴う保護処分は、その不利益性の最も強いものであるが、保護観察などの在宅処分であっても、少年の自由を拘束する点で、その不利益性は必ずしも小さいとはいえない。また、保護処分に付されたことにより少年の名誉が侵害されることも、考慮しなければならないであろう。このようにみてくると、誤った保護処分からの少年の解放を、執行面の運用にのみ委ねておくのではやはり不十分であるというべきであり[(9)]、従前の通説及び実務の大勢が、立法の経過及び法文の文理からすれば一見無理かとも思われる前記のような解釈を展開してきたのは、まさにこの問題点を意識していたからにほかならないと思われる。本決定の決定要旨一は、最高裁もまた、この点に関する通説及び実務の大勢とその認識を同じくすることを明らかにし、保護処分取消制度を再審的に活用しようとする実務の運用を是認したものである。

（4）　少年法二七条の二第一項の趣旨（決定要旨二）について

1　決定要旨一のとおり、少年法二七条の二第一項にいう「審判権がなかったこと……を認め得る明らかな資料を新たに発見したとき」の中に、年齢超過等が事後的に明らかにされた場合だけでなく、非行事実がなかったことを認めうる明らかな資料を新たに発見した場合も含まれると解すると、同項は、必然的に、非行事実がないのに誤って保護処分に付された少年を保護処分から解放する手続をも規定したものであるということになる。したがって、決定要旨二は、決定要旨一の裏返しで同じことをいっているにすぎないようにも思われる。

2　しかし、本決定が、同項の趣旨について、かかる少年を「将来に向って」保護処分から解放する規定であるとわざわざ判示している点には、若干の意味がありそうである。決定要旨一のような見解を前提とした場合でも、同項に基づく保護処分の取消に遡及効を認めるべきかどうかについては、両様の考え方がありうる。すなわち、①右取消制度を刑事の再審手続と同じ性格を有するものと考えれば、誤った保護処分はこれを遡及的に取り消したうえ、改めて刑事裁判における「無罪」に相当する「不処分」の決定をすべきであるということになるであろう。他方、②これを、再審とはやや異なり、少年を誤った保護処分から解放するということに主眼を置いたものと考えれば、あたかも勾留取消（刑訴法八七条）の場合におけるように、単に保護処分の効力を将来に向かって失わせれば足り、改めて「不処分決定」をする必要はないということになろう。①の見解の方が、少年保護事件における無辜の救済・名誉回復のため、より抜本的な解決になることは明らかであるが、少年法二七条の二第一項が保護処分の取消をしうる場合を「保護処分の継続中」に限定していることなどからみて、これを再審と全く同じ性格を有するものとみることには、解釈論の域をこえるという批判がありうると思われる。そこで、本決定は、保護処分取消制度の性格を右②のように捉えることにより、同項にいう「審判権」の中に「非行事実」が含まれるという決定要旨一の解釈を正当化しようとしたのではないかと理解される。

3　少年審判の実務においては、少年法二七条の二第一項に基づく保護処分の取消をする場合に、①改めて不処分決定をする例と、②取消のみに止めて不処分決定をしない例とがあって、その取扱いが統一されておらず[10]、学説の見解も分れている[11]。もっとも、右①、②の見解の対立は、必ずしも取消の遡及効を肯定するかどうかによってもたらされているわけではないようであるが[12]、本決定の決定要旨二は、右のような実務上の取扱いのうち、②の立場に根拠を与えることになるものと理解される。

4　少年法四六条本文は、保護処分がなされた場合に、審判を経た事件について「刑事訴追をし、又は家庭裁判所の審判に付することはできない。」旨、保護処分決定の一事不再理効を規定しているが、他方、同条但書は、「二七条の二第一項により保護処分を取り消した場合」をその例外としている。したがって、非行事実のないことが明らかになったとして保護処分を取り消された少年に対し、検察官が、後日（少年が成人に達したのちに）、同一事実につき公訴を提起するということも、その当否はともかく理論上は許されるということになりそうである[13]。そこで、このような結果が憲法三九条に違反しないかどうかが、問題とされよう。しかし、多くの学説[14]と異なり、判例[15]は、保護処分の一事不再理効に関する少年法四六条の規定は、保護処分の性質にかんがみ「特別に設けられた規定」であるとしており、右は、同条が憲法上の要請に基づくものではないとの趣旨を含むものと思われるので、前記のような結論が憲法三九条との抵触問題を生ずることはないと思われる。

5　本決定の決定要旨二を以上のように理解するときは、保護処分の取消をなしうるのは、法文に忠実に「保護処分の継続中」だけに限られることになると思われる。したがって、保護処分の執行終了後でも、また不処分決定や不開始決定に対しても、一定の条件のもとで少年法二七条の二第一項の類推により取消を認めようとする一部の見解は[16]、少なくとも、非行事実不存在を理由とする取消に関する限り、否定されたものといわざるをえないであろう[17]。

（5）　不取消決定に対する抗告の可否（決定要旨三）について

1　決定要旨三は、本件における最大の論点に関する判示部分である。保護処分取消制度を再審的に運用し、「審判権」の中に「非行事実」を含めて解することを肯定する学説も、不取消決定に対する抗告の可否という点になると、立法論としてはともかく、解釈論としてはこれを消極に解しており[18]、高裁判例[19]も同様であって、右の点につき積極説を打ち出した見解は見当らなかった。

2　従前の学説及び裁判例が右の点につき消極説をとっていた理由としては、

①　少年法三二条が抗告を許している「保護処分の決定」とは、同法二四条所定の保護処分の決定を指すと読むのが文理に忠実な素直な解釈であること

②　同法二七条の二第一項が、保護処分の取消につき、少年側の申立権を明定していないこと

③　最二決昭和四〇年六月二一日刑集一九巻四号四四九頁が、傍論としてではあるが、少年法上抗告の許されるのは同法二四条所定の保護処分の決定だけであるという趣旨にとれる判示をしていることなどがあると思われる。

3　これに対し、本決定は、右①の点は、暗黙のうちにこれを前提としたが、③の点については、右判例にはそこまでの趣旨は含まれていない旨これを限定的に解釈したうえで

④　不取消決定は、少年の保護処分を今後も継続することを内容とする家庭裁判所の決定であって、少年法二四

条所定の保護処分の決定と、その実質を異にするものではないという点、及び
⑤　保護処分取消事件につき「その性質に反しない限り、少年保護事件の例による。」こととしている少年審判規則五五条の存在を理由として、不取消決定に対しては、「少年法三二条の準用」により、少年側の抗告が許されると解したのである。

4　類推解釈の禁止される刑罰法規の場合と異なり、手続法に関しては、判例は、これまでにも、本決定と同様「準用」ないし「類推適用」という解釈技術を用いることにより、立法の不備を時に解釈によって補う作業を行ってきた。その代表的な例は、本決定がのちに言及している、特別抗告審に刑訴法四一一条の準用を認める一連の判例[20]であるが、他にも、上告棄却決定に対する異議の申立を認めた最大決昭和三〇年三月二三日刑集九巻二号三七二頁とか、特別抗告についての上訴権回復請求を受理した裁判所がこれを棄却する場合に同法三七五条、四一四条の類推適用を認めた最一決昭和四八年六月二一日刑集二七巻六号一一九七頁などがある。本決定は、これらの判例の流れに副うものと理解することができよう[21]。

5　以下、不取消決定に対し少年法三二条の準用による抗告を認めた本決定の問題点について、順次触れることにしよう。

最初に、前記2③記載の最高裁の判例との関係について考えてみる。問題の判例は、少年法一八条二項による児童相談所送致決定に対してした抗告は不適法であると判示したものであるが、その理由を次のように説示している。「ところで、右児童相談所長のなした右家庭裁判所への送致は、右強制的措置をとるについての許可を申請する趣旨のものであり、同家庭裁判所のなした右決定も、これに対する許可の性質をもった決定であると解すべきであり、従って少年法三二条により抗告を認められた保護処分の決定に当らないことは明らかである。また少年法は、

同条以外には少年保護事件に関する家庭裁判所の決定に対し抗告を認める趣旨の規定を設けていないのであって、これは、同法二四条一項所定の保護処分決定に対してのみ抗告を許し、それ以外の同法に規定する決定に対しては不服申立を許さない趣旨であると解するのが相当である。」

右判示の「また……」以下を、その文面どおりに読めば、右決定は、少年法二四条所定の保護処分決定以外の決定に対しては、少年法上抗告をすることができないという趣旨の判例であり、これと異なる判断をするには、大法廷による判例変更の手続が必要であるということになろう。しかし、ある判例が判例として真の意味をもつのは、具体的事件における決定の不可欠の前提とされた法規則命題についてだけであると解すべきである。[22] 本決定が、右決定の判例としての拘束力は、「児童相談所長のする強制的措置に対する許可の性質を有し同法二四条に基づく保護処分の決定とはその性質を明らかに異にする決定に対しては同法三二条の抗告をすることができない旨を判示」した部分についてのみ生じ、それ以外の一般論に属する部分については拘束力を生じていないという見解を示しているのも、これと同様の見解に基づくものと思われる。[23] 判例変更の手段によることなく、前の判例につきその拘束力を限局する解釈を施すことによって判例牴触を回避しながら、実質的に前の判例と異なる新たな判断をした例は、わが最高裁の判例にもそれほど珍しいものではない。[24] 本決定のこの点に関する判示部分は、このような解釈事例に、さらに一例を加えたものというべきである。

6　ところで、犯罪者予防更正法四三条一項に基づく戻収容決定及び少年院法一一条に基づく収容継続決定は、厳密な意味では少年法二四条所定の保護処分決定にあたらないが、これらの決定に対しては抗告が許されるとするのが通説であり、[25] 実務の取扱いである。[26] そして、右抗告が許されると解する根拠は、①これらの決定が新たな保護処分決定と実質を異にするものでないこと、並びに、②戻収容事件及び収容継続事件については「その性質に反しない限り、少年の保護事件の例による。」こととしている少年審判規則五五条の存在に求められているのである。(27)これは、これらの決定の形式や根拠法条にとらわれることなく、その実質に着眼して、少年の人権保障に遺漏なきを期そうとするものであって、もとより正しい見解であろうと思われる。そして、少年審判規則五五条は、右のとおり、その決定につき学説・実務がほぼ一致して抗告を認める戻収容事件及び収容継続事件と並んで保護処分取消事件についても、その性質に反しない限り少年の保護事件の例によることとしているので、不取消決定に対しても少年法三二条の準用による抗告を認める本決定のような見解には、少なくとも法文上の有力な手がかりがあるわけである。

7　問題は、不取消決定に対して抗告を認めることが「その性質に反」するものとして許されないことになるかどうかである。消極説の立場から挙げられると思われる論拠は、次のようなものであろう。

①　不取消決定は、すでにある保護処分を取り消さないということを、裁判所が外部に向けて表明するだけのもので、戻収容決定や収容継続決定のように、新たな保護処分と同視しうるような実質を有しない。

②　少年法二七条の二第一項には、保護処分取消につき少年側の申立権を明定しておらず、これを否定する趣旨と考えられる。そして、関係人が申立権を有しない事項につき裁判所がたまたま一定の判断を示したからといって、これを上訴によって争いうるとするのは疑問である。

8　しかし、これらの点については、積極説の立場から、次のような反論が考えられる。

①について——たしかに、不取消決定は、少年に対し新たな保護処分を課するものではない。しかし、戻収容決定及び収容継続決定と不取消決定との間に、一方に対して抗告を認めながら他方に対してこれを否定しなければならないほどの決定的な性質上の差異があるとは思われない。例えば、収容継続決定は、二〇歳に達して法律上打ち

切られるべき保護処分を、裁判所の判断によって一定期間さらに継続するというものであるが、不取消決定の判断に誤りがあった場合を想定すると、右は、取消事由があって本来打ち切られるべき保護処分を、裁判所の判断によってさらに継続する処分であるという点で、収容継続決定と共通の性格を有することを否定できないのである。そもそも、戻収容決定や収容継続決定に対して抗告を認めるべきであるとする発想の根本には、裁判所の判断の誤りによって少年が不当な保護処分を執行されるおそれがあるときは、右判断の当否を少年側に上訴で争わせ、少年を可及的速やかにこれから解放する必要があるという点があったと思われるのであって、上訴による救済の必要性が大きいという点では、不取消決定の場合と戻収容決定等との間で、何らの径庭はないというべきである[28]。

②について――一般に、裁判に対する上訴の可否は、当該裁判に対する申立権の有無とほぼパラレルに考えられており、申立権が認められていない事項につき、単に裁判所がある見解を表明したからといって、これを上訴によって争いうるとするのは、疑問である[29]。また、一定の事項に関する関係者の申立権の有無は、法文上、「……の申立（又は請求）により」という文言が置かれているかどうかによって形式的に判断されるのが通常であって、法文上申立権が明定されていないのに、解釈上これを肯定するのは、慎重でなければならないであろう。しかし、右の点については、時に例外が認められないわけではない。例えば、押収物の還付に関する刑訴法一二三条一項には、仮還付に関する同条二項と異なり、法文上「所有者、所持者、保管者又は差出人の請求により」という文言がないが、通説は同条一項が「留置の必要がないもの」について「決定でこれを還付しなければならない。」と規定していることを解釈上の手がかりとして、同項は所有者等の申立権を否定する趣旨ではないとしている[30]。そして、少年法二七条の二第一項は、一定の取消事由がある場合に、家庭裁判所が「保護処分を取り消さなければならない。」と規定しているのであって、その規定の体裁は、刑訴法一二三条一項の場合と酷似している。したがって、少年法

ないにもかかわらず、少年側の申立権を肯定する解釈が不可能ではない。

9　右の点に関し、本決定はどのような見解をとっているのであろうか。

まず、本決定が、不取消決定は、「少年に対する保護処分を今後も継続することを内容とする家庭裁判所の決定であるから、同法二四条の保護処分の決定とその実質を異にするものではない。」としているのは、おおむね、前記8①において述べたところと同様の意味に解してよいであろう。

次に、保護処分取消に関する少年側の申立権の有無についての本決定の見解は、判文上必ずしも明確とはいえない。なぜなら、本決定は、①少年法二七条の二第一項が、一定の事由がある場合に保護処分の取消を義務的としていること、及び②保護処分取消事件の手続につき「その性質に反しない限り、少年の保護事件の例による。」こととしている少年審判規則五五条の存在を根拠として、「保護処分の取消の申立を受けた原原審裁判所が当該保護処分の基礎とされた非行事実の存否につき審理を遂げたうえ、新たな資料をも加味して保護処分の取消の要否に関する判断を示したことは、正当であった」と判示するに止め、保護処分取消に関する少年側の申立権の有無につき、端的な判断を示していないからである。しかし、保護処分取消の申立に対し審理し判断を示した原原審の措置を正当として是認する右の判示は、逆にいえば、そのような措置に出ない場合には、これを正当でないとする趣旨を含むものと理解しうるから、保護処分取消の申立があった場合に家庭裁判所の応答義務があることを意味するものと思われ、結果的には、少年側に保護処分取消の申立権を認めたのと事実上同じことに帰着するのではないかと考えられる。(31)

いずれにせよ、右の判示により、少年から保護処分取消の申立を受けた家庭裁判所は、今後は必ずこれを立件して審理を遂げ、保護処分取消の要否につき判断を示さなければならないことになると思われ、申立の理由がない場合には特に裁判をする必要がないとしていた従前の考え方は、[32] 変更を余儀なくされることとなろう。[33]

10　それでは、保護処分取消の申立に対し、裁判所が立件・応答の義務を負うのはどのような場合であろうか。再審請求権者を定めた刑訴法四三九条の規定との対比からすると、保護処分取消についての事実上の申立権の有無が問題となりうるのは、保護処分の言渡しを受けた少年及びその法定代理人、保佐人であるが、刑事手続の再審の場合と異なり、少年及び法定代理人のほかに、保佐人に対し保護処分取消の事実上の申立権を認める実益はない。附添人については、刑訴法四四〇条の解釈として再審請求自体を弁護人がなしうるとする積極説が通説であること[34] などにかんがみ、積極に解すべきであろう。本件は、少年の附添人から保護処分取消の申立のなされた事案であるから、本決定も、右の点を積極に解していると考えられる。これに対し、「保護観察所、教護院、養護施設又は少年院の長」からの通知（法二七条の二第二項）は、純粋に裁判所の職権発動を促す意味を有するにすぎないと思われるが、[35] 手続を明確にするため、やはり正式に立件して判断を示すのが望ましいというべきであろう。

（6）　最高裁による職権取消の可否（決定要旨四）について

1　少年法三五条は、抗告棄却決定に対する再抗告の事由を、①憲法違反、②憲法解釈の誤り、③判例違反だけに限定しているので、かりに原決定に重大な事実誤認や決定に影響を及ぼす法令違反があると認められる場合でも、最高裁判所は、前記①ないし③の事由がない限り、原決定を取り消すことができないというのが、従前の一般的な見解であったと思われる。[36]

2　しかし、近藤和義判事は、右の結論に対しつとに疑問を提起され、少年保護事件においても、最高裁判所が最終審裁判所として具体的事件の妥当な解決を図る強い責務を有することを根拠に、立法の不備を認めつつも、少年審判規則五四条により準用される同規則四八条二項には、「再抗告理由のみならず抗告理由をも含むものと解釈すべきである。」と提言されていた(37)。

3　ところで、刑訴法四三四条が特別抗告審に準用する関連規定の中には同法四一一条が見当たらないにもかかわらず、右四一一条は特別抗告審に準用されるというのが、最高裁判所の確立された判例理論である（前記四4参照）。これは、簡易迅速を旨とすべき派生的な救済手続（抗告手続）においてすら、最高裁判所が、最終審裁判所として具体的事案の適切妥当な解決を果たすべき責務を（やや文理に反してまで）自らに課したものにほかならない。そして、少年保護事件において、具体的事案の妥当な解決の要請が、刑事の抗告手続より弱いとは考えられないから、右判例の趣旨が少年法の解釈に推し及ぼされても不思議ではないというべきであろう。

4　本決定は、注20記載の判例の趣旨にかんがみ、少年法三五条、三六条、少年審判規則五四条、四八条、少年法三二条など、少年法及び同審判規則の一連の規定の解釈として、決定要旨四のような結論を導くことができるとするが、これは一見文理を越えた無理な解釈のようにも思える。たしかに、規則五四条により再抗告審に準用される規則四八条(38)をごく普通に読みかえれば、同条一項は、再抗告裁判所の「再抗告の趣意に含まれている事項」に関する調査義務を、同条二項は、「再抗告趣意に含まれていない事項であっても、法三二条に規定する事由」に関する職権調査の権能を、それぞれ規定したにすぎないということになろう。しかし、規則五四条は、あくまで規則四八条を再抗告審に「準用」すると規定しているにすぎないのであるから、少年保護事件（保護処分取消事件を含む。）における最終審裁判所としての最高裁判所の立場にかんがみ、これにいま少しゆとりを持たせ、同条二項にいう「法三二条に規定する事由」とあるのを「法三五条及び三二条に規定する事由」と読みかえることも、右「準用」の解釈として必ずしも不可能であるとは思われない(39)。本決定の決定要旨四は、右のような基本的発想に基づいたうえ、前記3記載の判例により特別抗告審に準用されることとなった刑訴法四一一条の規定の趣旨をも参酌し、職権取消事由に、「これを取り消さなければ著しく正義に反すると認められるとき」というしぼりをかけたものと思われる。

（7）余　論

1　少年保護事件に事実上の再審の途を開くことになった本決定は、最高裁判所の勇断として各界の注目を集めた。しかし、多くの問題を抱える現行少年法の法制上の不備が、本決定によって一挙に解決したということにはならないのであって、可及的速やかな立法上の手直しが望ましいというべきであろう。

2　本件の差戻しを受けた東京高裁は、事実調べの末、本年一月三〇日付で、抗告棄却の決定をし、原原決定（不取消決定）を維持した。そして、右決定に対しては、附添人から再度再抗告がなされたが、第二小法廷は、職権調査の末、原審の事実認定を是認して右再抗告を棄却した（最二決昭和六〇年四月二三日裁判集刑事二三九号二九三頁）ので、本決定は、結局、本件少年を保護処分から解放するものとはならなかった。

3　本決定後、第一小法廷は、少年保護事件における非行事実の認定と適正手続に関する重要な決定を行っている(40)。本決定とともに、今後の少年事件の処理に大きな指針を与えるものというべきであろう。

4　本件の事実認定上の問題点を紹介した記事として、鎌田慧・法学セミナー増刊「日本の冤罪」三八頁、三木賢治「殺人犯にされた少年――ドキュメントみどりちゃん事件・現代の視点・」法学セミナー三四九号一一九頁がある。

1　少年は、本件犯行時刻に接着した時間帯に犯行現場付近に居たことが現認されており、しかも、当時少年は、兇器ナイフと同型のナイフを所持していたことを認めているのであるから、そのこと自体によって、少年に対する嫌疑にはかなり濃厚なものがあるというべきであろう。しかし、他方、本件においては、本文㈠2記載のとおり、少年の身辺から血痕付着の着衣等が発見されておらず、また、兇器ナイフから少年の指紋が検出されなかったことなど、少年を犯人と断定するについて若干疑問となる点もあったのである。そして、犯行を否認し、「帰宅後、ナイフは自宅押入れの布団袋の中に隠しておいた。」という少年の新供述が、自宅から発見されたという発見ナイフ（しかも、右ナイフには、少年の指紋に類似する指紋の付着がみられた。）によって一応裏付けられた形となったため、確定審判段階における少年の自白の信用性は、相対的に低下したことを否定することができない。右発見ナイフの存在にもかかわらず、少年を犯人と断定しうるためには、①少年があらかじめナイフを二本所持していたと考えるか、あるいは、②右ナイフの隠匿が、犯行後に行われた何人かによる作為であると考えるほかはないことになる。

2　昭和五八年九月七日付朝日、読売、毎日など各日刊紙の朝刊は、「少年『保護処分』に再審の道」などの見出しで、本決定を大きく報道している。

3　本決定が、違憲をいう再抗告趣意に対する判断を留保したまま、職権により原決定を取り消した点は、この点と無関係ではないように思われる。不取消決定に対する抗告を不適法とする原決定のような見解（消極説）をとるときは、憲法一四条等との関係でやや微妙な問題を生ずることは、後に指摘するとおりであり、本決定は、消極説の有するこのような憲法上の問題点をも踏まえたうえで、判旨のような見解に達したものとみるべきであろう。

4　従来の小法廷決定（最一決昭和五五年六月三〇日裁判集刑事二一八号六七頁）は、少年法上保護処分決定に対する再審申立を許すか否か、また保護処分取消の申立権を認めるか否かは、「もっぱら立法政策の問題である」としているが、右決定も、本文に述べた見解と同様の考え方に連なるものと理解される。

5　本決定後になされた、いわゆる石油カルテル事件の上告審判決（最二判昭和五九年二月二四日刑集三八巻四号一二八七頁）は、このことを明言している。

6　第七回国会衆議院法務委員会会議録二頁における政府委員の説明参照。したがって、本項によって保護処分を取り消された者については、法四六条但書により、一事不再理効は働かないとされている。

7　この点の学説・裁判例の動向は、最高裁家庭局・少年執務資料㈡の上（家裁資料一二〇号）一四二頁以下に、詳しく紹介されているが、学説上積極説をとるものの中には、⑴審判の対象を要保護性とする立場において、非行事実の存在も審判条件の一つとして、審判権に含まれるとする実体的審判条件説（入江正信「少年保護事件における若干の法律問題」家裁月報五巻七号一八頁、柏木千秋『改訂新少年法概説』（立花書房、一九五一年）一三八頁）、⑵非行事実も審判の対象とする立場において、非行事実も保護処分賦課の要件として審判権に含まれるとする保護処分要件説（団藤重光ほか『少年法』（有斐閣、一九五六年））二八八頁《四ツ谷巌執筆部分》、平井哲雄「保護処分の効力」家裁月報六巻三号九頁、伊藤政吉「準少年保護事件の本質」ジュリ一九八号四九頁、家庭局・昭和三〇年一一月全国少年係裁判官会同・家裁資料四三号一四二頁）、⑶審判権とは保護処分を賦課するための実体条件であるとする保護権説（菊池信男「少年保護事件における〝再審〟⑴—少年法第27条の2をめぐる若干の問題—」家裁月報一四巻三号一四頁、平場安治『少年法』（有斐閣、一九八七年）一九〇頁）などがあり、消極説（形式的審判条件説）をとるものとしては、団藤重光＝森田宗一『新版少年法』（有斐閣、一九六八年）二八六頁、昭和三〇年一一月全国少年係裁判官会同京都家裁意見・家裁資料四三号一三九頁、昭和三四年二月全国少年係裁判官会同京都家裁意見及び家庭局見解・家裁資料六〇号五二頁、五七頁などがある。また、非行なしを理由に保護処分の取消決定をした裁判例としては、熊本家決昭和三三年一一月二七日家裁月報一一巻一〇号二〇一頁、岡山家決昭和三五年九月二六日家裁月報一二巻一二号一四七頁など多数のものがある。

8　執行面の運用により適切に対処できることを指摘するものとして、昭和三四年二月全国少年係裁判官会同家庭局見解・家裁資料六〇号五七頁参照。

9　特に、仮退院は、事実を否認している少年に対しては原則として容易に与えられないので、無実を主張する少年がこの制度の活用によって救済される例は、現実にはあまり多くないと思われる。

10　前掲家裁資料一二〇号一四九頁、一七三頁各参照。右資料に登載された限りでは、②の取扱いの方が、やや優勢である。

11　同一七二頁。

12　菊池信男「少年保護事件における〝再審〟（2・完）—少年法第27条の2をめぐる若干の問題—」前掲家裁月報一四巻四号一五九頁は、保護処分取消事件の手続において、改めて不処分決定をする必要がない理由を、「この取消事件の手続は、保護事件の係属とは無関係の別個の手続であるから、取消を行うのみで自らの手続は完結するわけであり、それ以上保護事件自体について処置することは要求されない。」という点に求めている。もっとも、同論文一六一頁は、他方において、「保護処分の取消は、理論的には、不処分の判断を含む」とし、また、「保護処分の取消がなされれば、取消の時以後において、原決定当時不処分決定がなされたと同様の取扱いをなすべきことになる」としている。

13　もっとも、少年に年齢詐称等の非がないのに、同一事実について保護処分と刑事処分を二重に受けさせることを理論上承認することには、問題がないとはいえない。少年法四六条但書所定の一事不再理効の例外の中には、非行事実なしとして保護処分を取り消された場合を含まないという解釈も、検討に値すると思われる。

14　学説上は、本条による保護処分の一事不再理効が、憲法三九条の要請に基づくとするものが通説である。家裁資料一二〇号七一六頁以下参照。

15　最大判昭和四〇年四月二八日刑集一九巻三号二四〇頁。

16　(1)保護処分の執行終了後の取消の可否につき、①通説（柏木千秋・前掲『改訂新少年法概説』一三五頁、市村光一「少年審判における否認事件をめぐって」家裁月報昭和二六年七号四七頁、司法研修所『三訂少年法概説』一一三頁、団藤重光ほか前掲『少年法』二九二頁《四ツ谷巖執筆分》、伊藤政吉・前掲ジュリ五〇頁、平場安治・前掲『少年法』一九二頁など）は、これを否とするが、②名誉回復を要する場合には可とするもの（菊池信男・前掲家裁月報一四巻四号一四七頁）や、③審判条件欠缺の場合のみ可とするもの（正田満三郎「少年事件に関する家庭裁判所の先議権と保護的措置の効力㈠」警察研究三七巻六号三〇頁）もある。また、(2)審判不開始及び不処分決定を本条により取り消すことの可否についても、積極（菊池・前掲家裁月報一四巻四号一四七頁、一五一頁、正田・前掲三〇頁）、消極（団藤＝森田・前掲二八四頁、大阪高等裁判所管内少年係裁判官協議会協議結果・家裁月報昭和二五年八号七二頁）両説の対立がある。なお、本決定後、右(1)(2)の点につき、最高裁判所は、いずれもこれを消極に解する決定をしている。最三決昭和五九年九月一八日刑集三八巻九号二八〇五頁、最三決昭和六〇年五月一四日刑集三九巻四号二〇五頁各参照。

17　これに対し、保護処分決定に対する抗告には執行停止の効力がないから、抗告中であっても「保護処分の継続中」であることに変りはない。したがって、保護事件の抗告審への係属中に家庭裁判所が本条による保護処分の取消をすることができるかどうかの論争（前掲家裁資料一六八頁以下）は、本決定によって当然には左右されず、もっぱら、保護処分取消制度と抗告制度との調和をいかにして保つべきかという観点から決せられることになる（決定要旨二の「保護処分の決定の確定したのちに」という文言も、抗告審係属中における保護処分の取消しを絶対に許さないとする趣旨まで含むものではないであろう。）。

18　菊池信男・前掲家裁月報一四巻四号一六七頁、栗林勝「準少年保護事件の手続に関する実証的研究」書記官実務報告書二巻三号一七二頁。

19　東京高決昭和三五年一二月一五日家裁月報一三巻三号一六九頁。

20　最二決昭和二六年四月一三日刑集五巻五号九〇二頁、最二決昭和同三一年八月二二日刑集一〇巻八号一二七三頁、最大決昭和三七年二月一四日刑集一六巻二号八五頁。

21　なお、本決定は「準用」という言葉を用いているが、厳密には「類推適用」の趣旨と思われる。

22　通説である。中村治朗「判例について」司研論集一九七六年Ⅱ号三四頁、金築誠志「主論と傍論――刑事裁判について――」同一九七三年Ⅱ号一五九頁、西原春夫「刑事裁判における判例の意義」団藤重光ほか監修『刑事裁判の課題』［中野次雄判事還暦祝賀］（有斐閣、一九七二年）三一九頁、谷口正孝「判決の理由」判時二六号一頁、井上正治「判例の理解のしかた㈠」法律時報三〇巻六号三四頁。

23　本文引用の第二小法廷の決定は「児童相談所送致決定に対し抗告を申し立てることはできない。」という結論を導くために、①少年法三二条にいう「保護処分の決定」は、同法二四条所定の決定をさす、②児童相談所長送致の決定は、児童相談所長のする強制的措置に対する許可の性質を有し、「保護処分の決定」とは、その性質を異にするから、これにあたらない、③少年法が、三二条以外に抗告の規定を置いていないのは、同法二四条一項所定の保護処分決定以外には、抗告を許さない趣旨である、という三つの理由を挙げていると解される。ところで、右理由のうち、①と②は、前記の結論を導くために不可欠の理由であるが、③は、必ずしも不可欠とはいえない。なぜなら、右の結論を導くためには、児童相談所送致の決定は、保護処分決定とはその性質を異にするから、これに対し少年法三二条が準用ないし類推適用されることはないといえば足りたのであって、なにも、児童相談所長送致決定以外の少年法上の決定に対する抗告の可否について、一般論を打ち出す必要はなかったと思われるからである。

24　例えば、最一決昭和五三年九月七日刑集三二巻六号一六七二頁は、押収手続に重大な違法がある証拠物が一定の場合にその証拠能力を否定される旨の右決定の判示は、最三判昭和二四年一二月一三日裁判集刑事一五号三四九頁の「たとえ押収手続に所論の様な違法があったとしても押収物件につき公判廷において適法の証拠調が為されてある以上……、これによって事実の認定をした原審の措置を違法とすることはできない、押収物は押収手続が違法であっても物其自体の性質、形状に変異を来たす筈がないから其故裁判所の自由心証によって、これを罪証に供すると否とは其専権に属する。」という判示と抵触しないとする趣旨とみられるが、その理由を、右の判示が、「証拠物の押収手続に極めて重大な違法がある場合にまで証拠能力を認める趣旨のものであるとまでは解しがたい」という点に求めている。また、最一決昭和五五年一二月一七日刑集三四巻七号六七二頁は、検察官の訴追裁量権の逸脱が公訴の提起を無効ならしめる場合がありうることをはじめて認めたものであるが、最二判昭和二四年一二月一〇日刑集三巻一二号一九三三頁の「本件公訴提起の手続が、その規定に違反してなされた点は認められないうえ、たとえ、本件公訴の提起について、検察官に所論のような意図（注・労働者の争議権を蹂躙する意図）があったと仮定しても、公訴提起の手続が適法に行われている以上、裁判所としては、その公訴を不適法として排斥することはできない。」との判示につき、「判文の全趣旨に照らすと、所論のように訴追裁量の逸脱ないし濫用の有無はすべて公訴提起の効力に影響を及ぼさない旨を判示していると解することはできない」との解釈を施すことによって、判例抵触を回避している。

25　平場安治・前掲『少年法』一七九頁、伊藤政吉「少年保護事件の抗告」家裁月報一〇巻三号三四頁、三六頁、近藤和義「少年保護事件における抗告」同三〇巻四号四頁。

26　大阪高決昭和三三年七月七日家裁月報一〇巻七号七二頁、福岡高宮崎支決昭和四〇年五月二〇日家裁月報一八巻一号一二六頁、大阪高決昭和四三年一〇月五日家裁月報二一巻六号一一一頁、大阪高決昭和四八年一一月一六日家裁月報二六巻一〇号九七頁。したがって、本文掲記の昭和四〇年の最高裁決定の一般論の部分が判例としての拘束力を有するものでないことは、学説・実務を通じての共通の認識であったと思われる。

27　近藤・前掲三頁、四頁。

28　非行事実不存在を理由とする保護処分取消事件の場合は、保護処分の基礎とされた非行事実の存在そのものが争われるわけであるから、単に尊守事項違反の有無が争われる戻収容の場合や要保護性の継続の有無が争われる収容継続の場合よりも、むしろ、上訴による救済の必要は大きいということもできる。

29 高裁判例の中には、勾留の執行停止を求める申立は、裁判所の職権発動を促すにすぎないもので裁判所はこれに対する決定を義務付けられないが、裁判所が進んでこれを却下する旨の決定をした場合は、抗告が許されるとするもの（東京高決昭和三二年五月九日高刑集一〇巻三号三一八頁）があるが、疑問である。右の点につき、拙稿「勾留の執行停止」熊谷弘ほか編『捜査法大系Ⅱ』（日本評論社、一九七二年）三〇五頁参照。なお、右決定と反対趣旨の高裁判例として、大阪高決昭和四九年一一月二〇日判時七五六号一一二頁がある。

30 堀籠幸男「押収物の還付」熊谷弘ほか編『捜査法大系』（日本評論社、一九七二年）一六七頁、小田健司「検察官が押収物還付請求に対し応答しない場合の救済方法」新関＝佐々木編『増補令状基本問題 下』（判例時報社、一九九二年）三五五頁、伊藤栄樹ほか編『註釈刑訴法〔新版〕』（立花書房、平成九年）第二巻二四二頁、四五三頁。なお、最三決昭和五八年四月二八日刑集三七巻三号三六九頁は、右通説を前提とした判示であるとみるべきであろう。

31 本決定が、申立権の有無について端的に判断を示さなかったのは、不取消決定に対する抗告の可否という中心的な争点を解決するうえで、申立権の有無を確定することが必ずしも不可欠ではないと考えたためと思われるが、理論構成上やや明確さを欠くとの批判がありうるかもしれない。

32 前掲家裁資料一二〇号一七六頁参照。

33 もっとも、その場合の主文の表示の仕方について、従前、「本件……の保護処分は、これを取り消さない。」とするものと、「本件申立を棄却する。」とするものとの二通りの方法があるようであるが、右いずれの方法によったとしても、本決定の判旨に反することにはならないであろう。

34 高田卓爾ほか『注解刑訴法下巻〔全訂新版〕』（青林書院、昭和五八年）三四六頁。

35 したがって、これらの者からの通知を契機として保護処分取消事件が立件され、「保護処分を取り消さない。」旨の決定がなされたとしても、右不取消決定に対する抗告は許されない。

36 最高裁の先例も、同様の見解に立っていたのではないかと推測される（例えば、最一決昭和二六年一二月二七日裁判集刑事五八号一

○一五頁は、「少年法第三三条第一項による抗告棄却の決定に対する再抗告は同法第三五条第一項に定める事由を中立の理由とすべきであるのに本件再抗告は同条に該当しないこと明白であるから不適法である」とし、最二決昭和二八年五月一三日裁判集刑事八〇号五四七頁も、同旨の判断を示している。なお、最三決昭和五四年六月二九日裁判集刑事二一四号七五九頁、最一決昭和五五年一月二九日裁判集刑事二一七号三五頁各参照。)。しかし、これらの先例も、少年法三五条所定の事由以外の事由により、最高裁判所が職権で原決定を取り消すことが許されない旨明確に判示したものではないから、この点に関する最高裁判所の判例は、まだなかったというべきであろう。

37　近藤・前掲八六頁。

38　平成一二年の改正法はこの規則の規定をそのまま法三二条の二に移したが、法三五条二項はこれを再抗告に準用しているから、本判例の趣旨が法改正によって影響を受けることはないと考えられる。

39　近藤・前掲。参照。

40　最一決昭和五八年一〇月二六日刑集三七巻八号一二六〇頁。

(補注)　本決定に対する論評・解説として、土本武司「少年の保護処分に対する再審」法律時報五五巻一一号六八頁、門馬良夫＝向井千杉「少年法二七条の二第一項による保護処分の取消しをしない旨の決定に対する抗告の可否等」家裁月報三五巻一一号一四〇頁、柳俊夫「柏市の少女刺殺事件の少年に対する保護処分取消し事件」法律のひろば三六巻一二号四四頁、荒木伸怡「少年審判と誤判救済について――最高裁第三小法廷昭和58年9月5日――」ジュリ八〇三号四八頁、木村裕三「少年の保護事件に対する再審」名城法学三三巻三号一四二頁、安江勤「『みどりちゃん事件』最高裁決定について」ケース研究一九八号四八頁、福田雅章「少年保護事件における〝再審〟――柏の少女殺し事件」ジュリ八一五号(昭和五八年度重要判例解説)一九三頁、米澤慶治「保護処分確定後における無辜の救済手続等」別冊判タ九号一九七頁、牧田有信「少年法二十七条二第一項にいう『審判権がなかったこと』の中には、非行事実不存在の場合を含むとの前提に立ち、少年の保護処分取消を求める申立に対してなされた不取消決定に対する抗告を認め、且つ少年の再抗告事件において、再抗告事実以外の事由により、原決定を職権で取消すとした事例」法学新報九二巻一・二号一六九頁、澤登俊雄「少年保護事件と再審　みどりちゃん事件最高裁決定を契機に・現代の視点・」法学セミナー三四七号六〇頁、築間正泰「少年審判と再抗告」別冊ジュリ八八九号（刑事訴訟法判例百選〈第五版〉）二七二頁、拙稿「柏の少女殺し事件の保護処分取消事件の再抗告審決定について」ジュリ八〇三号四八頁、椎橋隆幸「保護処分不取消決定に対する抗告の可否——柏の少女殺し事件」別冊ジュリ一四七号（少年法判例百選）一六二頁、荒木伸怡「少年事件のいわゆる再審——柏の少女殺し事件」同一八六頁などがある。

（追記）本稿については、⑴文中の（注）をすべて文末に移動させたほか、⑵平成一二年改正法との関係で若干の（注）を補充し、また⑶旧稿に引用した文献中改訂等されているものについては最新の版に改めて引用するなど最小限度の補筆をしてある。

第二部　二一世紀の法曹像

第六章　法律学は面白いか
――法律学の特質と期待される法律実務家像――

一　はじめに

ご紹介いただきました木谷です。私は、一九三七年（昭和でいいますと一二年）一二月生れですから、当年とって六六歳です。裁判官になったのも皆さんが生まれるよりはるか昔の一九六三年（昭和三八年）で、以後三七年間主として刑事裁判官として仕事をしてきました。皆さんからみると、大変な年寄りに見えるはずですし、また客観的にみて年寄りの部類に入ることは否定できません。いわば、「前世紀の遺物」といった存在だと思います。しかし、気持ちだけは若い積りです。このたび、ご縁があって法政大学にお世話になることになりました。当分の間、皆さんと一緒に勉強できるということで大いに張り切っています。よろしくお願いします。

二　法律学は面白いか

皆さんは、このたびめでたく法政大学法科大学院への入学を許されて、将来の法律実務家すなわち法曹を目指して張り切っておられるだろうと思います。ところで、最初にこれに水を差すような変な質問をしたいと思いますが、皆さんの中で法律の勉強が好きで好きでたまらないので法学部に入ったとか、法律学が面白くてどうしようもないので法科大学院を志したという人がおられますか。もしそういう方がおられたら、これからの私の話を聞く必要は余りありません。どうぞ居眠りでもしていてください。ただ、これは私の独断的な考えですが、そういう人は必ずしも多くはないのではないかと思います。しかし、ご安心ください。私の考えでは、皆さんのそういう受け取り方は決して異常ではなく、むしろ正常なセンスだと思うのです。それでは、それにもかかわらず司法試験や法科大学院の入試にこれだけ多くの若者が押し寄せる理由は何でしょうか。

おそらく、皆さんの答えは、「法曹資格をとって社会の役に立ちたいからだ。」というようものではないでしょうか。そして、それは確かに大変尊い動機です。しかし、それにしても、このように法律学が特別に好きだというわけでもないのにこれから大変な勉強をしなければならないというのは、ある意味で不幸なことです。

私自身は、大学時代に法律の勉強がどうしても好きになれなかったのですが、結局裁判官になってしまいました。その経緯は後からお話しますが、最終的には、裁判特に刑事裁判が面白くて仕方がなくなったという経験をもっています。ですから、皆さんにもぜひ試験に合格して法曹になってほしいと思いますが、それには皆さんに法律学の独特の性質（特質）をよく理解して法律を好きになっていただく必要があると思います。また、将来法曹になった場合に、どういう点が人間として重要な資質であるのかという点も理解しておいていただいた方がいいと思います。これから、そういうお話を中心にしてみようと思います。

三　私の経験

私が大学の教室で法律学を面白く感じられなかった理由は、今から思えば三点あったように思っています。第一は私が法学部を志望した動機であり、第二は法律学という学問のもつ特有の性質であり、第三は講義のあり方と私の勉強態度のまずさだったと思います。順次お話しましょう。

(一) 法学部を志望した動機

まず、私が法学部を志望した理由からお話しします。私は、もともと、中学・高校時代、学校の勉強が決して嫌いではありませんでした。数学とか英語も得意科目の部類に入っていました。しかし、そうはいっても、自然科学を志そうとするには才能の面で自信がありません。さりとて文学とか芸術などに関する才能がないことははっきりしていました。そして、そういう人間がどういう学部を選択すべきかを先輩に相談すると、多くの先輩は次のように答えてくれました。すなわち、「それなら一番つぶしがきく法学部がいいのではないか。」というのです。そして、私は、この助言に素直に従って、さしたる理由もなく、ただ単に「後からいくらでもつぶしがきく」というだけの単純な理由で法学部への途を歩むことになったわけです。ここに、大きな問題がありました[1]。

自然科学を目指す人は、理数系の学問が好きであるためにその方面へ進むのですし、文学・芸術を志す人は、それこそそういう方面が好きで好きでたまらないという人が大部分だと思います。

ところで、いきなり余談になって恐縮ですが、この点に関連して私の特異な生育環境についてお話ししておきましょう。私は、プロの囲碁棋士を父親に持つ家庭に育ったため、子供のころから、囲碁の天才少年に囲まれて生活するという特異な体験をしています。何故私の周囲に天才少年が多かったのか。それは、どこかの地方に囲碁の天才少年がいるという噂が伝わりますと、私の父親がどこにでも（九州でも北海道でも韓国へでも）出かけていって、少年の両親と話をしてたちまち内弟子として家に連れてきてしまうからです。ですから、私は、もの心がついて以来、常時数人から多いときは一〇数人の内弟子さんと同じ家の中で寝食を共にしている状態でした。その少年たちは、小学校の低学年から親元を離れて、師匠とはいえ他人の家で寝起きするようになるのですから、これは本当に大変なことなのですが、彼らはまったく淋しそうな態度を示しません。なぜかというと、彼らは、本当に囲碁が大好きで、強い相手と囲碁を打ったり、また本で囲碁の勉強をしたりさえしていれば、淋しさなどまったく感じないようでした。もちろん、誰に言われるまでもなく、暇さえあれば碁盤に向かっています。年齢的には遊びたい盛りでありますから、こう申し上げてもなかなか本当にしてもらえないかと思いますが、師匠である私の父は「碁の勉強をしなさい。」などと注意する必要はまったくありませんでした。なぜ彼らがこのように囲碁の勉強を嫌がらないのかといえば、ともかく彼らは囲碁が大好きだからです。囲碁に熱中しているのです。少しでもたくさん囲碁の勉強をして仲間より強くなりたいという気持ちで一杯だからです。もともと囲碁の天分がある上にこのように必死で努力しますから、大部分の者は、厳しいプロの試験に合格して第一線で活躍できるようになっていきました。(2) そして、彼らの多くは、のちに「木谷一門の逸材」として、主要なタイトルを総なめするなど、一時期囲碁界を完全に席捲する勢いでありました。

これに比べると、私の場合は、そもそも法学部を志す動機が貧弱でした。これは、自分でも情ないと感じるくらいです。先ほど述べたように、法律が好きで法学部に入ったわけではもちろんありません。他に行きたいところがないために、やむなく法学部に入ったという、いわば消去法による選択です。ですから、勉強に対する意欲の持ち方が乏しかったのだろうと思います。意欲が乏しければ、本当は面白いものでも面白く感じられないということが十分あると思います。私が法律学を面白いと感じられなかった大きな原因はこの点にあったと、遅まきながら反省している次第です。

(二)　法律学の特質

しかし、私は、この動機の点を別としても、大学で学ぶ法律学は、本来的に若者を惹きつける魅力に乏しいのではないかと感じています。もっとも、こう言いますと、私が法律学を好きになれなかった原因を他に求めることになりますので、責任転嫁の感なきにしもあらずで内心忸怩たるものがあります。しかし、どう考え直してみてもこの点も一つの大きな原因であることは否定できないように思われるのです。もう少し具体的に申し上げますと、若い時代には、絶対的な真理を追求する自然科学に興味を抱いたり、文学とか芸術などの美しい世界に憧れたりするのがむしろ正常なセンス、感性ではないかと思います。これに対し、法律学は、もともと絶対的な真理を追求する学問ではありません。また、美の世界を探求するわけでもありません。法律というものは所詮は人間が作り出したものであり、特に大学で習う法解釈学は、このように人間が作り出した法律の解釈を巡って種々論争することによって成立しているに過ぎないのです。そういう意味で、誤解を恐れずにやや誇張した表現をしてみれば、こういう学問が、それ自体として、青春の情熱を掻き立てるに足りる魅力を持っているとは私にはとうてい考えられません。このような学問に若い頃から大きな興味を抱く感性は、やや異常ではないかとさえ私には思われるのです。

もっとも、このように言いますと、それでは大学で若い頃から法律学の研究に打ち込んでこられた先生方は、皆感性が異常なのかということになってしまいます。もちろん、それはいい過ぎでありまして、私もそこまで申し上げるつもりはありません。法律学は、精緻な論理を組み立ててそれを戦わせる学問ですから、大変理論的で、平たくいえば理屈っぽいです。ですから、民法、刑法、民・刑両訴訟法などのどれをとっても、そういう点では知的興味を惹く面があります。したがって、法律学のこのような特質をいち早く理解することができた一部の優秀な方々は、理論的な興味から学問の世界に入っていかれるのだろうと思います。それはそれで素晴らしいことです。しかし、そういう素晴らしい頭脳、才能を持ち合わせない、私のようなごく平凡な人間にとっては、そういう理論的な興味だけから法律学の勉強にのめりこむということは、考えられないことでした。私は、そのようなきわめて優れた頭脳をもつ一握りの特殊例外的な方々を除けば、若い頃から法律学に強烈な興味がもてないのはごく普通のことであると思うのです。ですから、仮に皆さんがそうであったとしても決して心配する必要はないと思います。

この点に関連して、法律学のもう一つの大きな特質を指摘したいと思います。それは、法律の解釈には、絶対的な正解がないということです。私は、今述べた点に気付く前のことですが、同じ勉強でも、大学への受験勉強の際には勉強がけっこう面白く感じられたのに、法学部での法律の勉強に興味がもてなかったのはなぜかと真剣に考えたことがあります。そして、たどり着いた結論は、次のようなものでした。すなわち、「受験時代の勉強には、常に正解というものがあった。数学などがその典型だが、苦労して正解に到達するのは、それ自体一種の快感だった（難しい問題と苦闘した末に、X＝1とか、X＝aなどという美しい解に到達したときの快感は、何ともいえませんね。）。ところが、大教室で習う法律学には、どうやら正解がないらしい。通説とか判例というものがあって、これは正解に似ているが、判例は、時に変更されているし、通説が少数説に転落することもある。そうだとすると、これは、受験勉強時代の正解とは性質が異なると考えざるを得ない。そうすると、法律学には、そもそも正解というものがないのだから、苦労して正解に到達するという意味での快感などある筈がない。」というものでした。

もっとも、このように申し上げると、皆さんは、司法試験の短答式の問題には正解というものがあるし、論文の試験にも模範答案というものがあるではないかと反論されるかも知れません。しかし、その正解は、試験のために人為的に作り上げたものです。現実の司法の世界には、事実認定においてはもちろんですが法律論の世界においてすら、絶対的な正解というものはないのです。これから実務を目指そうとする皆さんは、まずこのことを十分認識しておいてください。

つまり、法律学の勉強は、客観的に存在する正解を探したり覚えたりすることではありません。そうではなく、絶対的な正解がない問題について、自分自身が正解だと考える答を作り出していくというところに特長があるのだと思います。そして、このような法律学の特質をよく理解してしまえば、法律学の面白さを次第に理解することも可能になります。なぜならば、絶対的な正解が存在する世界では、その正解を発見してしまえば論争はそれで終わりとなります。しかし、法律学や司法の世界においては絶対的な正解が存在しないのですから、逆にすべての解答が正解となる可能性があるわけです。自分が考え出した答を多くの人が正しいと認めてくれれば、それが事実上の正解として通用することにもなるのです。これが醍醐味でなくて何でしょうか。

こういうことをいきなり申し上げても、現段階ではまだ何のことかよくお分りいただけないかと思います。この点については、後から、実例に則してもう少し具体的にお話しようと思います。

㈢　講義のあり方と勉強の態度について

私が法学部での講義に興味をもてなかったもう一つの理由は、大学での講義のあり方と私の勉強態度のまずさにあったと思います。まず講義の方ですが、教室では、天下に名前の聞こえた素晴らしい先生方が難解な教科書に基づいて深遠な理論を展開され熱弁を振るわれました。試みに、当時の教授陣の一端をご紹介してみますと、例えば、憲法は宮澤俊義先生、刑法総論は団藤重光先生、刑法各論と刑訴法は平野龍一先生、民訴法は三ヶ月章先生、商法は石井照久先生、行政法は田中二郎先生などというように、どの科目をとっても当代超一流の先生方ばかりでした。これは後から思えば夢のようなメンバーでありまして、今はやりの言葉でいえば「夢のオールスターキャスト」「ドリームチーム」「長嶋ジャパン」みたいなものだったと思います。しかし、それにもかかわらず、私は先生方の講義になかなか興味をもつことができなかったのです。このような素晴らしい先生方に法律を習いながらその面白さが分からないのではどうにも救い難いと思うのですが、しかし、現実に講義を私が面白いと感じられなかったのは事実ですので、今正直に申し上げているのです。

どうしてそういうことになったのかということを振り返って考えてみますと、こういうことではなかったかと思います。すなわち、先生方は、各論点についていきなり精緻・深遠な理論を展開されるのですが、私たち学生は、そもそも、民事にしろ刑事にしろ裁判というものを一度も見たことがないのです。その上、民法・刑法の講義の際には訴訟法の講義すら受けていないのです。ですから、教室で先生方が熱弁を振るわれる精緻な理論が、現実の訴訟においてどのようにして適用されていくのか、そのような理論が訴訟の中で一体どういう役割を果たすことになるのか、具体的なイメージがぜんぜん湧かないまま、部分部分について深遠な理論を勉強していくことになるのです。私は、こういう勉強に普通の学生がついていけなくてもやむを得なかったのではないかと考えています。

その上、私は、先ほど述べたように、無意識のうちに、大学の受験勉強のころと同様に正解探しをしていたのだと思います。私は、このような教授法と正解探しの勉強態度では、法律学が面白くなるはずはないと今になって思い当たります。ですから、私が法律学を面白いと感じられなかったのは、あながち私一人の責任ではなかったのかなとも思っています。

四　皆さんの場合

以上私の経験をお話しました。今度は皆さんの場合を考えてみましょう。まず、皆さんは、将来法律実務家となって社会の役に立ちたいという強い動機に基づいて、あるいは熱い情熱に駆られてロースクールの門をたたいたのだと思います。その点で、私のような消極的な動機の人間とはまるで状況が違いますから、私が法律学を面白く感じられなかった要因のうち第一の点（動機の点）は、かなりの程度解消されていると思います。しかし、そうはいっても、皆さんの多くは法律学が面白くて仕方がないからという理由でロースクールを志したのではないと思います。ですから、動機の熱さの点で、自然科学や芸術を志す人たちのそれには一歩を譲るのではないでしょうか。まして、子供のころから囲碁に熱中している先ほどお話した天才少年たちとは、大きく状況が違うはずです。

次に、法律学の特質として指摘した第二の点は、私が学んだときと現在とで状況が違っているわけではありません。法解釈学は、依然として人間が作り出した法律の条文に関する論争でありますし、それには絶対的な正解がありません。ですから、最後の第三の点（すなわち、教授方法と勉強態度）でよほど工夫しませんと、ロースクールでの勉強が、後でお話する私が司法試験を受験した時のそれと同じように、いわゆる「難行苦行」になってしまいます。私は、これははなはだ残念なことだと思います。もっとも、ロースクールにおいては、法律の理論だけでなく実務的なこともかなり教えることになっています。当然、実体法と手続法のダイナミックな絡み合いについても話題になるはずです。また、最近はテレビや新聞で、具体的な裁判が詳しく報道されますし、法学部の学生も法廷見学をするのが一般のようですから、皆さんは、私の学生時代と比べると、裁判というものを相当身近に感じられるようになっていると思います。その点は、かなり有利な条件でしょう。しかも、法科大学院では、教授方法についてできるだけ工夫していくことになっています。ですから、皆さんは私が法学部の講義で感じた「砂を噛むような思い」をすることはないのではないかと思います。しかし、そうはいっても、法律学の勉強がそれ程生やさしいものでないことはいうまでもありません。天才少年たちが熱中していた囲碁と同じくらい面白いものかといえば、「そのようなことはない。」といわざるを得ないでしょう。ですから、皆さんの方でも、本日私がお話している法律学の特質を十分理解した上で、勉強の態度・方法をよくよく考えていただきたいと思います。

五　何のために、どのようにして法律を学ぶのか

それでは、少しずつ具体的な問題に入っていきましょう。皆さんは、将来法律実務家となって何をしたいのかと聞かれたら、どう答えますか。恐らくその答えは、「法律により社会における紛争を適切に解決したい」というようなものだろうと思います。その限りではそれはきわめて正しい、いわば模範解答だと思います。法律は、要するに社会における紛争解決の手段の一つですから、これを適切に運用することが大切です。法律を上手に使えば紛争を適切に解決することができますが、他方その使用法を誤れば、紛争がかえってこじれることにもなります。ですから、これから皆さんは、法律を使って「紛争を適切に解決する」方法を勉強してほしいのです。「法律家は悪しき隣人」という言葉がありますが、これは法律を正しく、上手に使わない法律家が現実にかなりいるという事実を示唆しているのではないかと思います。皆さんは、まかり間違ってもそのような悪口を言われないように心していただきたいと思います。

しかし、それでは、更に踏み込んで、「紛争に対する『適切な解決』とは何か。」と問われたら、皆さんはどう答えますか。これは、なかなか答えにくい質問なのです。もともと、法律の世界には、先に述べたような意味で、絶対的な正解はありません。ですから、各論点について正解を発見しこれを具体的事案に当てはめて、事案に対して「絶対的に正しい」解決を与えるということは不可能なのです。

司法の世界では、全てのことが相対的です。具体的な裁判においても、最高裁が示した解決法が絶対的に正しくて、破棄された下級審の考え方が絶対的に間違っていたということは、必ずしもいえません。それどころか、最高裁の解決が比較的にもせよ第一審のそれより常に正しいという保証すらどこにもないのです。事案によっては、最高裁の解決方法が下級審のそれと比べて説得力に劣るという場合もないとはいえません。もっとも、最高裁の示し

た解決方法は、制度上、下級審のそれに優先することになっています。しかし、それは、そういうことにしておかないと紛争にいつまでも決着がつかないから、人為的にそういうことにしているだけなのです。これは、先ほど述べた、司法試験における作られた正解にやや似ていると思いませんか。

それでも皆さんは、「事実認定においてはともかく法律論においては、判例という正解があるだろう。」と言われるかも知れません。しかし、それに対する答も基本的には「ノー」なのです。たしかに、最高裁の判例、特に永年積み重なって定着していると思われる判例は、重みがあります。実際にも、これに従わない下級審の裁判は上告されると破棄される蓋然性が大きいのです。ですから、多くの裁判官は、通常、これに従って判断することになります。しかし、下級審の裁判官がそういう行動に出るのは、最高裁の判例が「絶対的に正しい」からではありません。それに従わないと、上級審で破棄される蓋然性が高い、そういうシステムになっているからに過ぎないのです。ですから、実務家は、具体的事案の解決において、判例が示す基準を無視することはできませんが、それにただ盲目的に従っていればよいということにはならないのです。判例はあくまで判例であって「正解」ではありません。判例を知っていなければ実務家として通用しませんが、判例を知ったことによって正解に到達したと考えることほど浅はかなことはありません。判例の基準を考慮に入れながらも、それに満足することなく、常に、より適切・妥当な解決策を自分の頭で考え、求め続けなければなりません。そのような執務態度によって初めて国民の求める「適切な解決」に到達することができるのだと思います。皆さんは、このことをまず十分に理解しておいてください。

六　司法の仕事を面白いと実感できるようになったいきさつ

先にも述べたとおり、私は、大学での法律の勉強にさっぱり興味をもてなかったので、勉強はさぼりにさぼってしまい、そのため成績は惨憺たるものでした。

ところで、私が大学を卒業するはずになっていた一九六〇年は、日本経済の高度成長がこれから花開こうとしていて経済界が最も活気に溢れていた時期でした。そのため、多くの仲間は、司法試験や公務員試験には見向きもしないで、われもわれもと民間会社に就職していきました。私も、四年生の夏ころまでは、そのような風潮に流されて、当然のように会社か銀行に就職するつもりでいたのです。ところが、いざ就職という時期になって、何となく気が進まないのです。それまで勉強が面白くなくて逃げ回っていたので、成績は最低の部類でしたが、それでも気を取り直して一年留年し司法試験をやってみようという気持ちになりました。しかし、その理由は、この期に及んでもかなり漠然とした、消極的なものであったと自白するほかありません。強いていえば、公務員とか会社員とか銀行員などの生活が自分の性分に合っていないのではないか、果たしてそういう生活で自分が精神的に満足できるのだろうかという不安があったことなどだったのです。[3] この点で、司法の世界へのあこがれや強い目的意識、高い理想を抱いて法科大学院を受験されたと思われる皆さんとは大分事情が違います。まことに恥ずかしいことですが、私に関するかぎり、司法試験受験の動機は、他の世界の生活に自信が持てなかったという、はなはだ消極的なものでした。

しかし、一年間留年して、面白くないのを我慢しながらくそ勉強をした甲斐があって、幸運にも試験には合格しました。[4] これで法律家への道は開けたわけです。ところで、司法研修所や実務庁での修習は、具体的事件を題材としますし、そこでは法律論だけでなく、事実認定や量刑についても勉強します。学生時代の教室での勉強と比べると、これは大分興味の持てるものでした。しかし、それでもまだ学生気分が抜けきらず、必死に勉強するという態度にはなっていませんでした。

裁判官になって、実際の事件にぶつかり、生身の被告人・被疑者と対峙するようになると、それまでの安易な気分は一掃されました。事実認定や量刑の苦労も一通り経験して、どうやら法律実務家らしくなってきました。もっとも、私は、裁判官になった最初のころは、刑事裁判になかなか興味が持てなかったのです。それがあるちょっとした偶然から刑事裁判に魅入られる結果になりました。その経緯は、最近刊行された私の『刑事裁判の心(5)』という書物の中に書いてありますので、興味のある方はぜひ読んでみてください。

私が、事実認定だけでなく法律論の面でも、本当の意味で刑事裁判の面白さを実感できるようになったのは、任官一七年目から五年間、最高裁調査官という仕事をさせていただいてからです。最高裁調査官の仕事は、最高裁判官が実際に事件について判断する前に、予め記録を調査して問題点を報告することですが、解決の方向について自分の考えを述べることも許されています。重要な法律問題について、自分が報告書に書いた意見のとおりの最高裁判例が出ることもあるのです。そこで、私は、この事案についてはどのような解決策が適当であるかを自分の頭でそれこそ死にものぐるいで考えるようになりました。当該事案について、最高裁の判断は最終的なものです。ですから、最高裁の示す結論は当事者にとって絶対的な重みをもちます。また、最高裁判決・決定の理由は、いわゆる判例として、同種事例を処理する上で今後の指針になるものです。ですから、結論だけでなく、結論を導く上でどのような理由を示すかも、きわめて重要なことなのです。

先程から何度も述べているように、裁判の世界では、自然科学の世界におけるような「正解」はあり得ないのですが、このように、最高裁の判例は、とりあえず「正解」に代わるものとして機能することが期待されています。ですから、最高裁判決・決定の示す理由は、できるだけ多くの人が納得し得るものであることが望ましいのです。従来の考え方に従って形式的に判断すれば簡単に処理できる事案でも、それでは結論が常識に合わないと思われることがあります。その種の事案にぶつかりますと、そういう形式的な処理の仕方に飽きたらず、何とかして当事者を救済する法律解釈はないかとか、従前の判例の射程はこの事件に本当に及ぶのだろうかとか、判例の間隙を埋める理論はないだろうかなどと、必死になって適切な解決方法を模索することになります。このような仕事をすることを通じて、私は、法律論についても、安易に通説・判例に頼るのではなく、事案に即した最も適切な解決策を自分の頭で考えることの重要性を痛感させられたのです。また、最高裁は、原判決の事実認定には介入しないというのが原則ですが、事案によっては、どうしても原判決の事実認定を是正して被告人を救済する必要があると思われる場合も出てきます。そういう考えに到達した場合には、「原判決には、重大な事実誤認の疑いがある。」という報告書を提出することになるのですが、裁判官に納得してもらえるような報告書でなければ問題にもされません。ですから、調査報告書の作成には心血を注ぐことになります。そのようにして作成した報告書の意見が採用されなかった事件ももちろんありますが、現実に採用された時には、それこそ調査官冥利に尽きる思いをしたものです。

以上の経験から私が申し上げたいことは、次のような点です。すなわち、私は、当初、法律の世界には絶対的な正解がないということから法律に興味をもてなかったのですが、実務に入っていろいろ経験すると、絶対的な正解がないという点が、逆に法律学や司法の仕事の面白いところだということに気づきました。先ほども述べましたように、絶対的な正解があるのであればこれを発見してしまえばそれでおしまいです。しかしそれがないということになれば、各人それぞれが正しいと考えるところをぶつけ合って少しでも適切な解決に到達しようとする以外に方法がありません。そうであれば、自分の考えた理論や解決法が、説得力のいかんによっては多くの法律家の支持を得て事実上の正解として承認されることすらあるのです。これを醍醐味と言わずして何と呼ぶのでしょうか。

それでは、自分の考えを他の人に支持してもらうために一番重要なものは何でしょうか。多くの人に納得してもらう理論は、論理的に整合性のあるものでなければなりませんが、それだけでは足りないのです。一番重要なことは、その結論が常識に合致するものであるということです。法律の議論には、たいてい、少なくても積極説、消極説、折衷説の三説くらいはあります。そして、それぞれの説にはそれなりの根拠があって、どれも一応の説得力があるように思われます。その中で通説となり判例として採用されるのはどれかといえば、結局その説の結論が多くの人に納得されるものであるということになると思います。理論自体は精緻完璧で非難の余地がないようなものであっても、常識的に考えて結論に納得できない理論は、多くの人の賛同が得られにくいと思います。ですから、法律家特に法律実務家にとって常識ほど重要なものはありません。皆さんは、これから法律学を深く勉強し実務家を目指していくわけですが、法律学の根底にあるもの（すなわち原点）は、結局健全な社会常識であるということを、くれぐれも忘れないでいてほしいと思います。

七　法律解釈に関する私の経験――月刊ペン事件

これから、私が常識の重要性を痛感した具体的事件についてお話します。私が最高裁調査官として調査報告を担当した事件の中に、月刊ペン事件と呼ばれるものがあります。この事件に関する最高裁の判例[6]自体は、現在では刑法各論の教科書ならどれにでも載っている有名なものですから、法学既修者の方なら「月刊ペン」と聞いただけで、「ああ、あの事件か。」とお分かりになるはずです。しかし、ここには未修者の方もおられますので、簡単に事案の内容をご説明しておきましょう。

被告人は、「月刊ペン」という月刊誌の編集長ですが、創価学会批判のキャンペーン特集を組み、池田大作会長の乱脈な女性関係を実名入りで具体的に指摘する記事を掲載しました。そして、その記事が池田会長の逆鱗に触れ、名誉毀損罪で告訴された結果、結局同罪で起訴されたのです。そして、この事件の一、二審の公判は、次のような経過で推移しました。すなわち、まず、被告人がその記事を月刊誌に掲載したこと自体は争いがなかったので、第一審における検察官の立証は同意書証の取調べなどだけで簡単に終了しました。そして、その記事が池田会長の名誉を毀損するものであることについては疑いの余地はありません。そこで、弁護人はこの記事で指摘した事実が真実であることを立証したいとして証人を申請しましたが、裁判所は、これらの証人を全て却下して速やかに結審し、被告人に有罪判決を言い渡したのです。(7) ところで、法学既修者の方は十分ご存知のことですが、刑法二三〇条によると、公然と事実を摘示して他人の名誉を毀損した者は、その事実の有無にかかわらず、「三年以下の懲役若しくは禁錮又は五〇万円以下の罰金」に処せられます。しかし、他方、二三〇条の二によれば、この行為が、①「公共の利害に関する事実に係り」（以下「公共利害該当性」といいます。）、②「その目的が専ら公益目的を図ることにあったと認め」られる場合に（以下「公益目的の存在」といいます。）、③事実の真実性が立証されたときは（以下「真実性の立証」といいます。）、処罰されないのです。そこで、弁護人は、この条文に基づき事実の真実性を立証しようとしたのですが、裁判所は、その立証を許さなかったのです。被告人は、もちろん控訴しました。そして、控訴審においても、事実の真実性を立証するため、池田大作氏本人を含む証人四人を申請しましたが、裁判所は、やはりこれを全員却下して控訴を棄却したのです。「被告人が摘示した事実は公共の利害に関係しない。」というのがその理由です。原判決は、そう判断した理由をいろいろ挙げていますが、一番重大と思われる点は、「摘示事実は、私人の私的な男女関係を内容としている上、表現方法が侮辱的・嘲笑的である。」ということでした。この判決に対し被告人から上告があり、私が調査を命ぜられたのです。

上告趣意は、憲法一九条（思想及び良心の自由の保障）、二一条（表現の自由の保障）などの違反を主張していましたが、その実質は、刑法二三〇条の二を原判決のように解釈適用するのは誤りであるという単なる法令違反の主張であると考えられました。ところで、刑訴法四〇五条には、上告を申し立てることのできる判決として、原判決に憲法違反や判例違反がある場合が挙げられています。これは「絶対的上告理由」といわれるものでありまして、これらの上告理由があれば原判決は破棄になります。しかし、上告趣意が憲法違反の主張をしていても、それが実質的にみて実体法や手続法（要するに憲法以外の法律）に違反しているという主張に過ぎないとみられる場合は、上告趣意は不適法であるとされてしまうのです。ですから、本件においても、最高裁としては「この上告趣意は適法な上告理由に当たらない。」として上告を棄却する処理も可能なわけで、そうなれば処理はきわめて簡単です。調査官としても、そのような腹さえ決まれば、報告書を簡単に作成することができるのです。

しかし、他方、刑事訴訟法四一一条によれば、四〇五条の絶対的上告理由がない場合でも、原判決に「判決に影響を及ぼすべき法令の違反」や「判決に影響を及ぼすべき重大な事実の誤認」があって、「原判決を破棄しなければ著しく正義に反する」と認められる場合には、最高裁は原判決を破棄することができるとされています。これが裁量的上告理由といわれるものですが、この条文に基づいて最高裁が原判決を破棄するかどうかはあくまで最高裁の裁量になりますから、どの程度の違法があれば原判決を破棄すべきかの判断がなかなか難しいのです。しかし、私は、この事件で問題とされているのは、憲法二一条の保障する表現の自由と個人的な保護法益である名誉とがぶつかり合う場面ですから、宣告刑は執行猶予付きの比較的軽いものではありましたが、そう簡単に処理すべきではないと考えたのです。そのため、調査には慎重を期そうと心に決めました。

私がこの事件の調査を開始するに当たって最初に感じた疑問は、次のような素朴なものでした。すなわち、「創価学会の池田会長といえば、公務員でないとはいっても、社会的にきわめて重要な影響力をもつ人物である。このような人物の女性関係の乱れを指摘することは、まさに公共の利害に関係するのではないか。そうすると、公共利害該当性を否定した原審の判断には問題があるのではないか。被告人側に摘示事実が真実であることの立証をさせないまま有罪判決を言い渡すことが、果たして許されるのだろうか。」というものです。

そこで、まず公共の利害に関する事実の意義について判例・学説を調べてみました。そうすると、「公務員でない私人の私生活上の行状であっても、その人物が果たす社会的役割などからみて重要であるときは、公共利害該当性が肯定される場合がある。」という点については、有力な学説の指摘がありまして、比較的容易に積極の結論に到達できそうでした。ただ、原判決は、問題の文章が、侮辱的・嘲笑的であることを指摘して、「だからこの記事には公共利害該当性がない。」といっているのです。この点をどう考えるかが次の問題です。しかし、文章の表現方法が嘲笑的であるからといって、摘示事実が「公共の利害に係る事実」に該当しなくなるという点には、やはり理屈の問題として疑問が残ります。公共の利害に係る事実かどうかは、本来摘示された事実の性質内容によって客観的に決まってくるはずではないか。表現方法の問題は、被告人の主観的な目的（公益目的）の存否の段階ではある程度考慮することができるとしても、これを公共利害該当性の判断の際に考慮するというのは、やはり筋が違うのではないかという感じが拭えません。

しかしながら、さらによく調べてみると、問題はそれほど簡単ではありませんでした。原判決には、有力な判例・学説上の根拠があったのです。まず、判例ですが、この点については最高裁の判例こそありませんでしたが、高裁レベルでは、原判決のような考え方が主流でありまして、中でもインチキブンヤ事件という東京高裁の判例(8)が、リーディングケースとされていました。この判決は、公共利害該当性は、「当該摘示事実の具体的内容、当該事実の公表がなされた相手方の範囲の広狭、その表現方法等、右表現自体に関する諸般の事情を斟酌するとともに、一方において右表現により毀損され、又は毀損されるべき人の名誉侵害の程度をも比較考量」した上で決定すべきであるとしていたのです。そして、この判決は、当時最も権威があると考えられていた注釈刑法など有力な刑法学説によっても支持されていまして、これに反対する学説・裁判例は見当たらない状況でした。原判決も一審判決も、このような学説・判例の流れを踏まえた上でされたものとみられるのです。

さてそうなると、このような有力な判例・学説を背景にしている原判決を誤りであると決めつける報告書を提出するのには、それだけでも大変な勇気が要ります。しかも、事案が事案です。池田会長といえば、宗教界と政界の双方で隠然たる勢力を有する特異な人物です。このような人物の名誉毀損が問題とされた本件で、もし法廷での事実の立証を許した後で、上級審から、「そのような事実は公共利害事実に当たらない。」という判断を受ければ、裁判所が池田氏の名誉をいっそう毀損してしまったということになります。ですから、このような事実関係の立証はできるだけさせないで済ませたいという裁判所の考えもまったく理解できないことではありません。そういうことで、さすがの私も、報告書を提出するまでは随分と迷い悩み苦しみました。

しかし、いくら考えてみても、摘示された事実がその表現方法のいかんによって公共利害該当性を取得したり失ったりするという理屈は納得できません。また、池田会長の名誉の問題はありますが、被告人を名誉毀損罪で告訴し刑事処罰を求めている以上、池田氏も証人として潔く出廷し事実を明らかにすべきではないのか。自分の方はそういう危険に身をさらすことなく安全圏にいたまま、一人の人間を刑罰に処して欲しいというのは余りにも虫がよいのではないか、という疑問は簡単には解消しません。そこで、私は、思い切って今述べたような方向での報告書を作成して裁判官に提出することにしました。

ところで、この事件におけるように原判決破棄という結論を示唆した報告書や、そうでなくても重要な判例となる可能性のある事件の報告書を提出する場合は、必ず刑事調査官全員の研究会を経由する慣行となっています。それは、もしそのような報告書が担当調査官の独断による特異な見解に基づくものであった場合には、最高裁の判決自体を誤らせる可能性がありますから、そういうことにならないようにという先輩の知恵に基づくものでした。そして、研究会を経た事件については、担当調査官の報告書以外に、調査官室の研究会における多数意見はどのようなものであったかを裁判官に報告することが義務付けられています。そういうわけですから、いくら担当調査官が力を入れて報告書を作成しても、研究会で他の調査官の賛同が得られない場合は、裁判官になかなか信用してもらえないということがあり得るのです。

そこで、私は、必死の思いで作成した報告書を刑事調査官全員に配付して、研究会にかけることにしました。当時、刑事の調査官は合計一一人でしたが、研究会にはこの一一人全員に首席調査官を加えた一二人が顔を揃えます。最高裁調査官は、一番若い人でも裁判官経験一〇年を超えおおむね一〇数年から二〇年程度の働き盛りの刑事裁判官ですし、上席調査官は二〇数年、首席調査官となれば三〇年以上の裁判官経験のある大ベテランです。そして、揃いも揃って口から生まれたのではないかと思われるように議論の達者な人種なのです。こういう人たちを相手に法律の議論を闘わせるのは、考えただけでも気の重くなる仕事です。それだけではありません。通常の傾向からいいますと、多くの調査官は、他の人が出した報告書をどうしても批判的に検討しますから、当然厳しい反論を覚悟しなければなりません。研究会では、多くの場合議論が白熱しまして、甲論乙駁の結果容易に結論が出ないということすらあります。以前私が提出した別の事件の報告書も、そういう経緯をたどってもみくちゃにされたこともありました。今回の月刊ペン事件に関する私の報告書は、そういうわけで当然いろいろ厳しい反論を受けましたが、私も必死です。懸命に防戦これつとめて、ようやくにして研究会を何とか乗り切ることができました。

この事件の主任裁判官は、ありがたいことに団藤裁判官でした。皆さんよくご存知のように、団藤裁判官は、わが国における刑事法学の第一人者であられますし、名誉毀損罪についても詳しい研究をしておられます。また、私が、学生時代に刑法総論の講義を聴かせていただいたことは先ほどご紹介しました。そして、約二〇年前に大教室で遥かに仰ぎ見た団藤教授から、今度は担当調査官という立場で親しくご指導いただく機会を得たことは、それだけでも大変な幸運であり光栄なことでした。しかも、さらに嬉しいことには、団藤裁判官は大変リベラルなお考えの方である上に、調査官の意見をよく聞いてくださいます。事件でいろいろ思索を深めようとされる際には、私のような者でも何かにつけて裁判官室に呼んでくださり、直接意見を述べる機会を与えてくださっていました。この月刊ペン事件の時にも、団藤裁判官は、私が報告書を提出した後しばらくしてからでしたが私を裁判官室にお呼びになり、いろいろと質問された後、結局この報告書の線でいこうと思うと言われました。その後は、裁判官の審議（合議）も比較的スムーズにまとまり、弁論を開いた上で破棄・差戻しの判決がされるに至ったのです。

この事件の調査報告を担当してみて、私は、先例とか学説などというものに頼り過ぎることがいかに危険であるかを痛感させられました。この事件の一、二審を担当した裁判官は、さきほど述べたような判例・学説の傾向から、安心して弁護人申請の証人を却下したのだと思います。そして、もし担当調査官である私までもが判例・学説を金科玉条として通り一遍の報告書を提出していたとすれば、この月刊ペンの最高裁判決は生まれなかった可能性が強いのです(9)。

しかし、あとになって落ち着いて考えてみれば、この最高裁判決が述べたことはきわめて当然のことではないかと思われます。今までどうしてインチキブンヤ事件判決のような見解が通用していたのか疑問に思われてくるくらいです。現に、注釈刑法で従前の高裁判例に賛成しておられた高名な刑法の先生は、この判決の判例評釈(10)の中で、

「表現方法などによってある事実が公共の利害に関するものになったりならなかったりするものではないから」という私の判例解説を引用された上で、本判決の判旨を支持され、従前の自説を改めておられます。

学説に対する私の不信感は、この事件の調査を担当して以来いっそう強くなりました。そして、裁判官は、従前の学説・裁判例を十分に意識し参考にしながらも、これに安易に頼るのではなく、あくまで自分の頭で徹底的に考え抜いた上で、常識にかなう適切な結論を出すべきだという強い信念に達しました。本日のお話で、私が、法律の解釈には決して絶対的な正解はないのだということをくどい位にくり返しているのはこういう経験があるからです。

以上、刑法各論の教科書の中では簡単に触れられているにすぎないこの判例でも、それがこの世に出るまでには、このようなドラマティックな展開があったということをご記憶いただければ嬉しく思います。

八　法律の勉強を好きになる方法（五箇条）

法科大学院に入学されたばかりの皆さんに対するお話としては、少し専門的な話になり過ぎたかもしれません。特に、法学未修者の方からは、何のことかよく分からなかったと言われそうで恐縮しています。未修者の方が今日の私の話をよく理解できなくても、けっして心配される必要はありません。どこか頭の片隅に少しでも残しておいてくだされば結構です。ただ、これからお話することだけはよく聞いてください。これから、今後どのような態度で法科大学院の授業を受けて欲しいかについて、私の意見を申し上げたいと思うからです。

前にもいいましたとおり、法律学という学問は、教科書を読んだりして普通のやり方で勉強しているだけではなかなか面白さを感じることのできない学問です。私が学生時代にもった「あたかも砂を噛むようだ」という感想は、平均的な法学部学生であれば、程度の差こそあってもおそらく誰でも感じていたことではないかと思います。私は、今日このような話をするに当たり、何人かの親しい友人に、(11)「学生時代の講義は面白かったか。当時から法律を面白いと感じていたか。」という質問をしてみました。しかし、私が想像していたとおり、学生時代から法律の勉強が面白くて仕方がなかったという感想を述べた人は一人もいませんでした。

私は、これから勉強方法の工夫の仕方について申し上げるのですが、私がこれから申し上げるような工夫をしたとしても、法律の勉強が「面白くて面白くて仕方がない。」というような状態には、おそらくなかなかならないだろうと思います。まかり間違っても、最初に述べた囲碁に熱中する天才少年たちのように、法律の勉強に取り憑かれるような状況にはなりますまい。しかし、いったん試験に合格して法律実務家になることができれば、今日私がお話したような面白い場面、また法律家として本当にやり甲斐を感ずる場面にも出会うチャンスがあるのです。そのような場面を想像しながら、できるだけ法律の勉強を好きになっていただきたいと思います。

以下、法律をできるだけ面白く楽しく勉強するために必要であると私が考えている事項を箇条書き的に申し上げますので、どうか参考にしてください。

(1)　第一は、勉強はあくまで「自分でするもの」であって、教師に教えてもらうものではないということです。教師は勉強の材料やきっかけ、あるいはせいぜい考え方のヒントを与えてくれるに過ぎないものと心得てください。勉強は「教えてもらう」のではなく、「自分でする」ものだということを意識するだけで、法律の勉強に対する興味の持ち方や意欲がずいぶん違ってくるはずです。

(2)　そのためには、ささいなことにも疑問を持ち、その疑問点について徹底的に調べた上「自分の頭で考える」という習慣を身につけることが重要です。まかり間違っても、判例・学説を記憶したり模範答案を丸暗記したりすることが勉強だと勘違いしないでください。判例・学説は、それを知らなければ問題になりませんが、それを前提として自分で考えるという習慣こそが大切なのです。模範答案の丸暗記などというものは、法律の勉強として明らかに邪道です。こういうことばかりしていると、万一幸運に試験に合格したとしても、将来法律家として大成するのは難しいと覚悟してください。

(3)　三番目。疑問点について自分の考えをまとめたら、どしどし他人にぶつけて批判を求めましょう。そして、そこで受けた批判は率直に受け止めて再検討し、反対の立場の人を説得できるような論理構成はないかをよくよく考える習慣をつけてください。このような方法をくり返すことによって、次第に自分の考えを客観的に捉えることができるようになり、自説の説得力も増してくると思います。

(4)　さらに、法律の条文とその解釈や実務の現状を知ることは当然必要ですが、それを知っただけで満足していては問題になりません。実務を向上させるよりよい実務慣行を作り出すためには、さらにどのような工夫が必要かについて、常に真剣に検討していくことが大切です。

(5)　最後に、教科書で体系的な勉強をすることはもちろん重要ですが、それだけではなく、現在実務においてどのような問題がアップツーデイトの問題になっているかを知って、自分の問題意識を鋭いものにしていくことも大切です。そのためには、法律雑誌などにより最新の判例・学説にもできるだけ多く目を通していくことが求められます。これは、毎日の予習復習だけでも多くの時間が必要な法科大学院の学生にとってなかなか大変なことですが、少なくともそのような努力をするかどうかによって、問題意識の鋭さが大きく違ってくることは明らかだと思います。

九　おわりに――期待される法律実務家像

以上のようなお話を前提として、最後に、皆さんが将来法律実務家になった場合どういう点に一番注意してほしいか、そして究極的には、法律実務家にとって一番大切なものは何か、期待される実務家像はどのようなものかというような点について、私の考えを述べて今日のお話を締めくくろうと思います。

皆さんは、「法律実務家として一番大切なものは何か」と聞かれたら何と答えますか。法律家である限り、プロとしての知識・経験・技術（今の言葉でいえば「スキル」ですね）が重要であることはいうまでもありません。スキルの面で一人前といえない人はそれこそ問題にもなりません。しかし、私は、それと同じくらい、あるいはそれ以上に重要なものとして、「健全な常識と暖かい心」を挙げたいと思います。

法律実務家は、法律を手段として紛争の適切な解決を図ることを仕事とするものです。そして、紛争の適切な解決に常識が重要であることについては、これまでのお話でかなりご理解いただけただろうと思います。それでは、もう一つの暖かい心とは何でしょうか。そして、それはどういう理由によって実務家に必要とされるのでしょうか。

社会に生起する法律上の紛争は、民事にせよ刑事にせよ、きわめて複雑な形をとることが多いのです。そういう紛争を適切に解決する上で、法律に関する知識・経験・技術が重要であることはもちろんです。しかし、試験に合格する位の人であれば、そういうスキルは努力次第でたぶん一応のレベルまでは達することができるでしょう。しかしながら、そのような知識・経験をいくら積み重ねても、その人に人間的な温かい心が欠けていれば、本当の意味で「適切な解決」をすることができないことになります。なぜなら、先に述べたように、司法の世界には絶対的な正解がないのですから、具体的な紛争に対する解決方法はいくつか複数存在するのが普通でありまして、その中からどれを選択するかについて、担当する法律実務家は決断を求められます。そして、心の温かい法律実務家であれば、当事者にとって一番適切な解決法を必死で模索しそのような結果になるよう真剣に努力するでしょう。しかし、心の冷たい、いわば官僚的な思考傾向の法律実務家であれば、むしろ自分にとって一番楽な解決法を目指すのではないでしょうか。もっとも、その法律実務家が弁護士である場合は、訴訟に勝つか負けるかは自分の懐具合と関係しますから、負けないように努力はするでしょう。しかし、自分の懐具合の関係からする努力には限界があります。どのような努力をしたかは、素人である依頼者にはよく分かりませんから、どうしてもそのことに安心して仕事の手を抜くということにならないとは限りません。また、逆にこのような法律実務家は、訴訟の勝敗を意識するあまり、禁じ手と思われるきわどい手段に訴えることも出てくるかもしれません。これはよくないことです。他方、その法律実務家が裁判官であった場合は、問題がもっと深刻です。なぜなら、裁判官は、民事ならどちらの当事者を勝たせようと、刑事なら被告人をどのような刑に服させようが、自分自身の生活にはまったく関係がありません[12]。また、裁判官が通り一遍の判決をしたからといって、外からは必ずしもその点がみえるわけではありません。そうすると、人間の通弊として、裁判官も楽をしたいという気持になりかねないのです。先ほど述べた月刊ペン事件における下級審裁判官のように、余り深く考えないまま、通説的な見解に安易に同調しておけば仕事は楽ですから、ついついそのような訴訟指揮に出ることが考えられます。しかし、それは、心の温かい実務家のすることではありません。心の温かい実務家は、この事件について、どういう解決をするのが一番適切な解決であるかを自分の頭の中で真剣に考え抜き、負ける当事者の痛みをも肌身で感じ取った上で、これだと考える解決策を示すことになるだろうと思うのです。このように、裁判官にせよ検察官にせよ弁護士にせよ、自分の頭で一番適切であると考えた解決策をぶつけ合うことによって、客観的にも一番適切な解決に到達することができるようになると思います。

どうか皆さん、これから法律の勉強をするに当たっては、今日私が述べたことをよく理解された上、法律の勉強を面白くするかたわら、健全な社会常識を蓄え、人間的な暖かい心を涵養するよう努力していただきたいと思います。私たちも、できる限りの応援をしていく積もりです。そして、二年後又は三年後には、ここにいる皆さん全員が見事に法曹の資格を取得されることを心から祈りながら、本日の私のお話を終わらせていただきます。がんばってください。

1　もっとも、こういうと少しだけ誇張があるようにも思う。中学校時代社会科の授業で裁判官という仕事があることを知って、できればそういう方面に進みたいという淡い希望のようなものがなかったといえば嘘になる。しかし、その希望は、本当に淡いもので、大学の受験勉強でいい加減いやになっているのに、これからまたそれにも増した勉強をしていくというような元気は、大学入学当時はまったくなかった。

2　ちなみに、囲碁のプロへの試験は、日本棋院又は関西棋院が行う最終予選というリーグ戦である。そこでは、院生として棋院で勉強しているプロの卵たちの中で下から勝ち上がってきた者が、院生の卒業生を含む外部の者と一緒になってリーグ戦を闘い、年間一、二名、多くても数名だけがプロへの道を認められるというもので、世上最難関といわれている司法試験と比べても問題なく厳しいものである。私などは、そのような厳しい試験に合格する見込みがまったく立たないので、小学校卒業の段階でこの方面の進路を諦め逃げ出していた。

3　もっとも、先ほど述べたように、中学生のころに裁判官の仕事に対し淡いあこがれのようなものを抱いたということが、まったく影響していなかったとはいえないかもしれない。

4　ただし、この勉強は私にとってまさしく「難行苦行の連続」で、もしこの年に試験に失敗しても、もう一度トライしようという気持ちは、おそらく起きなかっただろうと思う。

5　『刑事裁判の心——事実認定適正化の方策』（法律文化社、二〇〇四年）一四頁以下。

6　最一判昭和五六年四月一六日刑集三五巻三号八四頁。

7　懲役一〇月執行猶予一年。

8　東京高判昭和二八年二月二一日高刑集六巻四号三六七頁。

9　もちろん、事件によっては最高裁判事の方から問題を提起される場合もあるが、実際には、膨大な数の事件処理を求められる最高裁判事の方から、調査官が提起していない問題点を指摘されることは、そうたびたびあることではない。

10　判例評論二七三号一九九頁。

11　もちろん、これまで裁判官や弁護士をしてきた人たちで、中には現職の最高裁判事もいる。

12　早い話が、被告人を厳しい実刑に処したからといって、裁判官自身が刑務所に入るわけではない。

第七章　二一世紀の司法を支える皆さんへのメッセージ
――いかにして「理想の裁判」を実現するか――

一　はじめに

私は、健康上の理由から二〇〇〇（平成一二）年五月に判事を退官し公証人にしていただいたのですが、その少し前の一九九六（平成八）年から三年近く、水戸家裁、同地裁の所長をしていました。そして、そのころ、現在この静岡地裁の中心戦力となっている植村幹男・京子両判事（当時は判事補）が水戸におられたことからご縁があり、本日お招きを受けた次第です。

ところで、私は、退官後自分で裁判することはなくなったのですが、その代わりに、多くの方の前で裁判に関係する話をさせていただく機会が出て来ました。しかし、これまでは、主として弁護士さん相手のものでありまして、私が一番話を聞いてほしかった後輩裁判官に対してはそういう機会がありませんでした。その意味で、今回当地裁から、新任判事補研さんの一環として話をする機会を与えていただいたことは、私にとって大変光栄であると同時にまことに嬉しいことであります。そこで、自分なりにいろいろ考えて、できるだけ多くのメッセージをお伝えしようと張り切ってやって来ました。

二　司法の役割について

最初に、裁判ないし司法の役割は何か、というわかり切っているように思われる問題から入ります。

これは大変素朴で初歩的な質問です。皆さんは、即座に「それは紛争を適切に解決することだ」とお答えになるでしょう。それは、まったくそのとおりだと思います。では、さらに踏み込んで、「紛争の適切な解決とはどういうことか」と質問したら、どう答えますか。これは、簡単には答えにくいのではないでしょうか。

私も、この問いに対して、直ちに自信を持って正解を示すことはできません。しかし、それに近い解答を示すことはできます。それは「両当事者を納得させうる解決法を示すことである」というものです。私が、「これが絶対の正解である」と言い切る自信がないのは、この解答ではまだ抽象的にすぎるし、また、考えるべき問題はこれだけではないと思うからです。

他に考えるべきことの一つは、裁判にかける時間の問題です。「遅すぎる裁判は、裁判の拒否に等しい」という言葉を引用するまでもなく、裁判に無制限に時間をかけるわけにはいきません。しかし、さりとて、時間を気にしすぎて、必要な証拠調べもしないで審理を打ち切ったとしたら、当事者の納得はとうてい得られないでしょう。また、最近は、当事者以外の者、例えば、被害者とか国民一般が裁判にかける期待も無視できなくなっています。

確かに、限られた時間の中で、立場の異なる人たちすべてを満足させる判決をすることは人間技を超えているでしょう。しかし、皆さんは、裁判官にはこのように、多方面からさまざまの、大きな期待が寄せられているのだということを十分意識して、少しでもそれに近づくように努力していただきたいと思います。

三　当事者が納得する裁判をいかにして実現するか

裁判の本質はあくまで「紛争の解決」ですから、紛争の解決方法である判決、決定、和解案等が当事者の納得しうるものであることが、何といっても一番大切でしょう。このこと自体については、どなたにも異論がないだろうと思います。しかし、当事者が納得しうる裁判と簡単に言いますが、これを実現するのは容易なことではありません。もともと両当事者は、反対の立場にいるわけですから、裁判所が両者を納得させることは、そのことだけを考えても大変難しいことがわかります。しかし、それを不可能であると諦めてしまっては、話は先に進みません。もっとも、裁判官の中には、「いくら努力したって、どんな説明をしたって、敗けた当事者はどうせ納得しないよ。だから、判決は、上級審で破られないようにということだけを考えて書いておけばいいのだ」という言い方をする方が時にいます。しかし、私は、そういう人を裁判官として尊敬する気にはなれません。確かに、上級審で破られないということは、紛争の解決にとって大切なことです。しかし、理想は、やはり裁判所の判断を受けた両当事者が「なるほどそうか」と納得して紛争が収まることです。当事者が全然納得していないのに上級審では破られなかったという判決は、紛争解決の役割を半分しか果たしていないというべきでしょう。

それでは、当事者が納得しうる裁判は、どうしたら実現できるのでしょうか。私は、それに最低限度必要なこととして、次の五つを挙げたいと思います。すなわち、それは、①フェアーな訴訟指揮、②必要にして十分な証拠調べ、③的確な事実認定、④筋の通った理由付け、そして⑤妥当な結論です。

もちろん、このような点に十分気をつけていても当事者が納得しないという事件は当然あります。しかし私は、裁判官たる者は、こういう点に気をつけながら、いつも当事者の納得という究極の目標を見据えて仕事をしていくべき義務があると考えています。

四　訴訟指揮・証拠調べと審理態度

(一)　フェアーな訴訟指揮の重要性

裁判で一番大切なものは何かと問われれば、「それは結論です」と答えるほかありません。ですから、あるいは、⑤の結論の問題から申し上げるべきかもしれませんが、それは、①から④までの問題をクリアーしなければ出て来ないものですから、まず、これらの問題についてお話します。

裁判においては、ある意味では結論と同等か、それ以上に大切なものがあります。それは、まず「的確な事実認定」ですが、それを可能にするのは、「必要にして十分な証拠調べ」だと思います。そして、そういう証拠調べは、そもそもフェアーな訴訟指揮からしか生まれません。

それでは、フェアーな訴訟指揮をするために必要なことは何でしょうか。それは、当然のことながら、「事件に対してなんらの予断を持つことなく、当事者の主張・立証に対し虚心に、謙虚に、そして十分に耳を傾けるという審理態度」であります。こう申し上げると、皆さんは、「そんなことなら百も承知だ」と言われると思います。しかし、こういう態度を最後まで維持するのは、案外難しいものなのです。

例えば、検察官側の立証がある程度進むと、事実関係がきわめて明白になってしまったように感じられて、一見すると、「これに対して被告人側に反証をさせても、検察官側のこれまでの立証が覆ることはありそうもない」と感じられることが時にあります。そして、裁判官は、常に時間に追われていますから、そういう場面に逢着しますと、少しでも早く事件を処理したいという誘惑に駆られて、反対当事者が重視している立証でもこれを制限して速やかに審理終結を宣言したくなります。しかし、これが問題なのです。そういう訴訟指揮は、多くの場合失敗に終わります。なぜなら、そのような場合、立証を制限された当事者は容易に納得しませんで、たとえ判決で客観的には妥当な結論を出した場合でも、これに不満を抱くことになるからです。

もっとも、こういう言い方、すなわち、「反対当事者の立証を制限する訴訟指揮はできるだけしないように」という言い方は、多少誤解を生むおそれがあるかもしれません。私も、いかなる事情があろうともそういう訴訟指揮が絶対に許されないとまで言っているのではありません。明らかに訴訟の引き伸ばしを狙っているとしか考えようのない無意味な訴訟活動をする弁護士・弁護人や検察官もいないわけではないからです。ですから、時と場合によっては、いわゆる「果断な訴訟指揮」が必要とされることがないとはいえません。しかしながら、それは、相当例外的な場合でありまして、多くの場合は、そこまでするのは適当でないだろうと思うのです。もしそういう訴訟指揮をする必要があるのではないかと考えた場合は、立証を制限される当事者の立証計画、その証人によって立証すべき事実などを詳細に主張させたうえで、本当にこの当事者の立証の途を封じたまま進行してよいのかどうかを、虚心に、そして謙虚に、再思三考すべきだと思います。そして、判決においても、当事者の立証を制限して審理を終結した理由について説得力ある説明をすべきだと思います。

実は、私は、検察官側の立証に対する関係ではありますが、思い切って「果断な訴訟指揮」をした経験が一度だけあります。それは、うつ病に冒された母親が、子ども三人を殺害して自分も死のうとしたという拡大自殺の事件でしたが、検察官は、捜査段階の精神鑑定が正しいとして、心神耗弱の主張をしていました。しかし、私たちは、公判段階の鑑定のほうがはるかに説得力に優ると考え、検察官の再度にわたる再鑑定申請を却下して「心神喪失・無罪」の判決をしたのです(1)。しかし、その際には、私たちは、三人で再鑑定の要否につき徹底的に、あらゆる角度から考え抜き、再鑑定が必要でないと考える理由を判決でも詳細に説明しました。この事件での検察官の求刑は、心神耗弱を前提としながらも「懲役一三年」という厳しいものでしたから、再鑑定申請を却下して無罪判決をした以上、検察官控訴があるのではないかと注目していましたが、結局検察官も控訴を断念しました。「果断な訴訟指揮」をしても、上級審で覆ってしまっては何にもなりませんから、その点は慎重に考える必要があります。

(二)　法廷における裁判官の態度・言動

訴訟指揮・証拠調べに関する基本的な問題は、以上に指摘した点に尽きるのですが、これからは、広い意味での訴訟指揮、すなわち法廷における裁判官の態度・言動の問題についてお話しします。私が在官中にお会いした先輩には、立派な訴訟指揮をされる方がたくさんおられた反面、そうでない方、例えば、当事者がこちらの考えを理解しなかったりやや見当外れと思われる反論をしたりすると、本気で怒り出してしまう方もおられました。こういう訴訟指揮をしますと、当事者は、表面的には裁判官に頭を下げますが、心の中では不満が膨らみます。そして、裁判官を尊敬する気持ちがなくなり軽蔑するようにすらなると思います。そういう裁判官の判決には、この点だけでも当事者から不満が噴出します。裁判官の言っていることがたとえ正論であったとしても、それに当事者が納得しないのでは、紛争の解決としては失格です。

それでは、こういう訴訟指揮が出て来る原因はどこにあるのでしょうか。私は、それは、裁判官が謙虚さを失っていることにあると思います。裁判官になる人は、たいてい、子どものころから学校の成績のよい秀才で、学校の先生や周りの人にいつも誉められて育っています。受験戦争でも勝利者です。ですから、大体は、周囲の人も「大秀才」として一目置いた扱いをします。そういう生育歴を有する人が高いプライドを身に付けてしまうことは、ある意味で必然の結果だろうと思います。しかも仕事が仕事です。いったん裁判官になってしまうと、他から批判される機会が少なくなります。もちろん、陪席時代には裁判長の指導を受ける機会はありますが、判事補といえども裁判官ですから、一般職は、当然一目置いた対応をします。少なくとも、一目置いているような素振りで対応してきます。また、特例がつけばひとりで判決をするようになって、法廷での訴訟指揮も完全に任されます。そのようなことから、自分が法廷の中で一番偉くて能力もあるのだという錯覚に陥りやすいのです。若い時代に優れた裁判長の指導を受ける機会のあった人はまだよいのですが、そういう機会がなかったり、特に万が一にも裁判長自身が今述べたような傾向のある方であったりすると大変です。その結果、「裁判官というのはこういうものだ」と知らず知らずのうちに思い込んでしまうと、とんでもないことになります。私は、裁判官がプライドを持つこと自体は決して悪いことではないと思いますが、それが能力の過信につながったり、訴訟当事者を一段低いものとして見る習慣につながったりすると、大変始末が悪いと思います。

皆さん、よく考えてみてください。もともと、学校の成績が他より多少良かったというだけで、その人の人間としての価値が高いということになりますか。司法試験に合格したり優秀な成績で研修所を卒業したりしたからといって、それが裁判官としての価値、裁判の能力をどれだけ保証するものでしょうか。私は、両者がまったく別のものであるとまで言うつもりはありませんが、少なくとも、両者の間に本質的な関係はないと考えています。

裁判官に一番大切なことは、「自らに与えられた権限の強大さを怖れ、謙虚になることができる資質」、そして、「弱い者に対して暖かい気持ちをもって接することができる資質」だと思います。裁判官には法律上強大な権限が与えられていますが、それは、裁判官が訴訟当事者より人間的にあるいは能力的に優れているからそうなっているのではありません。それは、そうしておかないと訴訟制度が成り立たないという単純な理由に基づくだけなのです。その辺を誤解すると、とんでもないことになります。

キャリアの裁判官は、よく言われるように社会的経験に乏しく、実社会に触れる機会が少ないうえに、先に述べたような生育歴・生活歴を持っているのが普通ですから、放っておくと、人間的・人格的な完成度が低いまま、つまり精神的には子どものままの状態で年齢だけ重ねてしまうことになります。そして、ある程度年齢を重ねると、裁判官に与えられる権限はますます強大になります。法廷の内外でおかしな言動に出てもそれをおかしいと直言してくれる人間が周囲にますます少なくなってきます。そうすると、自分が未熟で至らない人間であることにすら気付くチャンスがなくなり、それが傲岸・不遜な思考や態度に直結するおそれがあります。そういう人が強大な権限を行使するということは、ある意味でものすごく恐ろしいことではないでしょうか。それは、権限を行使する本人が、裁判官としての職務に忠実であろうとすればするほどその弊害が大きくなるという関係にもありますから、まことに困ったことだと思います。

皆さんは、子どものころ、アンデルセン童話の『裸の王様』のお話を読んだことがあるだろうと思います。周囲の人間が本当のことを言わなくなったために、本当は裸であるのに立派な洋服を着ているつもりになる愚かな王様のお話です。私は、裁判官という仕事は、下手をすると、というか本人がよほど心してかからないと、裁判官を裸の王様にしてしまいかねない、恐ろしい仕事だと考えています。皆さんは、まずこのことを肝に銘じていただきたいと思います。

それでは、裸の王様にならないためにはどうすればよいでしょうか。それには、「自分が訴訟当事者より優れた人間であるという意識を捨て去ること」が一番大切だと思います。「自分も、同じ人間としての弱点を持っているという点では彼らと何の変りもない存在であるということ」を率直に認めるのです。そのうえで、当事者の言うことに謙虚に耳を傾ける、被告人なり当事者の心情を何とかして理解しようと努力する、そういう努力を忘れると、先ほど述べたような強圧的な訴訟指揮が出てきてしまうのだと思います。皆さんは、これまで弱い者の立場になっということがあまりないと思います。ですから、弱い者の気持ちをよく理解できないと思いますが、それを理解しようという気持ちを忘れてしまったら、いい裁判官にはなれないものと覚悟してください。

㈢　小学校時代の経験から

こういうことばかり申し上げていますと、「それでは、お前はどうだったのだ」という質問が当然出てくるだろうと思います。確かに、私自身の生育歴は、法廷で出会う多くの被告人のそれと比べれば、恵まれたものといえます。しかし、私は、皆さんが想像されるほど恵まれた子ども時代を過ごしてきたわけではありません。自分では自分の小学校時代を振り返って「暗黒の時代」であったと感じています。それはどういうことかといいますと、私は、小学校（当時は国民学校）二年で終戦を迎えたわけですが、その直前、空襲の激しくなった一九四五（昭和二〇）年の五月に、父親の知人の別荘に一家で疎開しました。疎開先では、多くの疎開児童がそうであったように、言葉が違うこともあって仲間外れのようにされました。そして、疎開中に自宅は丸焼けになったのですが、その年の一〇月に一家で焼け跡のバラックに帰ってきました。その後の生活は、まったくひどいものでした。三畳一間のバラックに親子八人が雑魚寝するような状態が何カ月も続きました。まともに食べるものすらないので、いつもお腹をすかしています。親は食べ物を確保するのに精一杯ですから、子どものことなどに構ってなどいられません。そのような状態の中で、一応学校には通っていましたが、転校生は、ここでもずいぶんいじめられました。このときのいじめは、かなり厳しいもので、いわゆる不良グループの子分にさせられて、今でいう「パシリ」のようなこともさせられた経験があります。学校に行くのがいやになってしまったのもこのころで、小学校三年から四年にかけては成績も下がる一方。当時の通知票は今でも取ってありますが、今回もう一度見てみると、「朱に交われば赤くなる。

友だちには気をつけること」と書かれていました。ところが、五年生になって、新しく赴任して来られた新任の女の先生が、私に暖かい目配りをしてくださるようになり、それがきっかけで勉強のほうも少しずつ持ち直してきたという経過があります。このような経験から、私は、恵まれない生育歴を持つ多くの被告人のことを人ごとのようには考えられないのです。それればかりではありません。私は、前科が何犯もある被告人の不幸な生育歴を法廷で聞かされるとき、自分の子ども時代の経験と思い合わせ、人生の歯車がほんの少し狂っただけで、自分だってこの被告人と同じような境遇に陥ることが絶対になかったとはいえないではないかと考え、粛然たる気持ちになることが何度かありました。

こういう経験がありますから、私は、被告人が自分とは違う種類の人間であるなどと考えたことはありません。自分が一段高いところにいて、「何というばかなことをしたのだ」と言って叱り付けたりお説教をしたりするような気持ちにはどうしてもなれないのです。昨年、どこかの家裁の裁判官が、少年を「産業廃棄物以下だ」と決めつけたとして物議をかもしたことがありました。この裁判官の気持ちもわからないことはありませんが、しかし、そういう言い方は、裁判官が一段高いところから少年を見下したものだと思います。裁判官が自分を完全な高みに置いたうえでする発言は、少年の心の琴線に触れることはありえませんし、少年を改心させることもできないと思います。

私は、先ほどから、裁判官にとって最も大切な意識の一つとして、「弱者への思いやり」や、「暖かい心」を挙げています。もちろん、被害者の立場もありますから、罪は罪として厳しく処断しなければなりません。しかし、少なくとも、刑責の有無・程度を定める手続、すなわち訴訟手続の中では、被告人を自分と同じ人間として扱い、これに暖かい心で接していただきたい。また、刑罰を定める際にも、本当にこの刑が適当かどうかを十分お考えいただきたいと思います。この後の点については、後刻「結論について」の項で、もう一度お話しする予定です。

五　不合理な事実認定をしないために

事実認定は、裁判にとって本質的な問題です。なぜかと言いますと、本当の事実が何であるかは被告人が一番よく知っているわけですから、判決が真実とかけ離れた事実を認定した場合には、彼らは容易に納得しません。的確な事実を認定するためには、必要にして十分な審理が求められることはすでに述べましたが、証拠調べは十分したけれどもその結果を的確に評価しなかった、あるいは評価できなかったというのでは、どうにもなりません。

もちろん、刑事裁判における事実認定には、両当事者の力量の違いやそれに伴う提出証拠の質・量の問題、さらには証拠能力の制限の問題なども関係します。また、「疑わしきは被告人の利益に」という大原則もありますから、裁判所の認定する事実を常に実体的真実と合致させよと求めるのは、無理難題というものでしょう。しかし、審理を尽くしたうえで合理的な心証を形成し、なるほどと思われる理由を付して筋道立てた説明をすれば、訴訟当事者といえども、案外納得することがあるのです。しかしながら、そうではなく、そもそも証拠評価の仕方（別の言い方をすれば、「心証のとり方」）自体が合理的でない場合には、どんな説明をしても、その事実認定に当事者は絶対に納得しないでしょう。裁判所が百万言を費やし躍起になって説明しても、そもそも考え方自体が根本的に間違っているのでは合理的な説明になるはずがなく、説明をすればするほど屁理屈になってしまいます。それでは、まずいのです。

そこで、不合理な事実認定をしないために、どのような点に注意すべきかということになるのですが、これは、もう健全な常識、すなわち社会通念に従って証拠を素直に評価し謙虚な態度で事実を認定するということ以外にはないと思います。

ただ、こう言っただけでは、皆さんから、「何だそんなことならわざわざお前に話を聞かなくても先刻承知だ」と言われそうです。しかし、理屈ではわかっていても、いざ現実の事件に当面しますと、この基本を忘れてしまう裁判官が案外いるのです。現に、私が記録を読んだ事件の中でも、「この事実認定は常識を外れている」と考えざるをえない判決は、決してきわめて少数というわけではありませんでした。その典型的な例を一つだけ挙げてみましょう。

私が最高裁調査官時代に調査・報告した事件の中に、「鹿児島の夫婦殺し事件(2)」と呼ばれるものがあります。この事件で被告人が起訴された事実は、簡単に言うと次のようなものです。すなわち、「被告人が知人の被害者甲方を訪れた際、たまたま甲が不在であったが、その妻乙から誘われて情交を持とうとした。ところが、折から帰宅してきた甲に見咎められて口論となり、包丁で切りつけられたことから、乙と協力して甲を殺害し、その後犯行の発覚を怖れて乙をも殺してしまった」というものでした。目撃者もいないため、警察は、なかなか犯人像を絞れなかったのですが、そのうちに、事件後不審な言動をしていたということから被告人に着目します。そして、軽微な別件で逮捕・勾留したうえ本件である殺人事件を追及しました。被告人は、それでも容易に自白しませんでしたが、別件で起訴され、別件起訴後の勾留期間中も含め長期間・長時間にわたり厳しい取調べを受けた結果、逮捕の二月半後くらいから自白を始め、本件についても起訴されてしまったのです。

この事件において被告人と犯行とを結びつける直接証拠としては、捜査段階における被告人の不完全な自白しかありません。そして、この自白の信用性を裏付ける物的証拠としては、被害者乙の陰部から発見・領置されたという陰毛一本とこれが被告人に由来するという科学警察研究所の鑑定書だけでした。ところが、この鑑定書については、鑑定資料である陰毛が、途中で、対比鑑定の資料として被告人から提出させた陰毛とすり替わってしまったのではないかという疑惑が浮上しております。ただ、この論点は、時間の関係で省略します。興味がおありの方は、私の判例解説（最高裁判例解説刑事篇昭和五七年度二六頁、本書一〇〇頁）をご参照ください。とりあえず私がここで問題にしたいのは、被告人の自白の信用性についてです。

自白には、おかしな点が何点もありました。例を挙げますと、被告人は、取調べに対し、「夕方被害者甲方に行ったところ甲は不在だった。そして、甲の妻乙から誘われて情交関係を持とうとした」という趣旨の供述をしていたのですが、そもそも夫甲がいつ帰って来るかもしれない時間帯に、たまたま訪問してきた夫の知人（被告人）に情交を持ちかける妻がいるでしょうか。また、女性から誘われた結果であるとはいえ、そのような危険な誘いに簡単に乗る不用意な男性がそうざらにいるとも思われません。本件では、犯行の発端となったとされる乙との情交ということ自体が、そもそも常識上ありそうもないことだと思うのです。

次に、実況見分調書の写真には、納戸にあった鏡台の引出しを血の付いた手で開いた痕跡が写っていました。これは物盗りの犯行を疑わせるのですが、被告人の自白は今述べたとおりのもので、鏡台の引出しを物色したというような事実はまったく出て来ません。この点も明らかに不自然です。

さらに、凶器の問題があります。自白によると、被告人は、犯行後、凶器として使ったという農具（「まんぐわの子」と呼ばれるもので、長さは三〇センチメートル余り、重さは約三〇〇グラム）を、どこかに捨てるつもりで自動車（軽トラック）の後部荷台に投げ入れて帰ったが、途中約七〇〇メートル行った郡境のガードレールのところで荷台を見てみたら、乗せたはずの凶器がなくなっていたということになっています。確かに、被告人車の荷台には、小さな腐食孔がありまして、一見すると、そこから凶器が落下するということがありそうにも思われます。そこで、警察は、自白に従い、凶器とされるまんぐわの子と同様の農具を一三本も荷台に乗せて被害者方を出発し、自白のとおり時速三〇キロメートルで被告人の自宅へ向けて走らせ、凶器が無くなっているのに気づいたというガードレールまで走行させる実験を四回試みました。しかし、そういう走行の仕方では、まんぐわの子は、一本も落下しませんでした。困った警察は、最後に、うち一本の刃先を腐食孔に差し込んで走らせてみたところ、ガードレールの少し手前で落下したということになっています。このような実験で、「凶器を車の荷台に乗せて帰途についた」という自白の信用性が裏付けられたと考えることは、そもそも無理な話です。さらに困ったことには、警察が被害者方から被告人方に至る道筋を懸命に捜索したにもかかわらず、遂に凶器とおぼしき農具は発見されなかったのです。このまんぐわの子というのは、熊手のような農具の先端の刃の部分で、それ一本だけでは財産的価値もありませんから、誰かが拾得して帰ってしまったということも考えにくいことなのです。こういう状況では、「凶器を自動車の荷台に乗せて帰ったが、途中でなくなってしまっていた」という自白の信用性は疑わしいと考えるのが常識だろうと思います。

今挙げた点は、多くの問題点のほんの一例にすぎません。ですから、私には、自白に信用性があるとはとうてい考えられませんでした。それなのに、原判決はこれらの自白は信用できるとして、被告人を有罪と認め懲役一二年を言い渡していたのです。

私がこのように申し上げますと、皆さんはどなたも、原判決をした裁判官は一体何を考えていたのかと不審に思われるだろうと思います。しかし、私には、原審裁判官がそういう判決をするに至った本当の理由がある程度想像できます。記録によると、被告人は、取調べを受ける前に、周囲の人に対し、「今度の事件は難しいぞ。犯人は身内の者に違いない」などと言って、嫌疑を他に向けようとしていたとされています。警察は、そういう被告人の不審な言動に注目して嫌疑を深めていったのですが、裁判所の心証形成も警察と同様の経過を辿ったのではないでしょうか。また、第一回公判での被告人の意見陳述は、その後の完全否認の供述とは異なりまして、「当夜被害者方に行ったところ、被害者はすでに死亡していた」という、不利益事実の承認を含むものでした。さらに、被告人が公判で主張したアリバイは、弁護側が申請した証人によってもことごとく否定されてしまいました。このような事情から、裁判所は、「被告人は嘘を言っている。弁解は信用できない。だから被告人は犯人に間違いないだろう」と短絡的に判断をしてしまったのではないかと思います。しかし、今述べたような事情は、被告人を真犯人であると認定するうえで積極的な意味を持つものではありません。こういう事情に惑わされて有罪の心証を抱いてしまうと、とんでもないことになると思います。刑事裁判においては、有罪の立証責任はあくまで検察官にあるという原点を忘れてはいけないのです。

六　理由付け

理由付けと一口に言いましても、それには二つの種類があります。一つは、具体的に認定した事実について、そういう認定をした理由を説明するものであり、他方は、認定した事実を前提としたうえでそれから結論を導き出すための理由です。後者は、法律論になることも多いと思います。

両方とも大変重要です。裁判所の認定事実が被告人の経験している事実と異なっている場合、それが根本的な重大問題に関するものであれば、どんな説明をしても被告人が納得することはないと思います。例えば、犯人でない被告人が裁判所の委曲を尽くした説明に納得して服役するということは、考え難いことでしょう。しかし、そうではなく、比較的細かな争点に関するもの（例えば、殺意の有無とか、犯行に至る経緯の細かな事実）であれば、説明のいかんによって当事者が納得することがありえます。この争点については、相対立する証拠甲・乙があるが、証拠甲にはこういう問題点があって必ずしも信用しがたく、証拠乙のほうが信用できるという判断の場合、その判断過程をわかりやすく説明してやれば、当事者も、「第三者である裁判所が公平に検討してくれてそういう判断になるのであればやむをえない」と諦める場合が出てくるからです。もっとも、当事者が裁判所から説明を受けることによって「仕方がない」と諦めるのは、本来の意味での「納得」ではありませんが、それ以上争うことをやめようという意思決定ですから、広い意味では「納得」に含めていいと思います。そのような意味で、事実認定に関する理由の説明は、少なくともそれを聞いた当事者が「広義の納得」をするようなものであってほしいと思います。しかし、当事者を広義にもせよ「納得」させるためには、判決に付した説明が合理的なものでなければなりません。

そういうことは、皆さんは十分ご存知で、毎日、合理的な理由の説明をしようとして頑張っておられると思います。そうは思いますが、私は、在官中、どうしてこんな理由の判決をしたのだろうかと不思議に思ったことが何回かありました。先ほどの鹿児島事件の例、すなわち、五回にわたる走行実験の結果、被告人の車から凶器が落下したのは最後の実験で腐食孔に差し込んでおいた一本だけであったのに、この事実から「だから、被告人が投げ入れた凶器も走行中落下することはありえた」として自白の信用性を肯定した判決は、その典型です。しかし、不合理な説明のもっとたるものは、いわゆる「不意打ち認定」とか「肩透かし認定」でしょう。こういう認定をした場合には、どのようにもっともらしい説明をしても、当事者が納得することはありえないと思います。

私が、最高裁調査官として調査・報告したいわゆる「よど号ハイジャック事件[3]」の原判決は、結論として被告人の謀議への関与を認めたのですが、その認定の仕方に問題がありました。すなわち、一審判決は、検察官が被告人を含めた鳩首協議が行われたと主張する日について被告人のアリバイを否定したのですが、控訴審は、その日についてアリバイの成立を認めました。しかし控訴審は、そのうえで唐突に、この鳩首協議が行われた日はその一日前であったと認定し、その日であれば被告人のアリバイは成立せず、謀議関与が肯定できるとしたのでした。しかし、検察官は、被告人が関与した鳩首協議が原判決認定の日に行われたというような主張を一・二審でまったくしていませんでしたから、この認定は明らかに不意打ちです。こういう認定をされると、被告人側としては防御のしようがないことになり、措置に窮します。最高裁は、このような認定の仕方は許されないと指摘して、原審の訴訟指揮を違法としました(4)。

原判決のような判決に当事者が納得しないのは当然ですね。ただ、そうは言いましても、実際の緊迫した法廷で、この最高裁判決が要求するように「争点を顕在化させる」訴訟指揮をすることは、なかなか勇気の要ることです。無難な処理をしたいと考える裁判官の頭には、この事件の原審のように、肩透かしで切り抜けたいという誘惑が忍び寄ることでしょう。しかし、皆さんは、そういう卑怯な訴訟指揮・判決だけは絶対にしないでいただきたい。そういう「逃げの姿勢」ではなく、常に正々堂々と真正面から勝負すべきです。そうでなければ、裁判所は、当事者の信頼と納得を勝ち得ることはできないと思います。

七　結論について

そこでいよいよ、裁判で一番重要であるとされる「結論」の問題に入ります。

適正な訴訟指揮をし、証拠を正しく評価して的確な事実認定をしさえすれば、結論がすんなり出てくるという事件ももちろんあります。例えば、被告人が事実を全面的に争っていて、すべての証拠を総合しても被告人が犯罪を実行したと認めるには合理的な疑いが残るというような事案では、事実認定と結論が直結しますから、ここで改めて結論の問題を持ち出さなくてもよいことになります。そういう事案は、ある意味では気持ちが楽であるといえるかもしれません。しかし、たいていの事件では、証拠を正しく評価して事実認定自体は的確に行っても、最後の結論を決める段階でいくつかの選択肢が残ります。そのため、裁判官は、そのうちのどれを選ぶかについて大いに頭を悩ませることになるのです。

一番卑近な例は刑事事件の量刑です。刑事事件では、認定した事実を前提にして具体的な刑を決めなければなりませんが、実刑にしようと思えば実刑に処することもできるけれども、執行猶予を選択すれば事件はそれで収まるだろうと思われるものがかなりあります。単独事件では、特にそうだと思います。この場合、裁判官がなぜ悩むかというと、目の前には、肩を落として悄然と立ちつくす被告人がいます。そして、その成育歴や家庭の事情には相当同情すべき点があり、特に反省している若い被告人の今後の人生などを考慮すると、今回に限っては社会内の処遇で更生の機会を与えてやりたい。しかし、犯した犯罪が軽くなく、被害者や社会一般の被害感情も強いような場合は、被告人を執行猶予にしてはどうにも収まりがつかないように思われて、実刑と執行猶予の間で裁判官の心が揺れ動くからです。そして、それが、死刑を求刑された事件について、本当に被告人を死刑に処すべきかどうかの判断を迫られることになりますと、問題は格段に深刻です。こういう場合の裁判官の悩みがどれほど深いものであるかは、一般国民にはなかなか理解してもらえないと思います。

そのような場合、裁判官は、とりあえず同種先例をよりどころにしようとします。しかし、いくら先例を調べても、最後は自分自身の決断に頼るしか方法がありません。なぜなら、先例はあくまで先例であって、それが正しいものであるという保証はありませんし、迷うような事件については、たいてい似たようなケースについて、両様の結論を示した先例があるはずだからです。他方、思い切ってした決断が正しかったかどうかを事後に検証することができるかといえば、それも難しいですね。当事者が上訴を申し立てなかったからといって、必ずしも結論が正しかったという保証にはなりません。なぜなら、被告人は、判決に納得したからではなく、ただ裁判手続に疲れ果てて絶望したため上訴を断念したにすぎないのかもしれないからです。さらにいえば、判決の結論が上級審で維持されたからといって、その上級審の判断自体、客観的に正しいという保証はないのです。それだけでなく、量刑の相場は時代とともに動くことがありますから、かつてはそれでよしとされたはずの量刑が、厳しい批判にさらされることすらありえます。私は、裁判の難しさは、「正解のない問題」に対し、「裁判官が正解と信ずる解答」を出すことを求められるという点にあると考えていますが、その難しさは、以上に述べたような量刑判断に端的に現れるでしょう。

比較的最近、この点を痛感させられる事件がありました。それは、例の東名高速道路での酒酔い運転による人身事故の事件です。第一審は、検察官の懲役五年の求刑に対し懲役四年の実刑を言い渡したのですが、世論の非難に押された検察官は、量刑不当を主張して控訴を申し立てました。これは、それ自体異例なことです。そして、東京高裁はこの控訴を棄却したのですが、(5)これが轟々たる世論の非難を受けたことは、まだ記憶に新しいですね。この事件の一・二審判決は、従前の量刑相場からすれば決して軽すぎるという非難を受けるものではなかったと思います。しかし、世論はこれを非難しました。そのことをどう受け止めるかは難しい問題です。私は、地裁・高裁の判決が間違っていたということを申し上げているのではありません。ただ、量刑については、従前の相場を金科玉条として判決していても、時と場合によっては、このように、被害者や社会一般から一斉攻撃を受けることがありうる例として申し上げているのです。裁判所の考えと世論の受け止め方のいずれが正しいのか、これは、簡単には答えの出ない問題、というより「正解を出しえない問題」ですから、裁判官としては、常に「本当にこれでよいのか」という疑問と反省の気持ちを持ち続けながら仕事をしていくほかないと考える次第です。

似たような悩みは、法律論の次元でもしばしば登場します。理論上は十分成立しうる論理構成が複数あって、そのうちのどれを選ぶかによって、結論が大きく異なってしまう場合がその典型です。例えば、刑事の分野で裁判官がよく頭を悩ませる問題に、違法収集証拠排除の限界があります。捜査の違法をどこまで裁判の結果に影響させるべきかという問題ですが、この点については、リーディングケースとなる一九七八（昭和五三）年の最高裁判例(6)が基本的な解答を示しています。また、その後の一連の最高裁判例もあるため、これらの判例が出される前と比べれば判断が容易になったことは明らかです。しかし、それにしても、この問題は、具体的事件に当面した下級審の刑事裁判官にとって最も悩ましいものの一つだと思います。

この問題に直面した下級審の裁判官は、とりあえず、最高裁判例の射程距離を測って、当該事案がその射程の範囲内にあるかどうかを判断することになるでしょう。しかし、一連の判例によってある程度の線が出ているとはいうものの、当該事案が判例の射程の内側にあるのか外側にあるのかを測る作業は必ずしも容易ではありません。そればかりではありません。従前の判例を形式的に当てはめた場合に不合理な結果が生ずると思われる事案では、最高裁は、判例変更という手法をとらなくても、それまでの傾向とはやや異なる判断を示すこともありうるのです。ですから、こういう問題になると、下級審裁判官も、かなりの程度ポリシーメーキングな判断を迫られることを覚悟しなければならないと思います。

皆さんすでによくご存知のように、二〇〇三（平成一五）年二月に最高裁第二小法廷は、違法収集証拠を排除した高裁判決を一部是認しました(7)。これは、最高裁の判例史上初めてのことです。この事案については、皆さんも十分ご存知だと思いますので、詳しい説明は省略しますが、この事案では、警察官が被疑者方で被疑者を事実上逮捕した当時、すでに逮捕状は発付されていたのですから、緊急執行の手続さえ取れば被疑者の身柄を適法に拘束することが可能だったのです。ですから、本件は、警察官が、逮捕の手続を誤っただけの事案だといえないことはなかったのです。そのような観点からは、この違法を、五三年判例にいう「令状主義の精神を没却するような重大な違法」であると決め付けるのは躊躇されそうです。従前の一連の判例の線からいっても、最高裁で「逮捕手続は違法であるがその程度は重大ではなく、証拠物の証拠能力には影響しない」という判断が出されることも、十分考えられたと思います。しかし、第二小法廷は、全員一致の意見によって、証拠排除を認めた原判決の結論を一部とはいえ肯定しました。その理由は、警察官が、逮捕当時令状を所持していなかったのに実際に令状を所持していてこれを被疑者に示した旨、逮捕状などに虚偽の記載をしたり、法廷でもそのような嘘の証言をしたりしたという事情を重視した点にあります。

このような事案を見ていますと、法律論において、考えられる選択肢のうちいずれを採るべきかの判断がいかに難しいものであるかを痛感させられます。警察官が逮捕状に虚偽の記載をしたのも、公判廷で虚偽の証言をしたのも、すべて逮捕後のことです。このような事後の事情が逮捕の違法の重大性を基礎づけることがあるのか、あるとすればどういう理由によるのかというようなことは、これまであまり議論されてこなかった難しい論点でした。ですから、この事件を審理した下級審の裁判官が、警察のやり方をおかしいと感じても、思い切って証拠を排除し被告人に無罪を言い渡すには、かなりの勇気が必要だったと思います。しかし、下級審の裁判官も第二小法廷の裁判官も、事後のこととはいえ、警察官が逮捕状に虚偽の記載をしただけでなく、法廷でも平然と偽証をしているのを目の辺りにして、「裁判所が馬鹿にされている。なめられている」と感じたのではないでしょうか。そのような事態こそ、五三年判例のいう「令状主義の精神を没却するような重大な違法」であると考えた裁判官のセンスは、社会の常識に合致するものであったと私は思います。最高裁では、一・二審判決が排除した証拠のうち半分だけは証拠能力が認められましたが、このような「正解のない問題」に対し、一つの見事な解答を与え最高裁判例に新しい流れを作り出した下級審裁判官の勇気と見識・センスに、私は脱帽します。

八　裁判官生活全般に関する問題

(一)　事件処理の速度について

「遅すぎる裁判は、裁判の拒否に等しい」という言葉については、本日のお話の冒頭で触れました。私も、それはまったくそのとおりだと思います。ただ、問題は、「迅速な裁判」と私が今日お願いした「十分な審理」とは、なかなか両立しにくいように思われることです。皆さんは、毎日洪水のように押し寄せる事件の大波にともすれば流されそうになっておられるでしょう。どなたも、すべての事件をじっくり審理したいと思いながら、必ずしもそれができないでいるという現実があるだろうと思います。じっくり審理しているとたちまち赤字になって、事件が堆積してしまう。そうなると、ますます審理の時間がなくなって赤字が増大するという悪循環に陥ることになるからです。しかも、毎月事件表が回覧されているので、赤字が多くなると、事件処理能力すら疑われかねないということで、悩んでいる方が多いのではないでしょうか。

これは、実際まことに悩ましい問題です。私自身もずいぶん悩みました。私は、時間が足りないからといって、必要な審理をカットするということはしたくなかった。しかし、現実には、普通にやっていては処理し切れない量の事件が押し寄せてくるのです。そこで、私は、審理の無駄を省くことと処理の仕方を工夫することに最大限の努力をしました。無駄な時間の最たるものは、開廷時刻になっても関係人が集まらずに待たされる時間です。そこで、検察官・弁護人には、あらかじめ書記官から、うちの裁判官は時間厳守を励行するから、定刻には必ず在廷してくれるよう書面や口頭でしつこいくらいに念を押させる。もちろん、自分も絶対に遅刻しないようにします。どんな事情があっても、また、当事者が揃っていようがいまいが、開廷時刻には必ず在廷するようにしました。証人の出頭確保についても、当事者双方が必ず責任を持つように厳重に申し渡し、まかり間違っても証人不出頭のため審理が空転することがないようにしました。他方、両当事者に対しては、繰り返し「裁判所は、当事者の主張にはできるだけ耳を傾けて正面から判断するつもりだから、主張すべき点はどしどし主張してほしい。ただ、審理時間には限りがあるから、主張はできるだけ明確にして、証人尋問なども要点を中心に簡潔に行い無駄な時間を生じさせないように」と申し入れる。それでも審理時間はどうしても長くなるので、書記官や速記官には迷惑をかけることになりますが、こういう考えを書記官等にもよく話して協力を求める。「他の裁判体と比べると仕事がきついと思うが、当分の間頑張ってほしい」と頼み込むのです。書記官・速記官や廷吏事務官などは、仕事が忙しくなるのですから、もちろん最初はいい顔をしませんが、彼らは、裁判官の仕事に対する姿勢や仕事の質というものをよく見ています。そして、裁判官が法廷でしている作業が本当に意味のある重要なことで、裁判官がそれに対し誠心誠意、真剣に取り組んでいるということを理解すれば、姿勢に共鳴して苦楽を共にすることを決していとわないものです。もちろん、職員の執務時間に対する配慮は必要ですが、組合の反発を招きたくないとか、職員の評判を落としたくないというような安易な気持ちだけから、変に遠慮しすぎるのではなく、裁判官が考えていることを彼らに率直に話して協力を求めたらどうかと思います。

私の場合ですが、このような措置について当初は戸惑っていた弁護士さんも、「争点については実質的な審理をしてきちんと判断する」という姿勢を理解するにつれ、次第に協力的になってくれました。

事件処理にある程度のスピードは必要です。そのためには、できるだけ効率化して審理の無駄を省く、審理の方法にも工夫をする、そういう努力を怠ってはいけません。しかし、だからといって、スピードだけを目指して無理をすると、肝心の裁判の質が低下してしまいます。こと裁判に関しては、粗製濫造はいけません。裁判は、スピードとともに質が問われるのです。そこが大変なところです。

そこで、裁判の質とはどういうことか。それはどういう方法で計るのかという問題になります。私は、裁判の質とは、要するに、「裁判の説得力」であり、最初に申し上げた「当事者が納得する裁判にどれだけ近付いているか」という観点から計られるべきだと思います。もちろん、判決に初歩的な誤りや形式的なミスがあったり、論理の進め方が稚拙であったり間違っていたりすれば、問題になりません。しかし、裁判の質を計る方法は、それだけではないのです。論理としては首尾一貫していて一見非の打ちどころがないように見える判決でも、形式的な審理で到達した形式的な判決からは、裁判官の心が伝わって来ません。そういう判決には当事者が納得するはずがないのです。納得しない当事者は、上訴することになります。もちろん、上訴はいろいろな動機でされますから、上訴されたからといって、直ちに「判決の説得力が不足している」ということにはなりませんが、上訴が異常に多い裁判官は、審理の仕方か判決の中身のどこかに問題があるのではないかと反省してみる必要があると思います。

九　転勤および任地について

一月は裁判官にとって人事の季節であり、もう四月の異動について内示を受けた方もあろうかと思います。そこで、これからは、裁判官にとって最大関心事の一つである転勤や任地の問題について少しだけお話しようと思います。

裁判官の仕事は、本当に素晴らしいものです。やり甲斐があってしかも自分の考えるとおりのことができるというような職業が、他にそれ程たくさんあるとは思われません。私も、在官中そのことに対しては心から感謝していました。ただ一つだけ問題があります。それが転勤と任地の問題です。

私自身は、裁判官を自分で職業として選択したのですし、裁判官は、全国どこに行っても仕事の性質は同じです。しかも、裁判所の職員は、どこでも大変親切にしてくれますから、子どもの頃に経験した転校の場合のように、転勤していった先でいじめにあったり阻害されたりしたという経験はまったくありません。それどころか、どこの裁判所でも、大変楽しい、素晴らしい思い出ばかりであり、この点でも大いに感謝しています。

ただ、裁判官も現実にはひとりで生活しているわけではありません。必ず家族がおりまして、家族にとっては転勤が大きな負担になります。独身時代はまだいいのですが、新婚で夫婦ふたりの時代でも、配偶者が仕事を持っている場合には、たちまち単身赴任の問題が出てきます。少し子どもが大きくなれば、今度は教育の問題が出てきますし、子どもがようやく育ち上がったと思う頃には老親介護の問題が深刻になってきます。その他いろいろな事情から、裁判官が単身赴任を余儀なくされる場合が出てくるのです。また、幸いに単身赴任をしなくてすむ、家族を連れた転勤の場合でも、子どもに転校という嬉しくない経験をさせなければなりません。転校生の悲哀を味わった私としては、これは本当につらいことでした。

もっとも、私自身は、比較的任地には恵まれたほうでして、他の多くの方から見ればずいぶん楽な転勤だったと思います。しかし、それでも、家庭の事情で転居した場合を含めまして、長女には、幼稚園三カ所、小学校四カ所、中学校二カ所の経験をさせてしまいました。その後は、私自身が単身赴任をした関係で（単身赴任は、大阪で四年、水戸で二年一〇カ月でした）子どもへの負担はなくなりましたが、その代わりに、今度は留守を預かる妻に精神的重圧がかかるようになりました。また、私自身も、単身赴任中健康管理には万全を期したつもりだったのですが、大阪勤務の頃から、腰痛の発作をたびたび起こすようになり、水戸での単身赴任中ついにどうにもならない事態に追い込まれてしまったのです。私だけでなく、周囲を見回してみると、単身赴任中に健康を害した人は、かなりおられます。また、中には、単身赴任中に異性問題を起こしてしまった人も何人か知っています。ですから、皆さんの中で今後単身赴任をされる方は、自分自身の健康管理と円満な家庭生活の維持には十分ご留意いただきたいと思います。

ここまでは最低限の注意事項ですが、次に、内示された任地が自分の意に副わない場合の考え方について申し上げます。こういうことを言いますと、「恵まれた任地しか経験していないお前に何が言えるか」という言葉が返ってきそうな気がします。しかし、客観的に恵まれているということと本人がそれに満足するということとは、必ずしもイコールではありませんから、どのような任地を言われた場合でも、ごく少数の例外を別として、誰にでも多かれ少なかれ何らかの不満があるのが当然だと思います。

私にも、そういう経験がないわけではありません。これからのお話は、これまで誰にも話したことがないのですが、今日は、自分の恥をさらすつもりで正直にお話しようと思います。私は、大阪高裁からの転勤先として浦和地裁を内示されたときに、ちょっと大げさにいえば「キレそうに」なりました。客観的にみれば、浦和地裁という大裁判所の部総括になれというのですからありがたい内示の一つに違いありません。しかし、私には私の事情があったのです。実は、私は、最高裁調査官を五年務めたあと大阪高裁に転勤したのですが、調査官になる前の任地は名古屋でした。そして、名古屋から東京への転勤が長女の高校入試と重なり大変な苦労をしましたので、少なくとも当分の間は、転勤の苦労をしたくないという気持ちがありました。また、先輩の転勤状況を見ていると、在京の裁判所から調査官になった人は場合によって地方転勤ということがあるようでしたが、地方の裁判所から調査官室に入った人は、ほぼ全員、東京地裁か悪くても東京高裁へ転勤していました。ですから、私も当然そうなるものと期待していたのです。もっとも、調査官経験者でも、しっかりした仕事のできていない人が、単に調査官をしたというだけの理由でその後の任地に恵まれるというのは理屈に合いません。調査官の仕事に対しても当然評価は厳しくあってしかるべきです。ただ、私は、調査官としての仕事には自信がありました。誰にも負けないくらい一生懸命に、それこそ土曜・日曜・祝日もほとんど返上して没頭しましたし、仕上げた仕事の質や量についても、自分で言うのも変ですが、一緒にやっているどの調査官にも負けないというくらいの自負心がありました。他方、家には、大学生の長女のほか、大学入試を控えた長男がいます。同居している妻の父親は、すでに八〇歳を超えていまして、とうてい家族で転勤できる状態ではありません。このように、家庭的にも重要な時期であるということも上申してありました。そういうわけで、私は、不覚にも、この時期に東京を離れる転勤をすることになるということは予想していなかったのです。これが甘かったのですね。現実には大阪高裁を内示されたのです。これは、はっきり言ってショックでした。

当然単身赴任となりました。初めて経験する単身赴任、それも五〇歳をはさんで前後四年にもわたる単身生活は決してゆるくない経験です。そして、そのうえで内示されたのが浦和だったのです。浦和は、少し遠いですけれども自宅から何とか通勤できる距離ですから、とりあえず、単身生活は解消できます。ですから、もちろんこれで悩むのは贅沢であるということは理屈では十分わかっているのですが、前回の転勤の際に経験した悔しい思いと重なって、なかなか現実を受け入れることができませんでした。

しかし、結局、この浦和への転勤が、その後の私の裁判官生活にとって、大変重要で貴重な経験となったのです。

浦和の裁判所は、東京と比べると規模が小さいですから、裁判所内での人間関係ははるかに単純です。また、弁護士さんに大変有能な方がたくさんおられまして、立派な弁護活動をしてくれましたので、一つ一つの事件を大きな緊張感を持って処理することができました。陪席や一般職にも恵まれました。片道一時間半強の電車通勤は大変でしたが、私は、この時代に、代表作ともいうべき判決をいくつも書くことができました。そして、あのような判決は、私が浦和地裁に転勤しなければ生まれなかっただろうと思うのです。また、それ以外でも、陪席や司法修習生だった人たち、さらには一般職の方々と、終生お付き合いしていける緊密な人間関係を作ることができました。これも、現在の私にとって大変大きな財産になっています。

こういう経験から、私は、次のように考えるのです。「人間万事塞翁が馬」という言葉がありますが、まったくそのとおりであるということです。人生、何が幸いするかまったくわかりません。ですから、皆さんも、内示された任地が希望の土地でなかったからといって、あまり落胆しないでいただきたい。問題は、与えられた任地で、どこまで職場に溶け込み、どこまで実質的に意味のある仕事をすることができるかだと割り切っていくべきだろうと思います。

一〇　人格の陶冶とセンスの向上について

今日のお話の中で、私は、「裁判は正解のない問題について、裁判官自身が正解であると信じる解答を求められる作業だ」と申し上げました。そして、裁判官が出した解答が果たして正解に近いものであったかどうかは、事後的にも正確には検証することができないのですが、それでも、「当事者が納得する裁判」という究極の目標に向かって努力する必要に変わりはありません。そして、そういう目標を見据えた場合、裁判に関する種々の技術の習得が大切であることはいうまでもありませんが、それと同時に、いやあるいはそれ以上に大切なものが見えてきます。それは、「人間らしい温かい心」であり、さらには「優れた人格とそれからにじみ出る素晴らしいセンス」であります。ですから、裁判官が質の高い裁判を実現するためには、人格を陶冶しセンスを向上させることがどうしても必要だと思うのです。私のそのような考えには、ふたりの先輩の言葉が影響しています。

そのひとりは、私の尊敬する先輩裁判官のひとり、故萩原太郎判事です。萩原判事は、私が浦和地裁に赴任した当時の所長で、間もなく東京家裁所長に転ぜられそこで定年を迎えられたのですが、大変立派な刑事裁判官として、私はかねがねご尊敬申し上げておりました。私たちは、萩原判事が東京家裁に転ぜられた後に、講演会にお招きしてお話を伺ったのですが、その際に萩原判事は、刑事裁判で常に向き合わなければならない基本的人権と公共の福祉とのかね合いの問題について話されました。申し上げるまでもありませんが、刑訴法一条には、「公共の福祉の維持」と「基本的人権の保障」を「全う」せよと書いてありますが、両者を完全に「全う」させることはできませんから、どこかで折り合いをつけなければなりません。先ほど述べた「違法収集証拠排除の限度」などにその問題が端的に出てきますが、日常の事件処理でも、裁判官が頭を悩ます論点にはたいていこの問題が絡んでいます。萩原判事は、この問題に触れておおむね次のように言われました。すなわち、「事件を適切に解決するには、複雑に絡み合う基本的人権の保障と公共の福祉（社会秩序の維持の要請といってもいい）とを、どこかで調和させなければならない。そのうち一方だけを強調しすぎては、『適切な解決』にはならない。いわば、人権と秩序を最も美しい姿で『黄金分割』する必要がある。どうしたら黄金分割することができるかは、裁判官のセンスによる。だから、裁判官は、自分のセンスを少しでも向上させるため、日頃から人格を磨いてほしい」と。

この話をお聞きした当時、私もまだ若かったのでしょうね。何だ、結局逃げの答弁ではないかと、若干がっかりしたものです。しかし、今日の時点で考えてみますと、このお言葉には、なかなか含蓄があります。今日私がお話したとおり、裁判には、はっきりした正解というものがありませんから、結局、各人が自分のセンスを頼りに自分で正しいと考える判決をして行くしか仕方がないのです。そして、その結果を客観的にみて「より適切なもの」にしていくためには、各人がその持っているセンスを向上させていく以外に方法がありません。今この年になって考えますと、私は、この萩原判事のお言葉に大いに共鳴できるものがあります。本日の私のお話も、これに通ずるものであるとお考えいただきたいと思います。

もうひとりの先輩は、法曹界の人ではありません。琴古流尺八の名手で人間国宝であられた故山口五郎先生のお言葉です。私は、大学時代に琴古流尺八に凝りまして、その当時以来この大先生に何十年もご指導いただくことになったのですが、この方がテープに残された言葉に次のようなものがあります。先生のお父上は「山口四郎」という方で、これもまた琴古流の超一流の演奏家だったのですが、五郎先生は、小さい頃からお父上に、次のように言われて育ったということでした。すなわち、お父上の四郎先生は、「舞台の上では、全人格が現れる。尺八が上手になりたかったら、まず人格を磨きなさい」と。

ちょっと考えると、楽器の演奏と人格とは結びつかないように、皆さんも思われるでしょう。しかし、五郎先生を知る人が先生の演奏をお聞きになれば、その言葉の意味は、たちどころに理解できます。先生の演奏は、すべての人を引き入れずにはおかない素晴らしいものでしたが、先生ご自身の人格がまた素晴らしいのです。これは、先生がお父上の言葉に忠実に、人格の陶冶に励まれた結果であろうと考えるのです。

尺八の演奏にして、ここまで人格が影響するというのです。裁判は、もともと裁判官の全人格が反映するものだとすら言われています。刑事被告人や民事の当事者を裁く裁判官は、法廷や判決でその人格を赤裸々に晒していることに間違いないのです。皆さんは、このように、ある意味ではものすごく恐ろしい、しかしそれだけにまたやり甲斐のある素晴らしい仕事についているのだという点を十分自覚されて、今後ますます人格の陶冶に励んでいただきたいと思います。

一一 おわりに

そろそろまとめに入りましょう。私が、今日一番言いたかったことは、おおむね次のようなことです。裁判の仕事には事務の要素がありますから、当然プロとして持っていなければならない技術が要求されます。訴訟指揮のテクニック、事実認定の手法、法律の解釈技術、判決起案の技量などがこれです。これらの点に関する研さんは、それ自体きわめて大切です。しかし、本当の意味でいい裁判、質の高い裁判、さらには「理想の裁判」を実現するためには、これらの技術だけでは足りません。裁判には、心や人格、さらにはセンスというものが全面的に反映されますので、裁判官にとっては、人格の陶冶やセンスの向上も、技術と同様あるいはそれ以上に重要だということになります。

そこで、私なりに、この二つの要素を組み合わせて裁判官を分類してみますと、大きく分けて、次の四類型に分類されます。すなわち、第一類型は、「技術も心も十分な人」、第二類型は、「心はあるが技術が不足している人」、第三類型は、逆に、「技術はあるのに心が足りない人」、そして、第四類型は、「心も技術も不足している人」ということになります。この中で、第一類型が理想的であり、第四類型が最低であるということは誰にも異論がないと思いますが、第二類型と第三類型との比較については、議論の余地があると思います。どちらのタイプの裁判官もいっそうの努力が要求されるわけですが、私の意見は、「第三類型よりは第二類型のほうがまだましだ」というものです。なぜなら、第二類型の裁判官のする判決は稚拙ではあっても心がこもっていますから、当事者に訴えるものを持っているはずです。しかし、第三類型の裁判官のする判決は、一見理路整然としているようにみえても心がこもっていません。いわゆる官僚的で冷たいものになりがちです。こういう判決は、当事者を納得させないだけでなく、ときに積極的な害悪を及ぼすことがありうると思います。

いずれにしても、裁判官は、心と技術がともに備わって初めて一人前ということになりますから、「理想の裁判」を目指すためには、まずこのような第一類型の裁判官になる必要があります。裁判官としての修行は、その点だけを考えても大変なことですね。私も、三七年の長きにわたって第一類型を目指して努力してきたつもりでありますが、結局第二類型と第三類型の間をうろうろしながら終わってしまったのだろうと反省しています。しかしながら、今まで申し上げたとおり、この世の中に、裁判官の仕事ほど貴重な、そして素晴らしい仕事はそういくつもありません。どうか、皆さん、裁判官のこの貴重な使命を自覚されて、ひとりひとりが、日ごろから人格の陶冶と技術の向上に励み、全人格的な力で事件と取り組み、死に物狂いで考え抜いて「正しいと信ずる解答」を出すよう努力していただきたいと思います。そして、いつの日か、すべての人から「あの人は間違いなく第一類型の裁判官だ」と認めてもらえるようになっていただきたいと念願します。

当初大風呂敷を広げた割には、あまり次元の高い話にならず申し訳なく思いますが、本日の私のつたないお話が、多少とも皆さんの自己研さんのヒントになってくれればこれ以上嬉しいことはありません。今後の皆さんのご健闘を心からお祈り申し上げます。長時間のご清聴、まことにありがとうございました。

1　浦和地判平成元年八月二三日判タ七一七号二二五頁。なお、この事件の審理経過については、拙著『刑事裁判の心——事実認定適正化の方策』（法律文化社、二〇〇四年）一二九頁以下にかなり詳しく紹介してある。

2 最一判昭和五七年一月二八日刑集三六巻一号六七頁。

3 最三判昭和五八年一二月一三日刑集三七巻一〇号一五八一頁。

4 この事件の経過については、注1記載の拙著三六頁以下、本書一二九頁参照。

5 東京高判平成一三年一月一二日判時一七三八号三七頁。

6 最一判昭和五三年九月七日刑集三二巻六号一六七二頁。

7 最二判平成一五年二月一四日刑集五七巻二号一二一頁。

第八章　法律文化の形成と裁判官の役割

浦和地裁判事部総括　木　谷　明

【質疑応答発言者】（　）内は現職

（司会）
浦和地裁川越支部判事補　小宮山茂樹（東京高裁判事）
浦和地裁判事補　半田靖史（札幌地裁判事部総括）
浦和地裁判事補　水野智幸（司法研修所教官判事）
浦和地裁判事補　堀内　満（金沢地裁判事部総括）
（特別参加）
浦和地裁判事　石塚章夫（新潟家裁所長）

（平成元年一月三〇日　浦和地裁判事補会）

【講師紹介】

（小宮山）　本日はお忙しい中を第三刑事部の木谷部長をお招きして、判事補会を開催することになりました。木谷部長は、皆さんご承知の通りのご経歴でありまして、私からご紹介するまでもないと存じます。本日は「法律文化の形成と裁判官の役割」という題でお話していただきます。われわれ日常個々の事件処理に追われまして法律文化というような一歩引いた形での法の見方ということはとかく忘れがちなだけに本日は大変興味深く拝聴できることと思っております。本日は一つ宜しくお願いします。

【講　演】

一　はじめに

（木谷）　それでは、始めましょうか。今、小宮山君が言われるような大上段に振りかぶった議論をするつもりはさらさらありません。私が常々考えていることをお話するというだけですから、気楽に聞いていただきたいと思います。かねて第二刑事部の堀内（満）君から、「判事補会のメンバーで四月に転勤していく者がいっぱいいるんですが、そういう者に対して元気がでるような話をしてくれませんか」という注文がありました。しかし「元気がでるテレビ」式の元気のでる話はとても私にはできそうもないわけなんで、当初はお断りしていたんです。しかし、堀内君や我が第三刑事部の水野（智幸）君からもいろいろ言われて、つらつら考えてみますと、結局この機会にお引受けした方がいいかなという気がしてきたわけです。その理由を申し上げますと、私も昨年暮れに満五一才の誕生日を迎え、裁判官としての経験も既に二六年間という、皆さんからみれば気の遠くなるような長期間になりました。もちろん定年まではまだ一〇年以上の年月が残されているとはいうものの、皆さんのようにまだ何十年も裁判所のお世話になるというわけにはいきません。また、私は、二〇数年間、主として刑事裁判の実務に携わってきたわけですけれど、その間の体験を通じて私なりに多少裁判について考えてみたことがあります。それだけでなく多くの優れた先輩から教えられたことも、たくさんあるわけです。それで皆さんからせっかく求められたこの機会に、一先輩として日頃の考え方の一端をお話してご参考に供するということは、私にこれまで多くのことを教えてくれた優れた諸先輩に対する義務ではないかと考えるようになったからです。ご承知の通り私は別に頭がいいわけではありませんし、ごくごく普通の平凡な一裁判官ですが、二〇数年の間、裁判に対してまじめに考えたり、真剣に取り組んできたということにかけては大抵の人には負けないという自負は持っております。本日のお話が、このように、まことに平凡ではあっても、まじめに、かつ、真剣に裁判にとりくんできた一先輩の話として皆さんに何らかのご参考になれば、これ以上の喜びはないと考えております。私の今日のお話が皆さんの志気を鼓舞するものとなるか、前途に希望を失わせる結果となるのかはわかりません。皆さんの裁判に対する姿勢いかんにかかってくると思われますので、私はひとまずそういう結果を気にすることなく、考えていることをなるべく正直にお話してみようという心境であります。

二　法律文化とは

さっそく演題に入るわけですけれど、今日の演題は「法律文化の形成と裁判官の役割」というまことにもっともらしいものになっているわけです。しかし、だいたい法律文化などという概念が存在しているのかどうかも実は自信がないわけでして、今回の講演の内容を考えているうちに、頭の中に浮かんだ言葉をそのまま書き連ねてみただけのものです。したがって、これにどういう概念を盛り込むかは、当面私の自由であろうと思いますので、私は、これを、「法律実務にとって有用な有形無形の文化遺産のすべて」と定義してみようと思います。

私が、なぜこのようなことを問題にするのかという理由は、おいおい明らかにしていくつもりなんですが、一口で言えば、私は、日頃の事件処理において、ほとんど一から十まで、先人の遺した過去の偉大な文化遺産に依拠しないものはないということをつくづく痛感するからなのです。

まず、過去の遺産として最も代表的なものは、膨大な判例・裁判例、更には学説の集積があるわけですね。これらの判例・学説も、もちろん、決して一日にして成ったものではありません。例えば、現在、判例法といわれるほど確固たるものに確立された判例も、その形成過程においては、先輩たちが、それぞれ必死で考え、口角沫を飛ばして議論した結果できあがってきたものであります。これは最高裁の判例だけをみても、昭和二〇年代三〇年代の判例の少数意見、補足意見その他を総合していろいろ読んでみると、実にその辺がよく分かるわけです。また、判例とまではいかなくとも、例えば、民事、刑事を問わず、事実認定の方法論に関する論稿や、刑事でいえば、収集した量刑資料あるいは分析された量刑資料のお世話にならなかった人はまずいないでしょう。このような目に見える文化遺産のほかに、目に見えない文化遺産として、いわゆるコートプラクティスの問題もあります。例えば、現在浦和の刑事法廷では、証人の宣誓は、証人だけを起立させて行っています。ところで、刑訴規則一一八条四項に「宣誓は、起立して厳粛にこれを行わなければならない」という規定があるわけですが、この「起立して」の解釈としては、かつては、当然に関係者全員の起立を意味すると解されていたのであります。そのことに疑いを抱くものはほとんどいなかったわけです。この解釈に疑いが抱かれ始めたのは比較的新しく、私の記憶するところは、昭和四〇年代に入ってから、東京地裁の一部の裁判官（亡くなった、のちの最高裁判事戸田弘判事を中心とするグループ）が、証人だけ起立させれば「起立して」の要件は満たされるのではないかと言い出されて以来です。もっとも、この議論には、東京地裁でも当初は反対論がなかなか強く、中でも、急先鋒の方、これも有名な浦辺衛判事などは、何か機会のあるごとに、「あんなもの（戸田判事のいわれる宣誓の方式）は、宣誓の要件を満たしていない」ということをお酒の席でもなんでも口角沫を飛ばして議論しておられたのをよく覚えています。ちなみに、東京で、この戸田方式がその後急速に普及するようになったのは、東大事件以来の一連の荒れる法廷の結果であると理解していきます。当初強硬派であった多くの裁判官も、証人尋問の都度、被告人、傍聴人に対して、「起立せよ」と言っても彼らが起立しないということで、「起立せよ」「しない」の論争から、退廷命令、拘束、監置という事態が頻発するに及び、こういう意味のないことで時間を浪費するのは得策でないと考えるようになったからではないかと思いますが、こうして次第に妥協する人が多くなって、現在はこのような形で落ち着いているというように理解しています。

このように、我々の毎日の仕事は、あらゆる面で先人の遺産に依拠しているわけですけれども、我々は、こういう遺産をただ受け継いであとに伝えていくだけでいいのかということを考えますと、むしろ、自分達の代で、少しでも良い財産を作ってあとの世代へ残していく義務があるのではないか、これだけのものを受け継いだんですから、それに若干でも上積みしてあとへ残していきたいというように考えるわけです。そうなると、そのためには、一体どういうことを考えながら毎日の仕事をしていけばいいのかということになってくるわけでして、以上のような点が、本日のお話のテーマの中心をなすものであるとご理解ください。

三　私の経験から

このように、法律文化の中には、いろいろなものがありますが、以下においては、そのうち特に判例を中心としてお話したい。

私は、我々下級審の裁判官は、判例ないし判例法の形成について、重大な役割を負わされていると思います。それは、まず、最高裁判例の材料となる下級審の判例というものは、他ならぬ下級審の裁判官である我々自身がその形成の直接の担い手であるからです。判例の形成には、もちろん学説も大きな役割を果たしますが、学説の果たす役割は、下級審判例のそれと比べて間接的です。もっとも、皆さんの中には、判例というものは、最高裁の裁判官が作るもので、下級審の裁判官は、判例の形成には余り関係がないと考えている人がいるかもしれませんが、もしそう考えるとすれば、とんでもない誤解であると申し上げたい。ちょっとオーバーに言えば、我々の日常の一挙一動が、最高裁判例形成の原動力となっているといってよいでしょう。

最高裁判例の形成過程については、次の項でやや詳しく触れるつもりですが、最初に、私自身が判例の形成に一役「買ってしまった」実例を幾つかお話してみましょう。判例の形成に一役「買ってしまった」というのは、ここで申し上げるのが、私の失敗例だからなのです。一つは、最二判昭和四六年六月二五日（刑集二五巻四号六五五頁）についてですが、これは大型車両が左折する際の信頼の原則に関する判例です。事案は、大型貨物自動車を運転して、陸橋を下りてきた被告人が、坂の途中で先行する足踏自転車を追い抜いたあと、左折の合図をした上、鋭角の交差点を大回りに左折したところ、追い抜いた自転車がそのままかなりのスピードで進行してきて被告人車に衝突し、運転者が死亡したという事案で、一審の旭川地裁は信頼の原則を適用して、無罪の結論を出していました。昭和四四、五年頃で、当時私は判事補七年目の札幌高裁判事職務代行、今の皆さん方と同じで非常に張り切っている時代でした。当時は信頼の原則に関する判例が最高裁で次々と打ち出されてきている時期で、もちろん、右左折に関する判例も既に幾つか出ており、私も判例の基本的態度は理解しているつもりでした。しかし、本件は、被害車両が、当時、信頼の原則の適用がないということでほぼ異論のなかった足踏み自転車だったのです。それだけではありません。被告人車は、先行する被害自転車が下り坂を相当なスピードで下りていくのを追い抜いた上で左折しているのです。そういう事情があるところから、私たちは、このような事案についてまで信頼の原則を適用するのは適当でないと考え、事実取調べの上、破棄して有罪の自判をしたのです。これに対し、被告人から上告された結果が先の判例で、結果は、「破棄差戻し」でした。この判例の見解に対しては、学説上も一部批判がありまして、私自身も、今なお判例の結論には若干の疑問を持っているのですが、なぜ高裁判決が最高裁でかくも簡単に破れたのかをよくよく考えてみると、この判決では、本来の破棄理由の他に、原判決には、被害自転車が転倒して被告人車に轢過される過程に関する認定（因果関係に関する認定）が不十分で理由不備であるということと、被告人車が被害自転車を追い抜いた際の両車の距離関係の認定が前後矛盾していて理由の食い違いもあるということが指摘されていました。前者の因果関係に関する認定は、交差点の真中に道路の穴がありまして、その穴に、被害自転車が車輪を取られて被告人車の方へ転倒するに至ったという経過をしっかり認定していないことであり、また、後者の点は、原判決の誤りを指摘する破棄部分の説明と、自判にあたっての「罪となるべき事実」の認定とで、距離関係が食い違っているというのです。そして、あとから読み直してみると、確かにそう言われてもやむを得ないと思われる部分がありまして、非常に恥ずかしい思いをしたのですが、このような点から考えますと、原判決の出来が余りにもお粗末だということが、最高裁の破棄の結論に影響しているのではないかと思われるのです。つまり、この理由不備、理由そごがなければ原判決を破棄するという結論までは出なかった可能性があるのではないか。そんな風に考えられてくるのです。これは、担当調査官に確認したわけでもありませんし、私一人の憶測ですが、もしこの憶測が当たっているとすると、私は、自分の不注意の故に、自分の考えとは反対方向の判例、しかも学説上も評判の良くない判例の形成に一役買ってしまったことになり、その責任は決して軽くないと言われてもやむを得ないことになるのです。

次もまた、私の不注意から、判例の形成に一役買ってしまった例ですが、やはり、札幌高裁時代に関与した原判決が、最一判昭和四六年四月一五日（刑集二五巻三号四三九頁）によって破棄されています。これは、尊属殺事件で、一審は「無期懲役、未決勾留日数二五〇日算入、訴訟費用負担」という主文でした。当時は、尊属殺違憲の大法廷判決の出る前でしたが、同情できる事案だったので、控訴審は、量刑不当を理由に原判決を破棄した上、「懲役一五年、原審未決勾留日数二五〇日及び当審未決勾留日数一五〇日を各算入、原審訴訟費用負担」という判決をしたのです。しかし、これはとんでもない間違いだったのですね。主刑の方はいいんですが、未決算入部分は、法定通算の規定に関する初歩的な誤りです。刑訴法四九五条二項によると、上訴審において原判決が破棄されたときは、上訴申立て後の未決勾留日数は当然に全部通算されることになっているので、控訴審が一部を算入するとかしないとかの裁量権はなく、したがって、高裁としては、そのような言渡しをすべきでないのです。これは法文上明らかであるばかりか、判例によっても既に明示されており、学説上も全く異論がありません。そのため、この判決に対しては早速、検察官から上告が申し立てられ、結局、最高裁で、判例違反を理由に破棄されてしまいました。しかるに、この最高裁判例は、わざわざ判例集に登載され、「法定通算されるべき未決勾留日数を裁定算入してしまった原判決を判例違反で破棄した最初の判例で、今後、同種の事案については、本判決と同様判例違反によって破棄されることになろう。」という趣旨の調査官の解説まで付せられています。この事件では、折角、無期懲役の原判決を苦労して破棄した上被告人に有利な判決をしたのに、このような初歩的な誤りから、未決算入部分だけですけれども最高裁で更に破棄されるという不体裁な結果になったわけで、「無知ほど恐ろしいことはない」ということの典型的な例と言ってよいでしょう。皆さんは、こういう間違いをすることはよもやあるまいと思いますが、事件の処理には、どこに落し穴があるかわからないので、「常に戦戦兢兢薄氷を踏む思い」でことにあたっていただきたいと思います。

もっとも、私の札幌時代にこのような失敗作が多いことについては、私なりに多少の弁解があります。というのは、私がいた当時の札幌高裁は、甚だ特殊な人的構成だったからです。私は昭和三八年に任官し、東京で刑事二年民事一年左陪席をつとめたあと、最高裁刑事局で三年間局付をし、そのあと札幌高裁の職務代行として赴任したのですが、当初半年は地裁の民事部の応援をしていました。そして、高裁の刑事部に移った秋頃から、白鳥事件の再審請求棄却決定に対する異議申立事件の主任裁判官をつとめながら、高裁刑事部の一般事件にも関与していたのです。ところが、その半年後には、裁判長と右陪席も転勤されてしまいました。そして、代わって赴任してこられた裁判長と右陪席は、これまで余り刑事の経験がない方でした。非常に変則的な構成で、高裁とはいいながら、職務代行の私、それも判事補八年目、刑事の経験は事務総局時代を含めても五、六年、高裁経験はわずか半年という私が、一番の経験者というまことに頼りない状態だったのです。合議体の構成がこういう状態ですから、何かにつけ頼りにされ大変気分は良かったのですが、何としても経験不足は否定できません。危なっかしいこと極まりないのです。一度私が間違ってしまうと、その間違った判決がそのまま言い渡されてしまう蓋然性が極めて高く、今から思うと、ただ今申し上げた程度の誤りで済んだのは、運が良かったのではないかとさえ思われるくらいです。

もう一つ余談ついでに申しますと、先ほど「戦戦兢兢薄氷を踏む思い」という言葉を申しましたが、これは、私が修習生当時ついた裁判長柳川真佐夫判事が言われた言葉です。柳川判事といえば、保全処分に関する大著もある民事の大ベテランでありまして、民事に関してはどんなことでもたちどころに判ってしまう位の方だろうと思っていたのですが、その柳川判事が、ある時修習生である私たちに、「日常、常に戦戦兢兢薄氷を踏む思いで事件を処理している」という話をされ、その謙虚な姿勢にいたく感動した思い出があります。今、だんだん自分が当時の柳川判事の年に近くなってきて裁判の難しさをいよいよ痛感するものですから、顧みていささか自信過剰であったと思われる札幌時代への自省自戒の念を含め、この言葉を皆さんに贈ろうと思いご紹介した次第です。

四　判例形成の過程

さて、私は、札幌高裁に昭和四四年から四七年までいたあと、五〇年まで東京地裁（三年間）、五〇年から五三年まで名古屋地裁（三年間）、五三年から五四年まで同高裁（一年間）の各勤務を経て、五四年に最高裁調査官を命ぜられ、五九年三月まで五年間刑事調査官として勤務する機会を与えられました。調査官時代には、いろいろな法律判断を含む判例の形成過程を直接目にすることができ大変勉強になったのですが、この個々の判例の形成過程については のちに時間があったら述べることとしまして、ここでは、最高裁の判例ができていく代表的なケースを幾つかご紹介してみることにします。それは、これによって、最高裁判例の形成に下級審判例がどのように重大な役割を果たしているかがおわかりいただけるのではないかと思うからです。

最高裁の判例が作られるケースには、いろいろな場合がありますが、私は、その代表的なものとして、次の五つがあると感じています。このような分類は誰かが言っているわけでなく、全く私独自の見解ですので、そのつもりでお聞きいただきたい。

1　下級審是認型

これは、ある問題について、下級審の裁判例が集積され、また実務が定着し、概ね良い線に落ち着いているような場合に、最高裁がある段階において、これにお墨つきを与えるという形で判例が作られるケースで、このタイプでは、相当期間の下級審裁判例、実務の積み重ねがありますので、そう大きく間違った方向の判例は出ないと思っています。判例の出方としては最も望ましいタイプであり、また、このようなケースでは、担当調査官もそれほど緊張しないで済みます。そのため、新任の調査官が初めて判例を作る作業にあたるときには、多く、このようなケースを選ぶように指導されていました。ですから、誤解を恐れず別の言い方をすれば、「調査官練習台型」ということができるかもしれません。判例集に載っている判例の中には、じつはこういうケースもかなりあるのではないかと思います。例を挙げると、例えば私が調査報告を担当した柏の少女殺し事件決定（最三決昭和五八年九月五日刑集三七巻七号九〇一頁）(1)の判旨一がこれにあたるといえます。もっとも、右決定は、全体としてはのちに述べる個別救済型にあたり、調査官練習台型ではもちろんありませんが、少なくとも、判旨一が下級審是認型にあたることは明らかです。この決定は、ご承知のとおり、柏市の小学校の校庭で、白昼少女が刺殺された事件につき、当時一四歳の少年が保護処分決定を受けたのち、無実を主張して少年法二七条の二所定の保護処分取消の申立てをしてきた事案です。この申立ては家裁で棄却され、それに対する抗告も不適法として棄却されていました。このような事案につき、最高裁が原決定を取り消して差し戻したのですが、その事案を処理する上の大前提として、少年法二七条の二にいう「本人に対し審判権がなかったこと……を認め得る明らかな資料を新たに発見したとき」には、非行事実がなかったことを認め得る明らかな資料を新たに発見した場合も含まれるかどうかという論点があったのです。この規定は、もともとは、少年の年齢超過等が保護処分決定後に明らかになった場合に対処するためのものであったことは明らかですが、家裁の実務においては、早くから、「審判権」の中には、年齢等の形式的な審判要件だけでなく「非行事実」も含まれるという柔軟な見解、つまり同条を刑事における再審の規定に相当するものとして活用する見解が生まれ、このような見解が既に実務に定着していたのです。これは、大変な実務の知恵だと感服するわけですが、この最決の判旨一は、このような実務上定着した見解を最高裁として是認したものです。柏の少女殺し事件決定の他の判示事項についてはのちにやや詳しく触れる予定ですが、この判旨一は、その後の判旨三、四の前提となるそもその出発点でして、判旨一なくして三、四はあり得なかったのです。そして、一に関する永年の下級審実務の積み上げがなかったならば、判旨一、更には判旨三、四という最高裁の画期的な判断は生まれ得なかったと思われるのです。この判例は、最高裁判例の形成に下級審の実務が重大な影響を及ぼした典型例だと思っております。

2　論争決着型

ある問題につき、実務上も学説上も、甲説と乙説が正面からがっぷり組み合って容易に決着がつかない場合に、最高裁が適切な事案において、いずれかの見解に軍配を挙げるという形で判例が出されるタイプで、最も判例らしい判例といえましょう。代表的な例としては、違法収集証拠排除の要件に関する最一判昭和五三年九月七日（刑集三二巻六号一六七二頁）とか、公訴権濫用に関するチッソ川本事件決定（最一決昭和五五年一二月一七日刑集三四巻七号六七二頁）などがあります。前者は、違法収集証拠排除に関する積極・消極の両説が対立し、また、積極説の中でも、いかなる要件の存する場合に排除を認めるかにつき鋭い見解の対立のある中で、最高裁が一定の要件を示して積極説を採ることを明らかにしたものであり、後者についても、同様の状況があったことはご承知のとおりです。このタイプにおいても、従前の議論の過程で双方の論拠がかなり明確に示されている関係上、結論に賛成・反対の立場があることはともかく、最高裁が極めて突飛な結論を示す危険性は比較的小さいといえます。したがって、このタイプの判例の出方は1に次いで望ましいタイプといえます。

3　行き過ぎ是正・反動型

下級審の裁判例が一定の方向に行き過ぎて、結論の妥当性に疑問を抱かれるようになると、最高裁がこれに一定の歯止めをかけようとしたり、逆に従前と反対の方向に判例を変更しようとすることがあります。代表的な例としては、名古屋中郵判決（最大判昭和五二年五月四日三一巻三号一八二頁）、全農林警職法事件判決（最大判昭和四八年四月二五日刑集二七巻四号五四七頁）などにみられる公務員や公共企業体職員の争議権に関する判例の揺り戻しがあります。ご承知のとおり、この判決以前、有名な全逓中郵判決（最大判昭和四一年一〇月二六日刑集二〇巻八号九〇一頁）により、公労法一七条違反の争議行為がそれだけでは刑事罰の対象とならなくなり、また、都教組事件判決（最大判昭和四四年四月二日刑集二三巻五号三〇五頁）により、公務員の争議行為に関する違法なあおり行為も、一定の限度で刑事罰から解放されることとなったのですが、この問題については、かねて、学説、判例上激しい対立があり、全逓中郵、都教組の両大法廷判決は、それ自体が、いわばいずれも論争決着型の判例であったわけです。したがって、この両判決によって最高裁の態度は確立されたかに思われたのですが、これがごく短期間のうちに逆転してしまうという極めて注目すべき現象が起こったのです。この逆転の一番大きな原因は、最高裁判事の人的構成の変化、それも人為的な操作による構成の変化にあるともいわれておりますが、もしそうであるとすると、政府当局者をして、このような非常手段を取らせる決意をさせたについては、私の見るところでは、全逓、都教組両大法廷判決後の下級審判例の動向も、かなり影響しているように思われます。すなわち、全逓中郵判決後の下級審判例の中には、本来この判旨の射程外であったはずの部分的争議行為について、それがかなり激しく暴力の行使とみられる余地のあるものであっても、この判旨を援用して無罪とするものが続出しました。このような下級審判例の状況にかんがみ、いわゆる自民党タカ派が危機感を抱いたことは、容易に推察することができるので、その後最高裁判事にタカ派的色彩の強い人を増強することによって、判例の逆転を狙うということは、いかにもありそうなことに思われるのです。確かに、あの時点において、論争決着型の大法廷判例が出たことを前提に考えますと、この判旨に賛成する下級審裁判官が、その判旨を更に拡大させたいという気持に駆られることは、ある意味ではやむを得ないことでもあったのですが、全逓、都教組の両判決には、反対説の指摘するような理論上の弱点もあったわけですから、仮に下級審の裁判官が、これらの判例の示す方向を正しいと考えたのであれば、その適用範囲をいたずらに拡張するのではなく、むしろその判旨を限定する形で理論上の弱点を補強する作業をする方が賢明であったのではないかと、あとからでる知恵ですが、そう思われるわけです。私の目から見ると、この両判決後の一部の下級審判例は、悪く言えば、両判決の尻馬に乗っていたずらに射程を広げようとしたため、逆に、自らの意図したところと逆の判例変更を招いてしまったといわれかねない面があるのではないかと思います。

4　個別救済型

従前、学説、裁判例の積み重ねが余りない問題について、個別的事案の救済の必要上、最高裁が法律問題につき突然一定の見解を示すタイプで、「突然変異型」と言ってもいいと思います。先ほどの柏の少女殺し事件の判旨三、四は、まさにこのタイプに属します。多くの方は、この判例の解説をお読み下さったと思いますので詳しい話は省略しますが、この事件では、家裁は、少年の保護処分取消の申立てを立件して事実取調べをした上、結局、新証拠は非行事実の認定に合理的な疑いを生じさせるものでないとして、「保護処分を取り消さない」旨の決定（以下「不取消決定」といいます。）をしました。これに対し、付添人が抗告しましたが、高裁は、このような不取消決定は、少年法三二条にいう保護処分の決定に含まれないから抗告は不適法であるとして棄却。付添人から更に再抗告の申立てがあり、私の担当事件として配点されてきたのです。私は、それまで、少年事件を担当したことがなく、少年法については素人同然だったので、一から文献、判例を調べてみました。すると間もなく、少年法三二条にいう「保護処分の決定」は、一般に、少年法二四条にいう保護処分決定を指すと解されていること、したがって、不取消決定に対しては、そもそも抗告が許されないと解されていること、更に、抗告棄却決定に対する再抗告事由は、少年法三五条により、憲法違反、判例違反だけに限定されており、単なる法令違反や事実誤認によって、原決定を取り消す方法はないとされていることなどが判明したのです。したがって、本件再抗告は、通常の解釈によれば二重、三重の意味で不適法であることになりますから、本件再抗告を不適法として棄却することは、極めて容易であったわけです。しかし、再抗告趣意の力点は、少年が無実であるとする事実誤認の主張に置かれており、その主張にはかなりの説得力があると思われたので、ともかく中味に立ち入って検討してみようという気になったのです。そして、記録を詳細に調べて見ますと、少年側の訴えにはなかなかもっともなところがあるのです。旧証拠にもかなりの問題がある上、新証拠に関する少年側の申立てを併せると、家裁の裁判官のした原原決定に対する抗告を一切不適法としてしまうことでいいのか、こういう不取消決定に対しても一定限度で上訴を認め、高裁の判断を仰ぐ途を残した方がいいのではないか、という疑問が強くなってきたのです。ただ、少年法に関するそのような解釈は、法律論として極めて難しい。仮に道があるとしても甚だ細く、果たして蟻が一匹が通れるかどうかというわずかなすき間をかいくぐって行くようであると感じられました。しかし、私は、そのような方向での理由づけができないかを必死で考え抜いた末、理論構成として成功しているか必ずしも自信はありませんでしたが、一定の方向を示した報告書を提出し、結果として、これが第三小法廷で基本的に採用されたのです。法律論に関する詳しい問題点は判例解説に譲りますが、これは、具体的事案の特殊性、救済の必要性に着目して、最高裁が思い切って新たな見解を示した典型例です。もっとも、この事件で、差戻しを受けた東京高裁は、事実調べののち再び抗告棄却決定をし、最高裁もこれに対する再抗告を棄却してしまいました（最二決昭和六〇年四月二三日裁判集刑事二三九号二九三頁）。したがって、この事件に限ってみれば、私の努力はいったい何だったんだと無力感を感じないわけではありませんが、少なくとも、「少年の再抗告事件において、少年法三五条所定の事由がなくても、三二条所定の抗告事由があってこれを取り消さなければ著しく正義に反すると認められるときは、最高裁は原決定を職権で取り消し得る」とする判旨四、不取消決定に対しても少年が抗告の申立てをすることができるとする判旨三の一般論の部分は判例として残ったわけで、現にその後、保護処分決定を是認した抗告棄却決定を、最高裁が右判旨四に従い取り消して差し戻す決定（最三決昭和六二年三月二四日判時一二三二号一五〇頁）も現れるに至っております。これは、通行区分違反で保護処分を受けた少年が、「アリバイがある」「交通事件原票の指印は自分のものではない」と主張して再抗告したもので、最高裁は警察が作成した指紋対照結果回答書を取り調べた上、交通事件原票の指印は少年の指印ではないとして、原決定を取り消し差し戻しました。柏の少女殺し事件の判例がなければ、こんな小さな事件で最高裁が個別救済を図ることは一寸考えられませんから、私の努力は、決して無駄ではなかったことになります。

5　判例変更型

3の名古屋中郵、全農林判決ももちろん判例変更型には違いありませんが、これは、やや意図的に行われた判例変更で特殊性があります。ここにいう判例変更型というのは、そうではなく、判例が変更されるべくして変更されるタイプをいいます。したがって、このタイプの判例変更は、判例・学説の動きを注意深く観察していればある程度予測可能ですし、また、下級審としても、手頃な事案が来れば、従来の判例と異なった見解を打ち出して、最高裁に判例変更のきっかけを与えることも可能なのです。このタイプに属する判例変更の典型的な例としては最大判昭和六三年二月一七日（刑集四二巻二号二九九頁）があります。これは、上訴権のない選任権者により原判決後に選任された弁護人は上訴の申立てをすることができるかという特殊な訴訟法上の問題点につき、最高裁が、従来の判例を変更して積極説を打ち出し、原決定及び原原決定を取り消した上、大阪高裁へ差し戻したものです。刑訴法三五三条、三五五条の解釈として、従前、判例は一貫して、本来上訴申立権を有しない被告人の親族（例えば妻）が原判決後に選任した弁護人は上訴申立権を有しないという見解を示していましたが、学説の強い批判を受けていました。そして、比較的最近の最三決昭和五四年一〇月一九日（刑集三三巻六号六五一頁）は、結論としては従前の判例の見解を踏襲しましたが、その結論部分を見ると、「……当裁判所の判例……とするところであって、いま直ちにこれを変更しなければならないものとは思われない」というちょっと含みのある表現をしております。また、この決定には江里口裁判官の反対意見がついています。この反対意見は、学説に同調し、かかる弁護人も三五五条の原審弁護人に含まれる、仮に然らずとしても、いやしくも弁護人である以上、被告人のなし得る訴訟行為（上訴）を代理人としてする包括的な権限を有すると解すべきであると主張していました。この判例の多数意見、反対意見を読み比べてみますと、その問題については、多数意見も理論上は反対意見に一日の長があることを認め、ただ、本件事案は、既に長期間妥当してきた判例を変更するまでの必要性のある事案であるとは思われないという趣旨であることが言外の意味として読み取れるように思います。そうすると、この判例は、あるいは近い将来、具体的事案として救済の必要性の大きい事案が来れば判例変更があり得ることを示唆したものといえなくもなかったのです。

ところで、今回の大阪高裁の事案の被告人は少年で、弁護人選任者はその実母です。本来、少年の母は法定代理人として三五五条の上訴権を有するのですから、通常であれば、従前の判例理論によっても、この母の選任した弁護人は上訴権を有するのです。ただ、運の悪いことに、本件被告人は既に婚姻していました。そして、民法七五三条によると、未成年者も婚姻すると成人とみなされて親権を離脱しますので、その結果として母は既に少年の法定代理人ではなく、独立の上訴権を有しないということになっていたのです。したがって、本件については、従前のケースと異なり、弁護人を選任した者が「本来であれば弁護人選任権を有する母であった」という点で特殊性があったので、従前の判例を知っている弁護人であっても、少年が婚姻していて母が法定代理人たる地位を失っているという点を失念することのありそうな事案であったといえます。換言しますと、本件は、母の選任した弁護人が上訴を申し立てたのに対し、「判例の見解によれば上訴申立ては不適法である」という一言でこれを排斥してしまうのがいささか躊躇される事案、更に換言すれば、それだけ救済の必要性の強い事案ではなかったかと思うのです。したがって、このような救済の必要性の強い事案については、判例変更の可能性があることを、下級審の裁判官としては当然知らなければならなかったわけです。そして、もし、そういう点に気付いていれば、これを素材として、むしろ弁護人による上訴を適法と認め、最高裁へ判例変更のきっかけを与えることも可能であったと思われます。残念なことに、本件では、原審、原原審ともに従前の議論をそのまま踏襲して控訴申立てを不適法と判断しているのですが、私の目から見ますと、下級審が、最高裁に対し判例変更を促す絶好の機会を自ら放棄してしまったという意味で、残念に思われるのです。

以上、判例形成に関する代表的な類型を五つ紹介してみました。もちろん、すべての判例がこの五つに截然と分類されるわけではありません。他にも幾つかの類型があるはずですし、多くの判例は、これらの類型の幾つかの性格を兼ね備えているだろうと思います。しかし、現実の判例を読むとき、それがこの五つの類型のうちどの性格の強いものであるかなどを考えてみることは、その判例の射程距離を測る上で有益だろうと思いますし、このような分析は、その判例に対する自分の姿勢を決する上で意味のないものではないと思います。

五　最高裁判例の形成における調査官の役割

ここで、ちょっとまた余談になりますが、最高裁判例の具体的形成過程、特に皆さんが興味をお持ちと思われる、そこでの調査官の役割について若干触れておくことにします。現在では、多少変わっている点があるかもしれませんが、私が調査官として在職した当時のやり方は、次のようなものでした。まず、各事件は、民事・刑事・行政別に、各小法廷に順次配点され、その時点で主任裁判官が決まります。そして、刑事に関していえば、上告趣意書が提出されますと、これを各調査官室で月に何回かまとめて選別という作業をします。これは、各調査官の負担が余り不公平にならないようにという趣旨でやっているもので、とりあえず上告趣意書と原判決にざっと目を通し、その難易度を大ざっぱに四段階位に分類し、符号をつけます。そして、右の選別作業が終わると、各事件は類型別に各調査官に順次配点されるという仕組みになっているのです。

そして、配点された事件は、まず担当調査官が記録を検討し、必要な判例、文献を調査した上で、裁判官宛に報告書を提出します。右調査の過程において、同室の調査官の意見を聞いたり、他の部屋の調査官に意見を求めたりもしますが、基本的には各調査官の個人的請負作業の形となります。そして、調査官の報告書が提出されると、主任裁判官がこれを読み、必要に応じ記録を検討した上、小法廷の合議、最高裁ではこれを「審議」と称していますが、これが開かれます。審議の席へは、担当調査官も出席を求められ、必要に応じて、事実関係の説明をしたり、報告書について補足説明をしたりすることがあります。

ところで、最高裁で処理される事件の大部分は、いわゆる例文による棄却の運命を辿るわけですが、報告書が原判決の問題点を指摘して破棄もあり得る旨の意見を付したり、法律問題について判例となる見解を示すべきである旨の意見を付したりした場合には、小法廷の審議の参考とするため、調査官研究会の意見が求められます。そのため、担当調査官は、作成した報告書のコピーを調査官全員に配布した上で、その当否を調査官研究会で検討してもらわなければならないのです。これは、なかなか厳しい作業でして、担当調査官が一定の方向での事件処理を相当と考えても、その研究会で多数の支持が得られないときは、小法廷でもその見解は容易に採用されない公算が大きいわけですから、研究会の議論は勢い白熱化します。ともかく、口の達者な者ばかり一〇人以上の人数で合議するわけですし、担当者以外は、どうしても、報告書を批判的な目で読みますので、自分では、十分検討しておいたつもりでも、思わぬ方向からの反論にあって大いに慌てることや、孤立無援に陥ることすらあります。しかし、自分の見解に対し、何とかして多数の支持を得たいと考えますので、こちらも必死、事前にあらゆる角度からの反論を予想して準備することになり、研究会の前日は、真剣勝負の試合に臨む前の晩のように緊張して寝つきが悪くなることが何度もありました。

一見、何の変哲もないように見える判例でも、その裏側で、このような作業が行われているわけです。調査官としては、事件で判例を作ろうと努力すればするほど仕事が忙しくなり、他方、できるだけすり抜けて判例にしないような形で作業すれば、仕事は暇になります。しかし、私は、この研究会での体験は、これ以上はない最高の勉強の機会であり、判例になりそうな事件をそうしないで流してしまうのは、与えられた折角の勉強の機会を捨ててしまうようなもので、もったいないこと限りないと思っていました。皆さんも、将来、もし調査官として勤務する機会を与えられたら、是非とも、できるだけ積極的に取り組み、逃げの姿勢を取らないようにしていただきたいと思います。

六　判例とのつき合い方

さて、余談はさておきまして本論に戻ります。私が、このようなことをくどくど申し上げているのはなぜかと言いますと、冒頭に申しましたように、それは、我々下級審裁判官のする日常の仕事が、最高裁判例の動向、ひいては法律文化の水準に影響するところが極めて大きいということを自覚していただきたいからです。これまで述べたところからお判りいただけたと思いますが、下級審裁判例の動向は、いろいろな意味で最高裁判例に影響を与えています。そして、その影響の与え方は、第一、第二類型が健全な姿なのであり、第三類型は、逆のケースなので本来は余り望ましくないと思います。そこで、このような第三類型の判例の出現を最少限度に止めるためには、どのような態度が要求されるかを考えてみると、それは、結局、各裁判官が、最高裁判例の結論を鵜呑みにせず、各自自分の頭で納得のいくまでよく考えた上で、具体的事案に判旨を応用していくということに尽きるのではないかと思うわけです。換言すると、それは、判例の結論に盲従するのでなく、判例を批判的に読み、これを咀嚼した上で事件にあてはめることです。もちろん、最高裁の判例は、事実上の拘束力がありますから、むやみにこれと抵触する判断を示せば簡単に破られてしまうでしょう。そして、考えなければならないことは、よく研究もしないでやたらと判例に抵触する判断を示せば、これが上級審で破られて、自分の考えと反対の方向の判例を一層定着させてしまうということです。その典型的な例は、最初に紹介した札幌高裁の信頼の原則に関する判例だと思います。しかしこれより更にいけないのは、最高裁の判例が出ると、その当否に対する検討を抜きにして、やみくもにその結論に盲従する態度であり、最悪なのは、判例の尻馬に乗って、更にその先の結論を先取りしようとする態度であると思います。また、一つの例を挙げることとします。高輪グリーンマンション事件決定といわれる有名な最高裁の判例があります（最二決昭和五二年二月二九日刑集三八巻三号四七九頁）。これは、ご承知のとおり、被告人を四夜にわたって警察署付近のホテルに宿泊させるなどした上、連日警察署へ出頭させて長時間取調べをした事案ですが、この判例の多数意見は、このような捜査方法も任意捜査の限界を逸脱しないとし、その結果得られた自白の任意性を肯定しています。しかし、このような取調べ方法が少なくとも妥当を欠くものであること自体は多数意見も認めていますし、更に二名の裁判官は、「意見」の形ではありますが、実質上の反対意見を付しています。したがって、この決定を素直に読めば、本件では事案の重大性に鑑みやむを得ず警察官の取調べを是認するが、このような取調べ方法はできる限りやめさせるべきであるという点については、最高裁裁判官の意見はほぼ一致していると読み取れると思います。また、常識的に考えても、このような取調べ方法が任意捜査として横行するようになっては困るというのも当然の感覚ではないかと思われます。ですから、我々下級審裁判官としては、かかる取調べがどしどし行われてよいと考えるのであれば格別、そうでなければ、右判例はできるだけその事件限りの特殊な事例判断としてこれを封じ込め、その射程を限定するという方向に向けて行動すべきではないかと思うのです。ところが、その後の下級審の判例は、必ずしもそのような方向に動いておりませんで、右判例の判旨を援用して、更に判旨を拡大する方向のものも出てきています。すなわち、ホテルに四日も泊めた取調べですら最高裁が適法であるとしている以上、軽い事件で一晩くらい警察に泊めても違法とはいえない、という形の判断です。これは、いわば尻馬判決か盲従判決としかいいようのないもので、いささか残念です。私が大阪高裁で関与した判決（大阪高判昭和六三年二月一七日高刑集四一巻一号六二頁、判タ六六七号二六五頁）は、そのような傾向のある原判決を破棄して最決の判旨の拡大に歯止めをかけようとしたものです。何かの参考にしていただきたいと思います。このような判決をする裁判官が、本当に自分の頭で考えて、その結論が正しいと考えたのであればもちろん何も言いませんが、もし、判例に盲従したりする傾向や、将来の判例の結論を先取りしようとする功名心があってのこととすれば、これは大きな問題ではないかと思います。月刊ペン事件（最一判昭和五六年四月一六日刑集三五巻三号八四頁）の調査のときにも、ちょっとこれと似たことを感じたことがあったのですが、時間の関係で省略します。

七　より良き法律文化の形成に貢献し得る裁判官となる方法

さて、本日のお話も次第に終わりに近づきまとめの段階に入るわけですけれども、ここで、本日のお話の総括として、より良き法律文化の形成に貢献し得る裁判官となるには、どういう態度で日常の仕事に当ればいいのかについてお話しましょう。もちろん、これは私自身も必ずしもすべて実行できているわけではなく、自分の反省と願望を含めての話です。

第一は、何事も自分の頭でよく考えることです。もちろん、考えるといっても、宙で考えるのは無理なことが多いので、問題にぶち当ったら、関連の判例・学説を十分に調査することが前提ですが、調査しただけでは、仕事は半分も終わっていないことを銘記すべきでありまして、これを咀嚼し、各見解の当否を自分の頭でもう一度考え直してみる。もちろん、合議体の場合は十分に合議を尽くす。そして各説の利害得失を十分検討した上で、更に第三、第四の途がないかどうかをもよく考えて一定の結論を下すという習慣をつけることが大事だと思います。間違っても、学説のネームバリューに振り回されたり、判例に盲従したり、その尻馬に乗ったり、結論だけを先取りしようとしたりする態度に出ないこと、これが一番重要な点です。

第二は、これと密接に関係しますが、積極的に仕事に取り組み、苦労をいとわないこと、逆にいえば、楽をしようと思わないことです。第一のような態度で仕事をしていくと、仕事量は自然に増え、苦労が多くなります。そうすると、辛いものですから、人間誰しも逃げの姿勢に入りたくなります。重要な論点だとは思いながらも、何とかして判断を回避できないものかと考えたくなります。そうすると、民事でいえば、主要な論点で勝負しないで、派生的な争点で決着をつけ、当事者が真に争点として判断を求めている点について判断を回避してしまったりする、不意打ち判決になります。刑事でいえば、有罪・無罪が真剣に争われているのに、足して二で割る式の判決をしたり、判断を示さないまま執行猶予を付してごまかそうとします。このような姿勢が一番いけないのだと思います。もちろん敢えて平地に波乱を起こすことはありませんが、正面から求められた判断は、できる限り回避しない、こういう愚直さ、馬鹿正直さが、裁判官には必要なのだと思います。刑事でいえば、争点を逃げないだけでなく、被告人が公判で認めていても、証拠上多少とも疑問がある限り、被告人・弁護人に疑問をどしどしぶつけてみる。そういう積極性が必要だと思います。そうすると、思いがけず、被告人・弁護人が本当はその点を論点としたかったのに、何らかの思惑で、例えば、争うと執行猶予が得られないなどと考えて、主張していなかったことがわかったりします。そういう事件で、もし、被告人・弁護人が認めているからと安心してその点を素通りし、通りいっぺんの判決をしたりすると、上訴されて、証拠の矛盾を突かれ収拾がつかなくなることがあります。局面はやや異なりますが、自分の本務以外の仕事であっても、人のいやがることを進んで引き受けるという態度は、そのことを回避してばかりいる人と比べ、長い目でみて、その人の実力に大きくプラスになると思います。

この点と関連して、もう一つ言いたいことは、事件で苦労させられるときの気持の持ち方についてです。誰しも、事件で苦労するときは辛いものです。しかし、辛いからといって、逃げようとする消極的な気持では進歩が遅い。

私は、いつの頃からか、こういうように考えるようになって、ずいぶん気持が楽になりました。それは、根本的なところです。自分は、一体何のために裁判官になったのか、ということに遡るのです。「自分は、もともと、事件を的確に裁くことに生き甲斐を感じて裁判官になったのではないか。そうすると、自分としては、少しでも事件について的確に判断する能力、そして、自分の考えを的確に表現、文章化する能力を身につけることがどうしても必要だ。そして、現在の苦労は、必ず将来の事件処理に役立つはずだ。したがって、現在苦労していることは、誰のためでもない。すなわち、被告人のためでもない、国のためでもない、自分自身のためなのだ。苦労すればするほど、自分のためになるわけだから、事件処理においては徹底的に苦労しなければむしろ損だ。」とこういう風に考えるわけです。人間、他人のために苦労すると思えばこそ腹も立ちますが、すべては自分のためと思えば、面倒な主張をする被告人・弁護人は、むしろ自分にとって、勉強の機会を与えてくれる最高の先生だと思えてくるので、大切にしなければならない、そういう気持になります。私は、こういう考え方をするようになってから、やっかいな事件にあたることが、それ程苦にならなくなり、むしろ楽しみにさえなってきたように思います。

第三は、過去の蓄積に安住しないということです。今言ったような態度で、一〇年、二〇年と経験を重ねてくると、必ずある程度力がついてくると思います。そうすると、日常ぶつかる通常の事件については、それほど苦労しなくても処理ができるようになります。しかし、そういう慣れというか過信がまた、一番恐ろしいわけでして、過去の蓄積に安住し、これまでの経験だけに依拠して将来に向けての努力をやめたとき、人間は必ず堕落します。駄目になります。これは、厳しい、恐ろしいことだと思います。誰しも、若い時代は、法律の勉強を含め、皆意欲的に勉強していると思います。しかし、我々も生身の人間です。遊びや趣味の誘惑に、仕事に対する慣れが加わると、つい、この程度でよいのではないかという気持に誘われて、向上心を失うことがあり得ると思います。これも自分のことを言って恐縮ですが、札幌での勤務を終わり、三年間の東京地裁を経て、昭和五〇年から五四年にかけて名古屋にいたころが、私にとっても、一つの問題の時期だったと思います。それまでは、無我夢中で仕事をしてきたし、札幌高裁、東京地裁でも、若気の至りはあるものの、それなりの実績を残してきたという自負もあったのです。しかし、名古屋に行ってみると、事件はそれ程多くないし弁護人には穏やかな人が多い。ごくごく普通にやっていれば、それなりに余暇はあり、野球、テニスなどスポーツもある程度楽しめる。そういうありがたい環境だったわけです。その上、仲間意識の非常に強いところなので、大庁でありながら、仲間同士で激論したり研究したりする素地が乏しく、全く平和、逆に言えば学問的な刺激が足りないのです。赴任後一年位は、私も皆と同じように楽しく遊ばせてもらいましたが、そのうちに不安になってきました。「こういう生活を続けていって、将来果して使いものになる裁判官になれるのだろうか。」「突然、難しい事件を突きつけられたときに、自分の頭で物を考える能力がなく、慌てふためく結果となりはしないか。」というわけです。そこで、私は、せめて若い人と一緒に少し勉強するという習慣を身につけようと思い立ち、主として左陪席諸君と一緒に勉強会を始めたのです。この時は、自分自身の勉強の道具として若い人を利用するという気持が強かったのですが、結果としては、若い人たちも大変喜んでくれて、その後三年間、週一回の勉強会を、ずっと続けることができました。何をやったかというと、おそまつ極まる話ですが、おかげで『証拠法大系』全四巻を、ほとんど完全に、細かに事実関係を追いながら、読み通すことができました。全く、ささやかな勉強会ではありましたが、しないとするとでは多少違います。その当時は、自分が近く調査官を命ぜられるようなことになるとは考えてもいませんでしたが、五四年四月に調査官として赴任することになった際に、これが何がしかの心の支えになっていたことは間違いありません。その時、つくづく、人間、日頃の努力がいかに大切かを痛感させられた次第です。過去の多少の蓄積は、二、三年でたちまち食いつぶしてしまいます。それは恐ろしいことです。私自身、過去、自分の周囲にいた先輩を見回すとき、もちろん、その後も努力を怠らず立派に成長を続けている人たちも少なくありませんが、完全にゼロ成長（ひどい場合にはマイナス成長）になってしまって、過去の蓄積（貯金）だけを食いつぶして生活している人を、何人か見てきました。こういう人は、少し話をしていればわかります。これが、また、恐ろしいところで、確かに、若い頃は、よく勉強されたのだなと感心させられても、その後の進歩の跡が全く見られない方もおられて、まことに残念に思いました。こういうことにならないよう、私自身も、これから自戒していきたいと考えています。

八　おわりに

判事補会からの講演の依頼を承諾したあと、どういうお話をしようかと考え、おおよその骨格が定まった段階で、雑誌『法曹』の一一月号（一九八八年、通巻四五七号）をパラパラとめくっていると、大阪高検検事長臼井滋夫氏の「半世紀ぶりに聞く恩師の声」という巻頭の随筆が目に止まりました。「法曹」は、普段、それほど詳しく読んではいないのですが、臼井氏は、私が日頃尊敬している先輩（個人的な意味ではなく法曹としての先輩ですが）の一人である上、多少の個人的面識もあるので興味があり読んでみると、その内容がなかなか素晴らしく魅了されてしまいました。既にお読みになった方もあると思いますし、もしまだな方は、ぜひ帰ってから自分で読んでみてほしいと思いますので詳しくは申し上げませんが、自分の高等学校時代の恩師（山本良吉先生）と西田幾多郎博士とが、戦争中対話した際の録音を聞く機会があったことにかこつけて、最終的には、あるべき検察の姿を多少の現状批判を踏まえて描き出しているものと考えてよいと思います。そこに書いてあることは、私が日頃考えていることと、ほとんど完全に一致していまして、読みながら、「まさに我が意を得たり。」と感じたものです。そのさわりの部分だけを読んでみると、次のとおりです。

「……法曹の中でも、検察官は、独任制官庁とはいえ、行政官であり、一体の組織の中で活動するがゆえに、お互いによほど自戒しないと、上命不服の名のもとに組織の上にある者の意思によってたやすく動かされやすい。下の阿諛迎合的な態度とこれを馴致するような上の姿勢とが相まって、その危険を増幅させる。残念ながら、このような弊風がいささか気になる昨今の風潮をみるにつけ、『検察一体の基本となる……真の和とは、中心に帰一した姿である〔が、〕それは決して無気力な随順を意味するものではなく、お互いが、平素の接触と対話を通じて確立される信頼関係の上に立って、事にあたっては、侃侃諤々、自由かったつに議論を尽くしつつ、おのずから、意識の統一されていく姿であると思う』と説かれ、『その意味において、私は、平素、耳中耳に逆うの言をも喜んで聴き、自己の啓発に資するとともに、お互い自由に発言のできるふんい気作りに努め〔る〕』旨の決意を披瀝された今は亡き布施健先生の御卓見（昭和五〇・一・二五検事総長着任あいさつ）に、今更ながら敬服の念おくあたわざるものがある。私の長きにわたる検察官生活を通じ、誇り得るものはほとんどないが、ただ、布施先生が排すべきものとされた『無気力な随順』の弊に陥ることの一度もなかったことだけは自負できる。また、私自身、管理者の立場に立つようになってからのちは、機会あるごとに、『今検察において最も必要とされる人物は、《みずから調べ、みずから考え、みずから判断して、自らの意見を表明できる人物》であると思う』旨説いてきた。更に、法令解釈適用上の重要問題などにぶつかったとき、たとえ有力な学説・判例があっても、これを鵜呑みにすることなく、自分の頭で考え、正しいと思われる結論を出すように努めてきた。はっきりと意識しなかったにせよ、これらは、やはり山本先生から受けた教育の賜物であったというべきか。しかし、西田博士や山本先生の説かれたような意味での『創造』にいくばくかの寄与をなし得たかを思うと、学恩に報いるにはなお日暮れて道遠しの感を禁じ得ない。」

こういう趣旨の文章です。本日私が、いたずらに長々と、まずい例を引きながら、とりとめもなくお話したことのエッセンスが見事に凝縮されていると思います。そこで、私は、本日のお話を終わるにあたって、この臼井検事長のお言葉を引用するとともに、改めて皆さんに対し、「どこまでも自分の頭で考えて問題を解決する姿勢を持つように。手抜きをせず常に前向きに、苦労しながら仕事をするように」と重ねてお願いしたいと思います。

また、もう一つ蛇足を加えさせていただきますと、これから各地の裁判所へ転任していかれる人たちに、特にお願いしたいことがあります。転任先は、各人によってそれぞれ異なり、相互に多少の運不運はあると思いますが、各自の転任先においては、置かれた執務環境をフルに活用して、すなわち、大庁では大庁の良さを、小庁では小庁の良さを最大限に活用して、裁判官生活を楽しむとともに、いま言ったような努力を怠らないでほしいと思います。私などは、すでに五〇歳の坂を越えて老境に入りつつあり、「少年老い易く学成り難し、一寸の光陰軽んずべからず」という昔の人の言葉を、特に実感を持って味あわされる昨今ですが、みなさんには、まだ若さがあり、キラキラと輝く未来があります。ただ、しかし、よく考えてほしいことは、時間は決して無限ではないということです。私だって、二五歳で任官した時は、定年まで四〇年近くもあると考えては、気の遠くなるような思いをしたものです。そして、実際に、最初の一、二年、五年、一〇年位までは、たしかに長く感ぜられました。ところが、いつのころからか、次第にというか突然にというか、時計の針の回転が早くなりだし、最近では、次の正月や誕生日がたちまちやってくるようになってしまいました。もちろん、これから先も、私としては、できる限りの努力をしていくつもりではありますが、この先の努力によって得られるところは、知れています。それに比べると、皆さんには、まだまだ時間があります。しかし、その時間も、何もしないでいれば、ないのと同じことです。どうか、この貴重な時間を浪費することなく、有効に活用して、各人が、その持ち場持ち場をしっかり守ることにより、司法部全体のレベルを向上させ、よりよき法律文化の形成に寄与して、これを次代の人に引き継いでほしいと思います。私が、本日お話したことは、余りにも簡単なことですが、以上で完全に尽きると思います。

長い間、ご静聴ありがとうございました。

（小宮山）　どうもありがとうございました。私は、裁判官はまだかけだしなんですが、裁判官のやりがいと厳しさというものを、槍で胸を突つかれるような思いで聞いておりました。これから、私たちが裁判官を続けるにあたり、非常に参考になるお話だったと思います。ありがとうございました。

【質疑・応答】

（木谷）　それでは、何か質問がありましたらどうぞ。

（石塚）　よろしいですか。新任の時に、詐欺事件で違法性の意識が問題になる事件がありました。これは、いわゆる公安事件で、会社の運転手が、ガソリンの水増し請求をしまして、その水増し分をプールして、運転手室の厚生費にあてていたという事例で、その組合の活動家だけが狙われて起訴された事件で、詐欺にあたることは間違いないんですが、当事者は公訴権濫用と可罰的違法性欠如の主張をしたんです。これに対し、私は、正面から、「故意の要件としては違法性の意識が必要なのに本件ではこれがない」という判断をせずに、「そういうように考えたのもやむを得ない事情があった」ということから、「被告人には詐欺の故意がない」として無罪にした判決を起案しまして、結論としてそれしかないだろうということでやったのです。ところが、案の定、控訴審で破棄されまして、当時、そういう見通しでそのような判断をするのがよかったのか悩んだことがありました。質問の趣旨は、つい最近出された、模造通貨の事件での最高裁の判例（最一決昭和六二年七月一六日刑集四一巻五号二三七頁）の書き方が微妙になっているような気がしまして、違法性の意識についての、先ほどの判例が変わりつつあるという弁護人選任権の場合と似たような徴表があるのか、それが判示の中に窺えると見てよいのか、そのあたりを伺いたいんですが。

（木谷）　違法性の意識ないしその可能性不要説を完全に貫くことについては、最高裁も、若干、抵抗を感じているということは事実じゃないでしょうか。石塚さんの言われた模造通貨の事件の前に、羽田空港デモ事件の判例（最一判昭和五三年六月二九日刑集三二巻四号九六七頁）がありますが、あの事件では、「被告人らには、違法性の意識があると認められるので、これがないことを前提とする原判決には、事実誤認がある」としていたんですね。これに対し、本件では、「違法性の意識を欠いていたにしても、それに相当な理由がある場合にあたらない」としていまして、最高裁も、本件では、違法性の意識があったとは認定していません。それだけ微妙な事案だったと思われるのですが、それにもかかわらず、最高裁が、本件でも違法性の意識の可能性があったとしていることからすると、将来、最高裁が正面から違法性の意識の可能性必要説をとることになったとしても、その可能性はごくわずかなもので足りるということになるのではないかと思います。したがって、この問題が、判例変更によって、現在と比べて格段に柔軟な処理の許されるような形で解決されることになるかどうかについて、私は、悲観的な見方をしています。

（半田）　最高裁の判例がある場合の下級審の付き合い方なんですが、裁判官としては、国家機関の担い手の一人として、職務上の義務として最高裁の判例に従うべきだということが言われていて、上訴されたときに、最高裁がするであろう判決を想定して、特別の事情のない限り、それに沿った判断をすべきだということが、最近言われているんですけれども。

（木谷）　例の小林論文（小林充「刑事実務と下級審判例」判タ五八八号八頁）ですか。

（半田）　ええ、そうです。例えば、高輪グリーンマンション事件は、私はよく知らないんですが、場合によっては、先ほど木谷判事がいわれた下級審の判例なんかも、もし、この事例が上に行けば証拠能力を認めるという判断をされるんじゃないかというふうに考えれば、そのような小林論文の見解に立てば、そういう判断をやらなくてはいけないのではないでしょうか。

（木谷）　僕は、小林さんの論文は、一寸表現が強いだけで、僕の考えとそれ程違わないのではないかと思います。例えば、さき程述べた判例変更型の場合ですが、いずれこういう判例が出るという徴候が窺われる場合に、そしてその傾向が望ましいと自分が思う場合に思い切って従前の判例と異なる見解を出してみるという考え方は、小林論文でも当然支持されるのだと思います。ただ、下級審裁判官は、当該事件が最高裁に係属したならば最高裁が下すであろう法解釈を予測した上で裁判しなければならない、というような言い方をされると、下級審の自主性が否定されたような感じになってしまいますね。私が思うには、最高裁の意見というものは、そんなに、こういう判例があるからこうという具合いに、自動的に出てくるものじゃなくて、事案事案の個性に応じて、その出方には、かなりの広がりがあるものだと思うんです。こういう判例があっても、別の事案ではちょっと引っ込むやつが出てくることもあるだろうし、更に別の事案ではちょっとでっぱるやつもあるかもしれない。そういう長期間の経過を経て、次第に判例としての基準が形成されていくものなんで、一つ判例があるから、もうこの問題にはこれしかあり得ないというようなことは、僕は考えられないと思うんです。例えば、野球と比較して考えてみると、僕は、判例のストライクゾーンは、野球のそれのように、もともと客観的に固定されているものではないと思うんです。もちろん、野球だって、ぎりぎりコーナーをついたくさいボールが、神様の目から見ればボールであってもストライクと判定されることはあるわけですよね。判例の場合は、ストライクゾーン自体が常に揺れ動く可能性があるわけですから、下級審が、従来のストライクゾーンのど真中だけを狙うのではなくて、ぎりぎりのコーナーをついたり、場合によっては、わざとボール一つ外へはずして、ストライクゾーンの拡張に期待することがあっても良いんだと思います。問題は、ストライクゾーンの拡張の期待できそうもない事案で、明らかにボールとわかるタマを投げることが良いかどうかですが、これはもう、各人の哲学に任されるべきことではないでしょうか。野球でも、明らかなウエストボールをバッターが振って結果的にストライクになることがありますね。判例の場合は、確固不動と思われたストライクゾーンが突然拡張されるということも絶対にないわけではないのですし、仮にこの事案でボールと判定されても、一〇年、二〇年、三〇年という長期的なサイクルで考えれば、その下級審判例が、将来の判例変更の原動力になるということもあり得るのだと思います。しかし、下級審がそのようなボールを投げるときは、この事案で、ストライクゾーンが拡張される可能性が多少とも残されているのかどうか、逆にいえば、そのようなボールを投げることで、ストライクゾーンをいっそう固定化したり、逆に狭めたりする結果にならないかどうかを十分見極めることが必要だろうと思いますし、やるからには、簡単に上で破られないように、理論的にも十分批判に耐えるものにしておく必要があると思います。ストライクゾーン拡張の原動力となることは、このようになかなか大変な、苦労の多い仕事ですが、また、そういう意識が全くないと、我々の仕事の面白さ、生き甲斐は半減してしまうと思いますね。小林論文も、よく読めば、今日僕が言ったこととそれ程違わないのではないでしょうか。

（半田）　そういうような、少しはずしたところでも大丈夫ではないかということで判断を示す場合、過去の上級審の判例との関係などには、触れる必要があるのでしょうか。

（木谷）　それは、判例の射程からはずれた結論をさしたる理由づけもしないで出せば、これは破られますよね。どうしたって破られる蓋然性が大きいですから、過去の判例との関係で自分はどう考えるのか、明確に理由づけをする必要があるのは当然です。

（半田）　先ほどの弁護人の上訴の場合に、例えば下級審がこれは適法であるとする場合に、従来の最高裁の判例との関係は。

（木谷）　それは、論じなくてはならないでしょうね。やる場合は。もし、この事件で、下級審が適法説を採り、控訴を棄却しないで処理しようと思えば、これはものすごく苦労しますよ。原審としては大変だと思います。それに引きかえ、判例に乗ってポンとやってしまえば簡単ですよね。下級審にしてみれば、そういうことで判例に乗っかって簡単に処理したいという誘惑にかられると思いますよ。しかし、この事件の特殊性をよくよく見抜いた上で、従来の判例の傾向をも考え併せ、この事件では適法説を採る余地も十分あるんだとして、堂々たる論陣を張っていれば、最高裁で十分維持されたと思いますね。そして、判例変更の方法としては、それが、むしろ望ましい姿であったという気がするんです。

（石塚）　その場合には、「従来の判例はこういう少年で成人と見なされるようなケースには適用がない」というのか、「五四年の判例は変更されるべきだ」とするのか、どうなんでしょうか。

（木谷）　それは、どっちでなくてはならないということはないと思います。そこは判決を書く人の腕ですよね。いかにして判決文に説得力を持たせるかは、プロとしての我々の腕ですから、衝に当った人は、死にもの狂いで頑張って欲しいと思います。この問題について、どういう論旨を展開するのが最も説得的であったかについてまで、今、私の口から言うことはできません。

（小宮山）　裁判官の仕事の仕方について伺います。部長の言われることと正反対のことを言うかもしれないんですけれども、裁判官は非常にたくさんの事件を抱えていて、日々事件に追われているというのが現実だと思うものですから、ある意味で、場合によっては手を抜かなくてはならない事件もあるのではないかと思うんです。なぜ手を抜くかというと、もっと重要な事件をやるために時間を取らなければならないし、また自分の趣味や人格形成の時間もある程度必要だと思うんです。そのようなバランスはどのように取ればよいんでしょうか。

（木谷）　それは難しいですね。やっぱり、その人の哲学の問題じゃないですか。

（小宮山）　例えば、私なんか、確定した判決なんかすべて調書判決でやってしまっています。自分でパッと書いた原稿を、書記官にポンと渡してしまって、簡単に処理しているんです。ただ、そういった場合、自分で、どれが重要でどれが重要でないかの基準がとても不安になってしまうことがあります。手を抜こうと思えばいくらでも抜けるということがあるんですけれども、こういう場合の心構えはどうあるべきなんでしょうか。

（木谷）　それはね、人間、体力の限界を越えるような事件処理はできませんからね。そういうことをやって体を壊したんじゃ話にならないと思いますよ。体を壊さないということは第一条件ですね。それから、最低限度、ここまでは自分の個人的な分野でエネルギーをとっておきたい、という問題があります。これは人によって随分違うと思いますよ。非常にたくさんとりたい人と、少しで済む人と、その人の立場によって随分違うと思います。その点で、自分のスタンスを決めてしまって、あとの残ったエネルギーをどこまで仕事にかけるか、これも人によるんじゃないですか。

（小宮山）　例えば、支部だとかなり忙しくなりますね。それで支部だとどうしても個々の事件に十分時間をかけられないということがありますよね。

（木谷）　それは、できないことをしろと言ってもどうしようもないんで、体力の限界を越えることはできない。ただね、怖いのは、そうやって手を抜く癖がつくと、必要以上に手を抜くことがあり得る、そこに気を付けなくてはならないということですね。一旦手を抜くと楽になるものですから、実際はそこにかけるエネルギーがあるのに、前の癖が残っていてそのまま手抜きでやってしまう、そういうことがあり得るのです。そこだけ気を付けていればいいのではないでしょうか。私自身は、そういう理由から、一見ささいにみえる事件でも、できる限り手を抜かないように気をつけています。判決文の作成は、なかなか一朝一夕には上達しないものですが、特に、楽をしていて上達することはあり得ないと思います。必死に泥にまみれながら、皆一歩づつ階段を昇っていくわけなので、我々の日常の事件は、そのような訓練のための材料でもあるのですよ。いざ、裁判官としての真価を問われるような大事件にブチ当っても、それまで真剣に努力してこなかった人には、思ったような判決が書けない。我々は、そのような事件にいつブチ当たるかわからないのですから、その日のために、日頃から自分を鍛えておくことは、どうしても必要なことだと思います。

（小宮山）　逆に、ある地方裁判所で、丁寧にやりすぎてどんどん事件を溜めてしまったため、そのあとかえって処理がいい加減になったという例を見たことがあります。その辺の感覚はどのようなものでしょうか。

（木谷）　あんまり溜めちゃうのはよくないでしょうね。ただ、誰がみても無理な事件数が来ている場合、これは溜って当り前ですから溜めた方がいいと思います。そのことによって司法行政による人の手当ても考えられるのですが、それをもう個人の超能力で何とかこなしてしまうと、今度は、あの人がやれたんだから次の人もやれるはずだということになり、人の手当がされませんのでね、あとで来た人がそういう超能力がない場合は大変なことになってしまいます。平均的な裁判官、それは前後若干の幅はありますけれども、その程度の人でやれる量というのは、自ずから大体見当がつくわけなんで、最小限度その範囲ではやってください。それさえやらないで事件が溜っちゃうのは具合い悪いんですね。

（堀内）　あの、先ほどの判例との関係なんですが、一般に一つの傾向として、実務家にとって判例というものはある種絶対的な地位があって、我々が一つの問題を議論したときに、その問題については判例があると判ったときに思考停止になるという傾向があるのじゃないかという認識を、私は持っているんですが、その点いかがでしょうか。むしろ木谷部長のような方のほうが少数派に属するのではないか。

（木谷）　そうかもしれません。

（堀内）　私は多くの裁判官を知りませんのでその辺は何とも言えないんですが、やはりそうなんでしょうか。

（木谷）　数がどっちが多いか知りませんが、お前の方が少数派ではないかと言われればそうかなあという気もします（笑）。ただ、判例があるといってもいろんなケースがあるんでね。変わる余地がまず考えられないという判例とか、さっき言ったようなぐらついてる判例とかいろいろあるわけですから、その辺は十分考えた上で、判例とうまくつき合っていくということが必要だと思います。もし、そういうことを全然考えないでやっていると、判例に従っているつもりでも、逆に最高裁で破られることもあるわけで、それは下級審の裁判官としてはやっぱり恥ずかしいことなんですね。また、そういう態度でやっていかないと、面白味もありませんね。やっぱり、我々せっかくこういう仕事に入ったんですから、仕事を面白くやるということも必要だと思うんです。生き甲斐を感じられるようにね。高裁やら最高裁の判決が一つあったら、もうそれと違う判決は一切まかりならんということになったんじゃ面白くないでしょう（笑）、違いますか。ただ、やみくもに抵抗したら、それはたちまち破られてしまいます。抵抗するなら抵抗するなりの論理を持っていないとね。仕事を面白く、生き甲斐を感じられるような方法でしていくことは、なかなか大変なことなんですよ。

（水野）　本日の講演の前に読んできた方がいいと言われた四つの判例があるんですが、柏の事件は出てきたんですけれども、ほかは大体どういうところに結び付くんですか。

（木谷）　例えばね、月刊ペンの事件、あれはさっき省略しちゃったんですが、名誉毀損の表現方法がいいかげんだった場合には、摘示された事実の内容いかんにかかわらず、表現方法がそういうものであったという理由で、公共の利害に関する事実ではなくなるというのが、従来の学説・判例の大勢だったんですね。昭和二八年の東京高裁の「インチキブンヤ事件」というのがありまして、その判例でそういう見解が示されて以来、下級審の裁判はずっとその線できています。そして、学説もみなこれに賛成していまして、判旨に異を唱えているものは一つも見当りませんでした。だからそういう従来の判例・学説を前提として今度の池田大作会長の事件にブチ当たってみると、下級審の裁判官としては、なかなか、公共利害事実にあたるとして、池田会長の女性問題に関する証拠調べに入る決断をしにくい状況だったと思うんです。だけど、よくよく考えてみると、摘示された事実が公共の利害に関係するものかどうかが、表現方法のいかんによって左右されるというのは、おかしな話なんですね。それは公益目的の方には多少関係するかもしれないけれども、公共利害事実にあたるかどうかは、本来客観的に決まるべきもので、その点については表現方法の当否は考えるべきじゃないというのが、あの最高裁の判例なんですが、あの判例が出るまでの段階というのは、まさに今言ったような状況だったわけです。そういう学説とか判例しかない状況ですと、下級審があの事件の原審のような処理をしたのも、あながち責められないのですが、それに至る段階で、誰かが、もう少しあの問題を真剣に考えて、そうでないような学説を一つでも二つでも出してくれていれば、それがとっかかりになって、そういう方向の下級審判例が出てくる余地があったのではないか。ところが、最高裁が一旦ああいう判決を出しますと、今度は学説もこぞってあの判例に賛成するんですよ。従来註釈刑法で高裁判例を支持しておられた高名な先生まで、今回最高裁判例支持に改説したなどと堂々と判例評論（二七三号五三頁以下）に書いてられてますからね。そういうのを見ていますとね、何を信用していいのか判らなくなります。だから、下級審の裁判官は、もう少し、自分の頭で考えて、自分で判断しなければならないんじゃないかということを、あの事件を通じて感じたんです。あの事件は、そういう意味で、今日の話と関係してくるんです。

それから、四畳半襖の下張り事件に関する最二判昭和五五年一一月二八日刑集三四巻六号四三三頁は、結局、原判決、東京高裁の判決を基本的には是認した判例ですよね。もちろん、高裁と最高裁とでは少しニュアンスが変わっていますけれど。しかし、ああいう判決を最高裁から引き出したというのは、やっぱり原判決がかなりレベルの高い力作だったからなんですよね。あの原判決なくして、いきなりああいう最高裁判決が出ることはあり得ないんです。まあ、結論は上告棄却、わいせつ性ありですが、そこに示された一般論は、従来のチャタレー、サドの判旨と比べると、非常に緩やかなものになっています。時代の趨勢から大きくかけ離れた判断をしないで済む余地を残す、そういう適用の仕方の可能な判文になっていると思います。ああいう判決を最高裁から引き出したということは、僕は、東京高裁の功績だと思います。あの判決が出たあとで、有名な「愛のコリーダ事件」の控訴審判決（東京高判昭和五七年六月八日判時一〇四三号三頁）があの最高裁の判例の基準を具体的事件に適用するという形で検察官控訴を棄却してます。あの最高裁判決は、そういう形で活用することのできる判例なんですね。チャタレー事件判決を形式的に当てはめたらなかなかそうはいきません。したがって、この事件は、原審のよくよく考えた適切な判断が、最高裁の事実上の判例変更を引き出した典型的な事例であって、原審の功績の非常に大きい事件だと思います。

（水野）　あと、鹿児島の夫婦殺し事件（最一判昭和五七年一月二八日刑集三六巻一号六八頁）[2]なんですが。

（木谷）　まあ、あれは事実認定の問題ですので、本日のお話のテーマと真正面からからむものではないのですが、事実認定についても似たようなことはあります。下級審の裁判官としては、もう少し、それこそ形式的な証拠に惑わされずに、自分の頭でとことん考えて、事案の真相を見抜くように努力してもらえないかということを言いたかったわけなんです。ああいうできあがった判例の解説を読んでいただくと、まあ、何事もなくスラーっと行ったように読めるかもしれませんけれど、最高裁であういう結論を出してもらおうとする場合には、先ほど申し上げたように、かなり血みどろの闘いを経なければならないんですからね（笑）。

（小宮山）　どうもありがとうございました。

1　その解説は、本書一五六頁。

2　その解説は、本書一〇〇頁。

■執筆者紹介

木谷　明（きたに　あきら）

昭和12年12月15日神奈川県平塚市にて生まれる
昭和36年東京大学法学部卒業
平成16年4月法政大学法科大学院教授

昭和36年4月司法研修所入所（第15期）、同38年判事補任官（東京地裁）、同41年最高裁刑事局付、同48年同地裁判事、同50年名古屋地裁判事、同53年同高裁判事職務代行、同54年最高裁調査官、同59年大阪高裁判事、同63年浦和地裁判事部総括、平成4年東京高裁判事、同6年東京家裁判事部総括、同8年水戸家裁所長、同9年水戸地裁所長、同11年東京高裁判事部総括を経て、同12年5月退官、同年6月公証人（霞ヶ関公証役場）。

〈主要著書・論文〉
『刑事裁判の心――事実認定適正化の方策〔新版〕』（法律文化社、2004年）、「鹿児島選挙違反にみる密室取調べの弊害」法学セミナー603号、「畏友石井一正教授にあえて反論する『合理的疑い』の範囲などをめぐって」判例タイムズ1151号、「犯人の特定」小林充＝香城敏麿編『刑事事実認定（下）』（判例タイムズ社、1992年）、「事実認定における検証（特に夜間検証）の重要性について――先例に学ぶ覚書き」小田中聰樹ほか編『誤判救済と刑事司法の課題〔渡部保夫先生古稀記念論文集〕』（日本評論社、2000年）、「事実認定適正化の方策」廣瀬健二・多田辰也編『田宮裕博士追悼論集・上巻』（信山社、2001年）、「裁判官生活を振り返って――刑事事実認定適正化の方策（パートII）」判例タイムズ1084号

2005年7月20日　初版第1刷発行
2009年5月20日　初版第3刷発行

事実認定の適正化
――続・刑事裁判の心――

著　者　木谷　明
発行者　秋山　泰

発行所　株式会社　法律文化社

〒603-8053　京都市北区上賀茂岩ヶ垣内町71
電話 075（791）7131　FAX 075（721）8400
URL : http://www.hou-bun.co.jp/

印刷：㈱太洋社／製本：㈱藤沢製本
装幀　白沢　正
ISBN 4-589-02854-9

木谷明著
刑事裁判の心〔新版〕
——事実認定適正化の方策——
A5判二九六頁
三七八〇円

前野育三著
刑事政策と治安政策
A5判二九八頁
三〇四五円

樋口陽一
栗城壽夫著
憲法と裁判
〔現代憲法大系11〕
A5判三九六頁
三三六〇円

丸田隆著
アメリカ陪審制度研究
——ジュリー・ナリフィケーションを中心に——
A5判三五六頁
四二〇〇円

白井皓喜著
行政裁判の法理と技法
——続・行政訴訟と国家賠償——
A5判一八四頁
四二〇〇円

塩谷毅著
被害者の承諾と自己答責性
A5判三九二頁
七三五〇円

法律文化社

表示価格は定価（税込価格）です